Mohssen Massarrat

Endlichkeit der Natur und Überfluß in der Marktökonomie

Ökologie und Wirtschaftsforschung
Band 8

Weitere Bände in dieser Reihe:

Bd. 1 – Wolfgang Benkert, Jürgen Bunde, Bernd Hansjürgens: Umweltpolitik mit Öko-Steuern? Ökologische und finanzpolitische Bedingungen für neue Umweltabgaben, 224 Seiten, 26,80 DM, ISBN 3-926570-22-9

Bd. 2 – Frank Beckenbach (Hrsg.): Die ökologische Herausforderung für die ökonomische Theorie, 352 Seiten, 26,80 DM, ISBN 3-926570-29-6

Bd. 3 – Hans Diefenbacher, Susanne Habicht-Erenler (Hrsg.): Wachstum und Wohlstand. Neuere Konzepte zur Erfassung von Sozial- und Umweltverträglichkeit, 147 Seiten, 22,- DM, ISBN 3-926570-39-3

Bd. 4 – Markus Hesse (Hrsg.): Verkehrswirtschaft auf neuen Wegen? Unternehmenspolitik vor der ökologischen Herausforderung, 250 Seiten, 36,80 DM, ISBN 3-926570-48-2

Bd. 5 – Sylke Nissen (Hrsg.): Modernisierung nach dem Sozialismus. Ökologische und ökonomische Probleme der Transformation, 239 Seiten, 29,80 DM, ISBN 3-926570-47-4

Bd. 6 – Sylke Nissen: Umweltpolitik in der Beschäftigungsfalle, 249 Seiten, 29,80 DM, ISBN 3-926570-78-4

Bd. 7 – Markus Hesse: Verkehrswende. Regionalentwicklung, ökologische Strukturen und weniger Verkehr, ca. 220 Seiten, 26,80 DM, ISBN 3-926570-62-8

Mohssen Massarrat

Endlichkeit der Natur und Überfluß in der Marktökonomie

Schritte zum Gleichgewicht

Metropolis-Verlag
Marburg 1993

Die Deutsche Bibliothek - CIP-Einheitsaufnahme

Massarrat, Mohssen:
Endlichkeit der Natur und Überfluß in der Marktökonomie : Schritte zum Gleichgewicht / Mohssen Massarrat. – Marburg: Metropolis-Verl., 1993
(Ökologie und Wirtschaftsforschung; Bd. 8)
ISBN 3-926570-79-2
NE: GT

Metropolis-Verlag für Ökonomie, Gesellschaft und Politik GmbH
Postfach 1748, 35007 Marburg

Druck und Einband: Difo-Druck, Bamberg
Umschlaggrafik: Marbuch-Verlag, Marburg

ISBN 3-926570-79-2

Für Mechthild,

deren Solidarität und Liebe mir immer aufs neue schöpferische Lebenskraft verleiht.

Für unsere lieben Kinder Anusch und Ramin,

für die ich mir leider allzu oft unverzeilich wenig Zeit genommen habe.

Für den iranischen Dichter Schaich Sádi,

dessen wunderbares Gedicht (s. unten) heute, nach über siebenhundert Jahren, aktueller ist denn je zuvor. Er wird hier auch symbolisch für mein Geburtsland Iran erwähnt, in dem ich aufgewachsen bin und mit dem ich mich tief verwurzelt fühle.

Die Menschenkinder sind
wie eines Leibes Glieder
aus einem Stoff erschaffen
und einander Brüder.
Hat Leid nur ein einzig Glied erfaßt,
so bleibt den andern weder Ruh noch Rast.
Wenn andrer Schmerz Dich nicht im Herzen brennt,
verdienst Du nicht, daß man noch Mensch Dich nennt.

(Sádi, geb. ca. 1219 in Schiraz)

Für Robert Jungk,

der mich durch sein Lebenswerk, seine Bücher, seine politischen Ansprachen inspirierte, der sich nicht scheut, die Scheußlichkeiten dieser Welt gnadenlos anzuprangern, gleichzeitig aber Hoffnung auf eine bessere Zukunft und Ermutigung ausstrahlt nicht aufzugeben, sondern weiterzumachen.

Vorwort

Das vorliegende Buch entstand in mehreren Etappen. Die empirischen Arbeiten und inhaltlichen Vorüberlegungen gehen auf einen fünfmonatigen Forschungsaufenthalt im Winter 1990/91 am East West Center, Resource Systems Institute in Honolulu/Hawaii zurück. Ein Teilergebnis der Forschung wurde mit dem Titel »Überfluß trotz Erschöpfbarkeit« im Februar 1992 als Arbeits- und Diskussionspapier veröffentlicht. Die endgültige Fassung wurde jedoch in den Monaten November 1992 bis März 1993 abgeschlossen.

Mein besonderer Dank gilt dem Direktor des Energy Program des Resource Systems Institute am East West Center/Honolulu und gegenwärtigen Präsidenten der International Association for Energy Economics, *Dr. Fereydun Fesharaki*, der mir mit seiner Einladung und großzügigen Unterstützung meine Forschungsarbeit am East West Center ermöglicht hat. Danken möchte ich auch *Charles Johnsen* für seine Anregungen, den Mitarbeiterinnen des Instituts, *Gayle, Jane* und *Lisa*, für ihre freundliche Hilfsbereitschaft, insbesondere auch *Rebeka Hunter*, die mich bei der Auswertung des Materials unterstützt hat.

Ebenso herzlich gilt mein Dank *Elmar Altvater, Frank Beckenbach, Hartmut Bossel*, meiner inzwischen leider viel zu früh verstorbenen Kollegin *Renate Damus* und *Claus Rolshausen* für wichtige Hinweise und produktiven Gedankenaustausch. Nicht vergessen möchte ich auch, den Mitarbeitern des Rechenzentrums der Universität Osnabrück, *Uwe Afemann* und *Hartmut Meyhöfer*, für ihre freundliche Hilfe bei der Erstellung der Graphiken des theoretischen Teils, ganz besonders auch *Uwe Rolf* für die Erstellung der Graphiken des empirischen Teils zu danken. Nicht zuletzt danke ich auch meinen Mitarbeiterinnen *Vera Bröcker, Hannelore Miete* und *Gabriele Parlmeyer* für ihren gewissenhaften Einsatz bei der Herstellung der Texte.

Inhalt

Teil III: Erneuerbare Rohstoffe zu Dumpingpreisen: - Fallstudie Kaffee -

Einleitung

70 Jahre Planwirtschaft in der Sowjetunion und 40 Jahre bürokratisch zentralistische Steuerung der ökonomischen Prozesse in Osteuropa hinterlassen den Völkern dieser Staaten einen ökonomischen Scherbenhaufen. Mangelnde demokratische Kontrolle der Fehlallokation von ökonomischen Ressourcen waren destruktive Errungenschaften dieses Wirtschaftssystems. Jahrzehntelang wurde dort von der ökonomischen und der ökologischen Substanz gezehrt. Das System war ökonomisch nicht dauerhaft, sein Anspruch auf soziale Gleichheit reichte für seine politische Legitimation nicht mehr aus und mußte unausweichlich an ökonomischen, ökologischen und letztlich auch an sozialen Herausforderungen der Gegenwart scheitern.

Wie ist es jedoch mit der real existierenden Marktökonomie bestellt? Kann dieses System eine bessere Zukunft in Aussicht stellen, wird es in der Lage sein, die Lebensgrundlage künftiger Generationen bei wachsender Bevölkerung sicherzustellen? Die ökonomische Realität bietet allen Anlaß dazu, dies zu bezweifeln.

Eine der Errungenschaften der Marktökonomie ist der Überfluß an knappen Ressourcen. Seit Jahrzehnten werden die Weltmärkte mit erschöpfbaren natürlichen Ressourcen geradezu überschüttet. Die Preise dieser nicht reproduzierbaren Güter sind trotz ihrer Eigenschaft der Erschöpfbarkeit nicht gestiegen sondern gesunken.

Überfluß von knappen natürlichen Ressourcen in der Gegenwart muß als das genaue Gegenteil von einem nachhaltigen Umgang mit der natürlichen Lebensgrundlage für unzählige Generationen in der Zukunft interpretiert werden. Er signalisiert vielmehr ein labiles Verhältnis zwischen Ökonomie und Natur, zwischen Gegenwart und Zukunft. Der Überfluß wird in der Gegenwart auch höchst ungleichmäßig verteilt. Etwa 1,1 Milliarde Menschen in den Industriestaaten des Nordens (ein Fünftel der Weltbevölkerung) konsumieren den größten Teil der produzierten natürlichen Ressourcen, z.B. 86% des Aluminiums und der Chemikalien, 81% des Papiers, 80%

von Eisen und Stahl sowie 75% der Energie. Das Washingtoner *World Watch Institute* charakterisiert in einer Studie mit dem Titel »Wieviel ist genug« diese privilegierte Minderheit der Weltbevölkerung als »ökologische Verbraucherklasse« der Welt. Auf der anderen Seite stammt nach derselben Studie ein Großteil dieser Ressourcen aus den Entwicklungsländern des Südens, z.B. 44% des Bauxits, 44% des Kupfers, 67% des Zinns und 46% des Öls.

Kraß formuliert kann gesagt werden, daß das reiche Fünftel der Weltbevölkerung im Norden nicht nur die künftigen Generationen ihrer Lebensgrundlage beraubt, sondern schon heute den armen vier Fünfteln der Weltbevölkerung im Süden buchstäblich die Lebensgrundlage unter den Füßen wegzieht und sie obendrein mit den Schadstoffen und dem Müll seines Konsums belastet. Die Marktökonomie im Norden gedeiht offensichtlich zu Lasten der Natur, der künftigen Generationen und der großen Mehrheit der Menschen in der Gegenwart.

Den Industrienationen des Nordens gelang es, insbesondere seit Beginn der industriellen Revolution, dank der Revolutionierung des Transportwesens die produktivsten Früchte der Natur des gesamten Globus in ihre Wachstumsinseln zu verfrachten. *Dies geschah nicht nur durch Markteffizienz und als Folge ökonomischer Gesetze der internationalen Arbeitsteilung, sondern zu einem beachtlichen Teil auch durch politisch-militärische Intervention.* So verhinderten die Industrienationen eine den natürlichen Gegebenheiten angepaßte und nachhaltige ökonomische Entwicklung sowohl im Norden wie im Süden, sie machten sich die gesamte Erde zu ihrem Untertan. Künstlicher Überfluß und politisch regulierte Dumpingpreise bei erschöpfbaren Ressourcen ermöglichten zu einem guten Teil das ökonomische Wachstum auf wenigen Wohlstandsinseln und riefen den verschwenderischen Konsum und die gegenwärtige ökologische Krise im Weltmaßstab hervor.

So gesehen haben »erfolgreiche« marktökonomische Modelle bisher von der Substanz gelebt und sie verletzen immer noch tiefgreifender und fundamentaler als die Planwirtschaft die Gesetze einer nachhaltigen Entwicklung. Folglich dürften die globalen ökologischen und sozialen Folgen des gegenwärtigen marktökonomischen Systems für die Menschheit auch gravierender sein als es die Folgen der Planwirtschaft für die Völker Osteuropas waren.

Wird die Marktökonomie sich als unfähig erweisen, grundlegende ökologische und soziale Reformen in globalem Maßstab zuzulassen, sich mit der Natur zu versöhnen und dem sozialen Ausgleich zwischen Nord und Süd Rechnung zu tragen, so wird ihr kein anderes Schicksal widerfahren, als das der Planwirtschaft, wobei die Perspektive einer solchen Entwicklung völlig im Dunkeln liegt. Eine andere Frage ist, ob sie zu dringend notwendigen Reformen überhaupt in der Lage ist oder ob die innere Logik dieses Wirtschaftssystems einer Versöhnung mit der Natur und einer Politik des sozialen Ausgleichs widerspricht?

Die Neoklassik führt den Wohlstand der Industrienationen ausschließlich auf die hohe Effizienz der Marktökonomie und die Leistung der Marktteilnehmer zurück und bestreitet, daß dieser Wohlstand zu einem beachtlichen Teil der übermäßigen Ausbeutung der Natur und der Zerstörung der Umwelt zuzuschreiben ist. Diese Schule mißt der Natur als Quelle des materiellen Wohlstandes keine Bedeutung bei, die Natur als Produktionsfaktor ist aus ihrem Theoriengebäude und ihrem Betrachtungshorizont längst verbannt, die neuerlichen Versuche der Neoklassiker, die externen Kosten der Produktion in den ökonomischen Prozeß einzubeziehen, sind zaghaft und ohne praktische Bedeutung. Würde man Neoklassiker als vehementeste Protagonisten der Marktökonomie zum Maßstab für die Beurteilung der ökologischen Reformfähigkeit der Marktökonomie machen, so bliebe keine andere Wahl als anzunehmen, daß die Marktökonomie und Nachhaltige Wirtschaft sich ausschließen.

Ob nun der Markt als gesellschaftliches Organisationsprinzip in der Evolutionsgeschichte das Entwickelteste und das Beste ist, was sich die Menschheit erträumt hat, bleibt erst einmal dahingestellt. Tatsache ist, daß diesem Organisationsprinzip jedenfalls nicht die ganze Misere der ökologischen und sozialen Ungleichgewichte und Verzerrungen angelastet werden kann. Vielmehr ist es die Verschmelzung des Marktes mit Macht, des Marktes mit Sonderinteressen von einflußreichen sozialen Gruppen, mit imperialen Interessen von Staaten, die zu einer verhängnisvollen Allianz für die Natur, für große Teile der Weltbevölkerung in der Gegenwart und für das Überleben der gesamten Menschheit geworden ist. Diese Erkenntnis verheißt per se keine bessere Perspektive als die ignorante und blinde Rechtfertigung aller bisherigen »Errungenschaften der Marktökonomie«. Sie eröffnet immerhin jedoch die prinzipielle Möglichkeit von Reformen, die unvermeidlich sind, um globale ökologische Katastrophen und soziale Explosionen doch noch zu verhindern.

Die Analyse der ökonomischen, ökologischen und sozialen Instabilitäten, Verschiebungen und Verwerfungen, deren Ursprung im wesentlichen in der Verschmelzung zwischen dem Markt und der Macht im ökonomischen Prozeß der Ausbeutung von natürlichen Ressourcen zu suchen sind, steht im Mittelpunkt dieses Buches. Für die Analyse wurden sowohl die theoretischen Erkenntnisse der Marxschen politischen Ökonomie wie der Neoklassik fruchtbar gemacht. Für die Durchdringung historisch und politisch-ökonomischer Interdependenzen des äußerst komplexen Systems der Weltökonomie ist der Bezug auf das Marxsche Theoriegebäude nach wie vor unverzichtbar. Dessen Schwäche liegt allerdings darin begründet, dynamische Marktprozesse nicht beschreiben zu können. Die Neoklassik schließt dagegen historische und politisch-ökonomische Faktoren aus ihrer Betrachtung aus, verfügt jedoch über Instrumente und Erklärungsmuster, die die ökonomischen Prozesse in ihrer Dynamik erfassen und beschreiben können. Eine Verbindung zwischen Marx und Neoklassik durch Modernisierung des ersteren und Politisierung der letzteren ist daher naheliegend und auch notwendig, um die komplexen ökonomischen und ökologischen Fragen der Gegenwart angemessen theoretisch aufzuarbeiten.

Die historisch-theoretische Analyse ist Gegenstand des Teil I, die Fallstudien Öl und Kaffee, die den empirischen Gegenstand und die Grundlage der historisch-theoretischen Abhandlung darstellen, sind in Teil II und III plaziert. Die Analyse bleibt nicht bei einer Bestandsaufnahme stehen, sie schließt Überlegungen für einen ökologischen Umbau der Weltwirtschaft ein. Der Überwindung von *Dumpingpreisen* für natürliche Ressourcen kommt dabei die Schlüsselrolle zu.

Osnabrück, 31. März 1993

Teil I

Globaler Kapitalismus und sinkende Rohstoffpreise

1. Kapitel

Überfluß trotz Erschöpfbarkeit. Sinkende Preise trotz Knappheit

Nicht reproduzierbare natürliche Ressourcen wie Boden, Rohstoffe und Energieträger sind knappe Güter. Diese Tatsache hat alle traditionellen Gemeinwesen von ihren Anfängen bis zum Spätmittelalter immer wieder mit neuen Herausforderungen konfrontiert. Die »Lösung« des Knappheitsproblems bestand in der Entdeckung von neuen Ressourcen durch Völkerwanderungen und Neuansiedlungen in menschenleeren Räumen, in der Eroberung fremder Gebiete und Unterwerfung anderer Völker durch Krieg. Mit anderen Worten, das Problem der Ressourcenknappheit wurde nicht grundsätzlich gelöst, sondern räumlich und zeitlich nur verschoben. In der Moderne haben zwar einerseits die industrielle Revolution und die Entwicklung der Naturwissenschaften neue und ungeahnte Möglichkeiten der Naturbeherrschung und -ausbeutung geschaffen. Andererseits hat die Moderne gleichzeitig auch den exponentiellen Anstieg der Erdbevölkerung hervorgerufen. Definieren wir Knappheit als das Verhältnis der tendenziell steigenden oder stagnierenden Bedürfnisse zu tendenziell sinkenden Möglichkeiten ihrer Befriedigung, so besteht kein Zweifel daran, daß die erschöpfbaren Ressourcen auch und gerade in der Moderne als knappe Güter zu betrachten sind und die Menschheit mit ihnen viel sorgfältiger hauszuhalten hat, als dies in früheren Epochen der Fall war.

Alle bedeutenden Ökonomen verschiedener Schulen seit der Entstehung der politischen Ökonomie mußten der Knappheit von nicht reproduzierbaren Ressourcen Rechnung tragen. Sie taten dies mit unterschiedlicher analytischer Schärfe und Motivation und zogen daraus unterschiedliche Schlußfolgerungen. Auch die Neoklassik erkannte anfänglich die spezifische Bedeutung dieses Phänomens an. *Der agrarische Boden*, aber auch mineralische Rohstoffe, Kohle- und Öllagerstätten galten in dieser Schule als mit *Arbeit* und *Kapital* gleichrangige *Produktionsfaktoren*. Dies änderte sich jedoch schlagartig seit Beginn dieses Jahrhunderts. *Die weltweite Überproduktion von Rohstoffen und Agrarprodukten und die daraus resultierenden sinkenden Preise führten offenbar zu der Annahme, daß natürliche Ressourcen nicht knapp, sondern unbegrenzt verfügbar sind. Böden bzw. Naturressourcen schienen als Produktionsfaktoren keine ökonomisch relevante Bedeutung mehr zu haben.*

Die Neoklassik rezipiert empirizistisch die gegenwärtigen Marktbeziehungen, ohne ihre historischen Konstruktionsbedingungen in die Theoriebildung einzubeziehen. So ist es ihr auch entgangen, daß sie die Natur im Unterschied zur Klassik längst nicht mehr als Produktionsfaktor betrachtet, ohne offensichtlich diesen fundamentalen Paradigmenwechsel zu bemerken. In allen modernen neoklassischen Einkommens-, Allokations- und Wachstumstheorien hat die Natur als ökonomischer Faktor keinerlei Bedeutung mehr, obwohl alle Naturkräfte mit Ausnahme von Sonne und Luft, wie Arbeit und Kapital nach wie vor unbestreitbar zu den *knappen Gütern* gehören. *Folgerichtig beschäftigt sich die Neoklassik mit der Reproduktion der Arbeit und des Kapitals, während sie die Reproduktion der Natur von ihrem Betrachtungshorizont vollständig verbannt.*

Der Ölpreisschock Anfang der siebziger Jahre, die zeitweise steigenden Rohstoffpreise und wachsendes Umweltbewußtsein in der Weltöffentlichkeit erschütterten vorerst die Vorstellung, daß natürliche Ressourcen unendlich verfügbar sind. Die Knappheit von erschöpfbaren Ressourcen rückte in den Vordergrund der internationalen Diskussion. Es entstanden darüber zahlreiche theoretische Abhandlungen und alarmierende empirische Studien, wie die Berichte des *Club of Rome* (Meadows u.a. 1972; Mesarovi¢/Pestel 1974) und der *Bericht an den Präsidenten* (Global 2000, 1980) mit z.T. ambivalenten Auswirkungen.[1]

---

1 So undifferenziert und pauschal diese Studien auch angelegt und so unhaltbar manche ihrer Aussagen und Berechnungen auch immer waren, sie haben zu einem weltweiten ökologischen Bewußtseinswandel entscheidend beigetragen. Die Botschaft von der baldigen Erschöpfung von natürlichen Ressourcen hat sicherlich in den Indu-

Die steigenden Rohstoffpreise der siebziger Jahre erwiesen sich bald jedoch als eine Episode. Der vor den siebziger Jahren vorherrschende sinkende Preistrend setzte sich erneut fort (Abb. 1.1).

Abb. 1.1: Gewichteter Index für Rohstoffpreise: 1950-2000* in konstanten US-Dollars (1979-81 = 100)

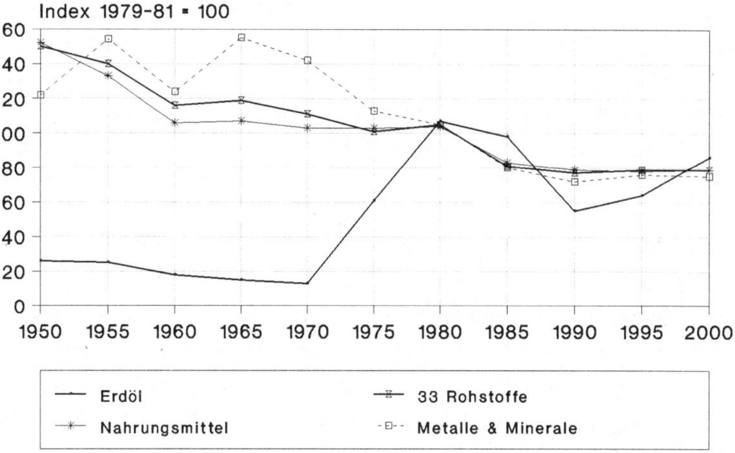

* 1986-2000 Schätzung durch EPDCS, World Bank

Quelle: World Bank 1986: Price Prospects for Major Primary Commodities, Table 17.

striestaaten apokalyptische Ängste und Unsicherheiten ausgelöst, die in den gerade begonnenen Aufrüstungsdekaden für eine Politik der Verschärfung der Blockkonfrontation und die Legitimierung von höchst perversen wie abenteuerlichen Sicherheitsdoktrinen effektiv instrumentalisiert worden sind. In diesem Zusammenhang wird auf eine kritische Analyse der Studien des Club of Rome durch den Autor hingewiesen (Massarrat 1979), in der – dies soll selbstkritisch zugestanden werden – die physische Unendlichkeit der Ressourcen deutlich überschätzt und die Tatsache der Umweltbelastungen durch Ressourcenverbrauch deutlich unterschätzt worden ist.

1.1 Freihandel und sinkende Rohstoffpreise

Nach wie vor gibt es keine befriedigenden, systematisch und empirisch abgesicherten Erklärungen für anhaltend sinkende Rohstoffpreise.

Der Norden wie der Süden, beide Regionen produzieren und exportieren mineralische und agrarische Rohstoffe. Sinkende Rohstoffpreise beeinträchtigen somit beide Regionen, allerdings mit höchst unterschiedlicher Wirkung. Während im Norden nur einzelne Produzentengruppen und -sektoren betroffen sind, die ohnehin durch Subventionen und protektionistische Maßnahmen direkte oder indirekte Ausgleichzahlungen erhalten (beispielsweise die EG-Bauern und die Kohleproduzenten), treffen sinkende Rohstoffpreise den ökonomischen Nerv ganzer Staaten und Staatengruppen des Südens.

Mindestens 79 Entwicklungsländer sind monostrukturelle (d.h. vom Export eines in der Regel agrarischen bzw. mineralischen Rohstoffes abhängige) Ökonomien oder weisen starke monostrukturelle Merkmale auf. 24 von ihnen zählen zu der Gruppe der LDC (Least Developed Countries). Damit sind die Ökonomien dieser Länder, ihre Entwicklungs- und Industrialisierungspolitik, Einkommens- und Sozialpolitik, Einnahmen- und Ausgabenpolitik, kurz, alle existentiellen Fragen des Staates und der Gesellschaft dieser Länder, vom Gedeih und Verderb eines einzigen Rohstoffes, bestenfalls weniger Rohstoffe, abhängig. Sinken die Rohstoffpreise, so haben die jeweiligen Länder des Südens keine Chance, aus eigener Kraft nennenswerte Veränderungen herbeizuführen und ihre ökonomische Stagnation und die monostrukturellen Rahmenbedingungen zu überwinden. Der Teufelskreis der Monostruktur, der Armut und der Unterentwicklung scheint so für eine große Zahl von Entwicklungsländern und einige hundert Millionen Menschen zu einem unveränderlichen Faktum, sozusagen zu deren Schicksal geworden zu sein.

Die Länder des Südens beklagen das Problem sinkender Rohstoffpreise und die *Verschlechterung ihrer Terms of Trade* seit Anfang der fünfziger Jahre. Alle ihre Versuche, diesen Prozeß beispielsweise durch *internationale Rohstoffabkommen* zu stoppen, haben nicht gefruchtet. Zwar kamen für einige Produkte, wie für Kaffee, Kakao und Zinn, zwischen den Produzentenländern des Südens und den Verbraucherländern des Nordens Rohstoffabkommen zustande, die zur Stabilisierung der Preise dienen sollten. Diese Abkommen sind jedoch gescheitert. Dies gilt auch für das bisher erfolgreichste Beispiel, nämlich das *Internationale Kaffeeabkommen*, das seit Juni 1989 de facto nicht mehr existiert. Es ist und bleibt auch offen, ob ein neues Kaffeeabkommen überhaupt zustande kommt. Die Einkommenslage der Kaffeeerzeuger hat sich seitdem dramatisch verschlechtert. Insgesamt ist die Lage der monostrukturellen Rohstoffanbieter des Südens hoffnungsloser denn je.

Weshalb sinken aber die Rohstoffpreise im Unterschied zu steigenden Weltmarktpreisen für verarbeitete Industriewaren? Handelt es sich bei den Rohstoffpreisen um *»ungerechte Preise«*, um *»normale«* Weltmarktpreise als Ergebnis des freien Spiels der Marktkräfte? Findet über die Rohstoffpreise ein unfreiwilliger Einkommenstransfer von Süd nach Nord statt, ist ein solcher Einkommenstransfer quantifizierbar und ist schließlich eine Veränderung der Preistrends für Rohstoffe innerhalb der kapitalistischen Weltökonomie überhaupt denkbar?

Diese Fragen sind so alt wie das Problem der sinkenden Rohstoffpreise selbst. Darüber wurde international – angefangen mit einem Beitrag des argentinischen Wirtschaftswissenschaftlers Raul Prebisch (1959) – über mehrere Jahrzehnte eine lebhafte und kontroverse Debatte geführt, allerdings ohne befriedigende Resultate. Nach wie vor stehen sich zwei Positionen gegenüber:

(a) *Zum einen* wird in Anlehnung an Prebisch die Tatsache der *Verschlechterung der Terms of Trade (TOT)* der Länder des Südens für einen hinreichenden Beweis von *»ungerechten Rohstoffpreisen«* und *»ungerechten Welthandelsstrukturen«* gehalten und darauf beruhend ein Süd-Nord-Einkommenstransfer bzw. *Ungleicher Tausch* konstatiert. Dieser Ansatz, der hier einfachheitshalber als *Terms of Trade-Ansatz* bezeichnet wird, bildete den Ausgang aller dependenztheoretischen Interpretationen der Nord-Süd-Beziehungen.

(b) *Zum anderen* der *neoklassische Ansatz*, der sinkende Rohstoffpreise und die *Verschlechterung der TOT* für den Süden nicht bestreitet, diese jedoch hauptsächlich auf Besonderheiten der *Warengattung Rohstoff* zurückführt, daher auch die Kategorie *ungerechte Preise* ablehnt und Markteingriffe durch *Rohstoffabkommen* als untaugliches Instrument zurückweist, das die Marktpreise verfälscht.

Der Autor dieses Buches teilt die Schlußfolgerungen des *Terms of Trade-Ansatzes* hinsichtlich des Süd-Nord-Einkommenstransfers, ohne sich die dabei zugrundegelegte Beweisführung zu eigen zu machen, die er für unzulänglich und irreführend hält. Und er grenzt sich von der analytischen Beweisführung und den Schlußfolgerungen der *Neoklassik* ab, ohne allerdings den hierbei unterstellten *Freihandel* selbst in Frage zu stellen.

Demgegenüber wird in diesem Buch das *Dumpingpreis-Theorem* für erschöpfbare und erneuerbare Rohstoffe vorgestellt, das zum einen eine Antwort auf die bisher offene Frage nach den Ursachen sinkender Rohstoffpreise liefern und zum anderen gewährleisten soll, daß Rahmenkriterien für ökonomische und ökologische Reformen formuliert werden.

Der Terms of Trade-Ansatz

Für zahlreiche Vertreter dieser Position – es handelt sich hierbei sowohl um Wissenschaftler und Regierungen aus dem Süden wie um entwicklungspolitisch engagierte Kritiker der *ungerechten Handelsstrukturen* im Norden – scheint die schlichte Tatsache der *Verschlechterung der TOT bzw. der Austauschbeziehungen* des Südens als Beweis von *ungerechten Rohstoffpreisen* zu genügen (siehe Hetmeier 1990). Dabei wird empirisch gern auf das bekannte Paradebeispiel der Verschlechterung der Austauschrelation zwischen Lastwagen bzw. Ackerschleppern einerseits und Kaffeesack bzw. Tonne Bananen andererseits Bezug genommen (Abb. 1.2).

Zunächst einmal entsteht bei dem *Terms of Trade-Ansatz* das empirische Problem der Auswahl des Basisjahres für den Nachweis der Verschlechterung der Austauschbeziehungen (im obigen Beispiel für Kaffee und Bananen). Wird beispielsweise für Kaffee statt 1985 das Jahr 1970 als Basisjahr für die Entwicklung der Kaffeepreise zugrunde gelegt und die Ermittlung der Austauschrelation zwischen Kaffee einerseits und Lastwagen bzw. Ackerschleppern andererseits durch Indexierung der Weltmarktpreise für das Kaffeehöchstpreisjahr 1977 ermittelt (vgl. dazu Abb. 3.2), so stellt sich heraus, daß sich die Aus-

Abb. 1.2: Verschlechterung der Terms of Trade

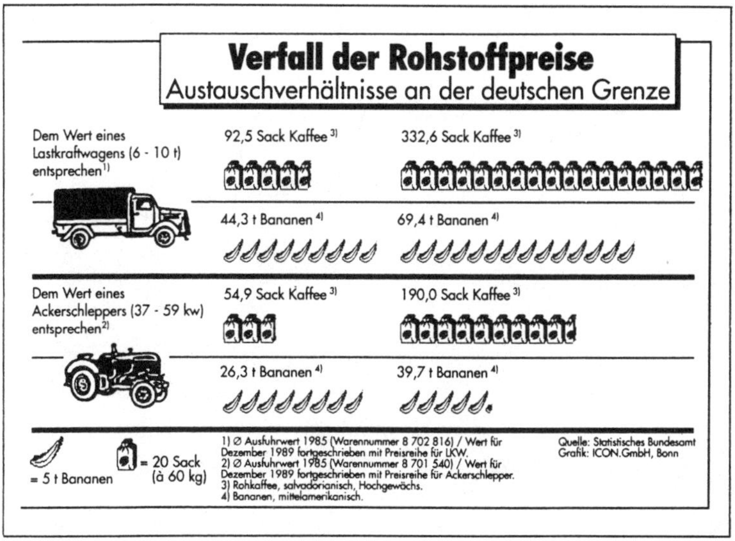

Quelle: Friedrich Ebert Stiftung (Hrsg.) 1992: Kaffee. Armut – Macht – Märkte, Bonn.

tauschrelation nicht für den Kaffee aus dem Süden, sondern für den Lastwagen bzw. den Ackerschlepper aus dem Norden verschlechtert hat. Dabei dürfte es als absurd erscheinen, würde man deshalb schlußfolgern, daß die Weltmarktpreise für Lastwagen bzw. Ackerschlepper *ungerechte Preise* seien.

Die Beliebigkeit dürfte auf der Hand liegen, mit der solcherart empirische Beweisführung den Kontrahenten Tür und Tor für willkürliche Interpretationen öffnet. Sie erlaubt, je nach der Auswahl des Basisjahres einmal den Norden und einmal den Süden der Ausbeutung zu bezichtigen. Noch deutlicher wird das methodische Problem des *Terms of Trade-Ansatzes*, wenn die langfristigen TOT der Entwicklungsländer mit den TOT des gegenwärtig bedeutendsten Industrielandes der Welt, nämlich Japan, verglichen werden (Abb. 1.3).

Abb. 1.3: Entwicklung der Terms of Trade für Entwicklungsländer (ohne OPEC) und Japan

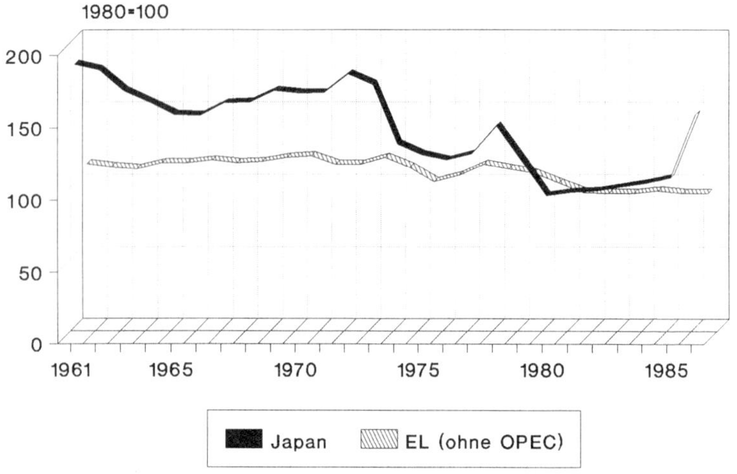

Quelle: Eigene Berechnungen nach International Financial Statistics 1985.

Das Schaubild veranschaulicht, daß die Verschlechterung der *Terms of Trade* für Japan über einen längeren Zeitraum viel gravierender ist als die der Entwicklungsländer des Südens. Auch in diesem Falle wäre es absurd anzunehmen, daß japanische Autos, Computer, elektronische Produkte der Unterhaltungsbranche etc. auf dem Weltmarkt zu *»ungerechten« Preisen* gehandelt würden. Gerade der obige Vergleich dürfte eindrucksvoll belegen, daß die TOT-Entwicklung keinerlei Erklärung für die Qualität der Preise für Weltmarktprodukte – ob richtige oder falsche, gerechte oder ungerechte Preise – liefern kann. Der TOT-Ansatz argumentiert somit nicht mit wissenschaftlicher Beweisführung, sondern im Falle der Verschlechterung der TOT für die Entwicklungsländer des Südens – sicherlich unbewußt – mit der assoziativen Annahme, daß die Preise für Produkte des Südens *»ungerecht«* sein müssen. So verzichtet der TOT-Ansatz auch auf die Analyse der komplexen Ursachen anhaltend sinkender Rohstoffpreise, auf eine ökonomisch objektivierbare Definition der *»gerechten«* Preise und operiert statt dessen mit dem unpräzisen Begriff der *»ungerechten« Preise*, bei dem die moralischen Assoziationen unverkennbar sind.

Versuche, den Einkommenstransfer von Süd nach Nord durch das Theorem *Ungleicher Tausch* werttheoretisch zu begründen, führten bisher in die Sackgasse (Massarrat 1978). – Dies mag daran gelegen haben, daß die verschiedenen Varianten dieses Theorems sich auf die analytische Ebene des globalen Nord-Süd- bzw. *Zentrum-Peripherie-Modells* fixierten, die einzelnen Weltmarktsektoren bzw. Weltmarktprodukte nicht zum Gegenstand ihres Theoriemodells gemacht haben. Wie sollte denn auch von der abstrakten Ebene des *Ungleichen Tauschs von Durchschnittswerten bzw. durchschnittlichen Arbeitsquanten* zwischen *Zentrum* und *Peripherie* auf die höchst unterschiedlichen Wert- und Preisbildungsprozesse in den einzelnen Weltmarktsektoren und für einzelne Weltmarktprodukte geschlossen werden, ohne vom abgehobenen globalen Ganzen hin zum konkreten Einzelnen die methodische Brücke zu schlagen? Zu einer produktspezifischen Analyse für die wissenschaftliche Untersuchung der Rohstoffpreise und den Nachweis von Einkommenstransfer gibt es methodisch keine Alternative (näheres dazu vgl. auch Massarrat 1988).

Der neoklassische Ansatz

Die Grundlagen der herrschenden neoklassischen Preisbildung für Rohstoffe auf den Weltmärkten bilden (a) die *Gleichgewichtstheorie* und (b) die *Annahme des vollkommenen Marktes.* Dabei werden die anhaltend sinkenden Rohstoffpreise auf die Besonderheiten dieser Warengruppe selbst zurückgeführt. Im folgenden werden zunächst die Auswirkungen der Besonderheiten der *Warengattung Rohstoffe* auf die Preisentwicklung und dann der Theorieansatz selbst dargelegt und problematisiert. Im neoklassischen Standardwerk der Weltwirtschaftslehre im deutschsprachigen Raum werden für die anhaltend sinkenden Rohstoffpreise und die *Verschlechterung der Terms of Trade* der Entwicklungsländer folgende drei Gründe genannt:

1. »Die Einkommenselastizität der Nachfrage nach Nahrungsmitteln und Rohstoffen ist vergleichsweise gering, teils, weil bei die-

sen Gütern das Engelsche Gesetz wirksam ist, und teils, weil Kunststoffe Rohstoffe ersetzen.
2. Relativ hoher technischer Fortschritt bei der Erschließung von Rohstoffen verbilligt diese relativ zu Industriewaren.
3. Technischer Fortschritt macht die Industriewaren qualitativ immer hochwertiger und tendenziell damit teurer. Bei Rohstoffen ist das kaum möglich: Kupfer bleibt Kupfer.«
(Glismann/Horn/Nehring/Vaubel 1987: 44)

Zu 1:

Die vergleichsweise geringere Einkommenselastizität der Nachfrage bei Rohstoffen suggeriert eine stagnierende Nachfrage. Sie mag für jeden einzelnen Haushalt wegen des Sättigungseffektes auch tatsächlich zutreffen, sagt aber über die Entwicklung der absoluten Weltgesamtnachfrage nach Rohstoffen nichts aus, da diese gleichzeitig auch eine Variable des Weltbevölkerungswachstums ist: Tatsächlich ist die weltweite Gesamtnachfrage nach Rohstoffen und Agrarprodukten aus Entwicklungsländern, wie beispielsweise bei Kaffee (siehe Abb. 3.1), nicht gesunken, sondern ganz im Gegenteil kontinuierlich gestiegen. Noch deutlicher ist die gegensätzliche Entwicklung der Preise und der Nachfrage bei Öl. Während die Ölnachfrage seit Beginn der dreißiger Jahre zum Teil drastisch ansteigt (vgl. Abb. 2.1), sinkt der Ölpreis kontinuierlich bis zur ersten Ölpreissenkung 1973/74. Auch die Ölpreisschwankungen in den darauf folgenden Jahren spiegeln nicht die veränderte Nachfrageentwicklung wider. Das Elastizitätsargument auf der Nachfrageseite sagt ferner über die Preisentwicklung von Rohstoffen nichts aus, solange das Anbieterverhalten unberücksichtigt bleibt. Geringere Einkommenselastizität der Nachfrage bei Rohstoffen muß also nicht zwangsläufig zur Abnahme der absoluten Gesamtnachfrage und erst recht nicht zu sinkenden Rohstoffpreisen bzw. zur Verschlechterung der *Terms of Trade* für diese Warengruppe führen. An dieser Stelle tritt ein grundsätzliches Dilemma der *neoklassischen Preistheorie* in Erscheinung, die letztlich die Nutzeneinschätzung der individuellen bzw. gesamten Nachfrage zum ausschlaggebenden Bestimmungsfaktor des Preises erklärt. Die Nutzeneinschätzung der Nachfrager beeinflußt zwar die Nachfragemenge, jedoch nicht unmittelbar den Preis, der sich auf den Märkten, und zwar durch die Wechselwirkung zwischen dem Nachfrager- und dem Anbieterverhalten herausbildet. *Die neoklassische Grenznutzentheorie ist keine Preistheorie, sondern in Wirklichkeit eine Allokations- und Optimierungstheorie des gegebenen Einkommens der Nachfrage, die Marktpreise der Waren voraussetzt, statt sie zu erklären.* Im selben Dilemma steckt die neoklassische Preistheorie von Produktionsfaktoren, die *Grenzproduktivitätstheorie.* Die Grenzproduktivität der Arbeit signalisiert dem Unternehmen im Sinne der Optimierung der Faktorkombination und des Ressourceneinsatzes die Grenze der Verwendung einer zusätzlichen Einheit Arbeit. Sie ist, wie die Grenznutzentheorie, keine Preistheorie des Produktionsfaktors Arbeit, sondern eine Optimierungstheorie der Faktorenkombination. Die Grenzproduktivitätstheorie der Arbeit erklärt nicht, sondern sie setzt den Preis der Arbeit voraus, der ohnehin auf dem Arbeitsmarkt gebildet wird. Analog dazu liefert die Grenzproduktivitätstheorie des Kapitals die Optimierungsgrundlage des Einsatzes von Kapital, sie liefert jedoch nicht, wie die Neoklassik unterstellt, den geringsten Anhaltspunkt für die Begründung und die Höhe des Profits.

Genausowenig, wie die Grenznutzentheorie den Preis, die Grenzproduktivitätstheorie der Arbeit den Lohn und die Grenzproduktivität des Kapitals den Profit erklärt, genausowenig erklärt auch die geringere Einkommenselastizität der Nachfrage bei Rohstoffen die langanhaltenden sinkenden Rohstoffpreise[2].

---

2 Man muß allerdings konstatieren, daß dieses mehr als fragwürdige neoklassische Erklärungsmuster der sinkenden Rohstoffpreise und der Verschlechterung der *Terms of Trade* der Entwicklungsländer weit über die neoklassische Schule hinaus nahezu kritiklos Anwendung findet, so beispielsweise in der jüngsten Veröffentlichung von Elmar Altvater: »Einen Einfluß auf die Preisbildung übt auch die Gestaltung des internationalen Handels zwischen Industrieländern und Rohstoffexporteuren aus. Auf der Nachfrageseite sind technische Faktoren der Substitution von Rohstoffen von Bedeutung, durch die die Einkommenselastizität der Nachfrage nach Rohstoffen so beeinflußt wird, daß sie kleiner als 1 ist: Die Nachfrage nach Rohstoffen steigt weniger als die Zunahme des Sozialprodukts« (Altvater 1992b: 178).

Zu 2:

Die Annahme höherer Produktivitätssteigerungen bei Rohstoffen als bei Industriewaren als Ursache der Preissenkung kann empirisch nicht untermauert werden. Die Produktivitätssteigerung bei tropischen Agrarprodukten aus Entwicklungsländern ist jedenfalls niedriger als jene bei Industrieprodukten der Industrieländer. Anders liegt der Sachverhalt bei der Energie. Hier ist dank der besonders hohen *natürlichen Produktivität* der Ölquellen am Persischen Golf zwar eine überdurchschnittliche Produktivitätssteigerung festzustellen. Eine höhere und naturbedingte Produktivitätssteigerung bei erschöpfbaren Produkten muß aber nicht zwangsläufig zu Preissenkung führen, bewirkt sehr wohl aber eine Rentensteigerung bei den Ressourceneigentümern, da unter Berücksichtigung der Natur als Produktionsfaktor nicht die Durchschnittsbetriebe, sondern die Grenzbetriebe den Rohstoffpreis regulieren. Die Neoklassik ignoriert den fundamentalen Unterschied zwischen der Preisbildung auf den Rohstoffmärkten und den Märkten für Industrieprodukte, da sie die Natur als Produktionsfaktor im ökonomishen Prozeß überhaupt ignoriert. (Ausführlicher dazu in diesem und weiteren Kapiteln dieses Buches).

Zu 3:

Preisvergleiche machen natürlich nur ceteris paribus, in diesem Falle bei gleichbleibenden Qualitätsmerkmalen, einen Sinn. Qualitätsveränderungen beschränken sich allerdings nicht nur auf Industriewaren. Rohprodukte wie Kaffee und Kakao können – abhängig vom Preis – zu gänzlich unterschiedlichen Qualitäten angeboten werden. Im übrigen beschränkt sich die Verschlechterung der *Terms of Trade* für Kaffee beispielsweise nicht nur auf den Austausch mit Traktoren. Heute müssen z.B. doppelt soviel Kaffeesäcke gegen dieselbe Menge Düngemittel aus Industrieländern ausgetauscht werden wie vor 10 Jahren. Dabei bleiben Düngemittel genauso Düngemittel wie Kupfer Kupfer bleibt.

Die von der herrschenden Neoklassik vorgebrachten Argumente für die Verschlechterung der *Terms of Trade* für Rohstoffe bzw. für Entwicklungsländer überzeugen in keiner Weise. Sie sind theoretisch nicht bewiesen, sondern konstruiert, empirisch nicht hinreichend untersucht und begründet und sie werden mehr oder weniger eklektisch und additiv aneinandergereiht. Die Neoklassik verzichtet darauf, sinkende Rohstoffpreise auf eine ganzheitliche Analyse der internationalen Rohstoffmärkte zu stützen. Anstelle von konkreten Untersuchungen der komplexen Realität der internationalen Rohstoffmärkte wird die Preisbildung unterschiedslos aus dem idealtypischen Modell des vollkommenen Marktes abgeleitet. Beispielsweise erklärt der Forschungsgruppenleiter des HWWA, Institut für Wirtschaftsforschung, Karl Wolfgang Menck, in einem Beitrag für *Entwicklung und Zusammenarbeit* folgendermaßen, wie »sich die Rohstoffpreise bilden«:

> »Jeden Tag wird aus Angebot und Nachfrage auf den Börsen der Gleichgewichtspreis festgelegt, der auf dem Ausgleich von Angebot und Nachfrage beruht. Auf diese Weise werden die Wirtschaftspläne von Anbietern und Nachfragern koordiniert: Anbieter erfahren durch den Vergleich zwischen dem Marktpreis und den Kosten, ob ihre Produkte wettbewerbsfähig sind; Nachfrager erkennen, ob ihre Preisvorstellungen verwirklicht werden können. Marktparteien, die gegen den Marktpreis handeln, indem sie trotz höherer Kosten anbieten, oder Nachfrager, die mehr einkaufen, als es nach ihren Preisvorstellungen zu erwarten war, werden durch Verluste bestraft und automatisch zu 'marktgerechten' Anpassungen veranlaßt.« (Menck 1992: 9)

Mencks Argumentation ist symptomatisch dafür, wie die neoklassische Begründung der Preisbildung für Rohstoffe konstruiert ist. Die Annahme des *vollkommenen Marktes und des Freihandels* für Rohstoffe ist dabei so selbstverständlich, daß eine empirische Beschäftigung mit der Realität der Weltrohstoffmärkte als überflüssig erscheint. Innerhalb dieses Modells verhalten sich Anbieter und Nachfrager ob auf nationalen Märkten oder auf Weltmärkten selbstverständlich marktgerecht und passen sich stets den veränderten Marktbedingungen an. Angebot und Nachfrage gleichen sich aus. Rohstoffpreise sind folgerichtig *Gleichgewichtspreise*. Das Modell schließt also prinzipiell unterbewertete bzw. »ungerechte« Rohstoffpreise aus. Das gleiche gilt auch für einen Einkommenstransfer aus dem Rohstoffe exportierenden Süden in den Rohstoffe verbrauchenden Norden. Die entscheidende Frage, die nun hier entsteht und hier wie in den folgenden Kapiteln beantwortet werden muß, ist jedoch, ob die idealtypischen Prämissen des Modells des *vollkommenen Marktes* den Realitäten der Rohstoffmärkte Rechnung tragen, oder ob es sich eher um konstruierte Prämissen jenseits der Realität handelt.

Der Dumpingpreis-Ansatz

Der *Dumpingpreis-Ansatz* unterscheidet sich grundlegend von den gängigen und hier kritisierten preistheoretischen Erklärungsmodellen. Er soll in diesem Buch ausführlich begründet werden. Die Preisbildung für *erschöpfbare und erneuerbare Rohstoffe* unterliegt unterschiedlichen Marktgesetzen. Deshalb sind diese zwei Hauptrohstoffgruppen jeweils gesondert zu analysieren. Die Untersuchung der Marktgesetze für erschöpfbare Rohstoffe wie Öl, Kohle und mineralische Rohstoffe erfolgt im Teil I, der durch die Fallstudie Öl in Teil II ergänzt wird. Die Analyse der Preisbildung bei erneuerbaren, vor allem agrarischen Produkten, wie Kaffee, Kakao, tropischen Früchten etc., beruht auf einer leichten Modifikation der Marktgesetze bei erschöpfbaren Rohstoffen und wird in Teil III vorgenommen.

1.2 Rohstoffkreislauf und Wert der Natur

Waren sinkende Rohstoffpreise seit mehreren Jahrzehnten deshalb beklagenswert, weil sie für die Verschärfung des Nord-Süd-Konfliktes, für die Vergrößerung der Einkommensschere zwischen Industrie- und Entwicklungsländern und letztlich für die fortschreitende Entkopplung des Südens vom Weltmarkt symptomatisch waren, so stehen sie seit über einem Jahrzehnt im Mittelpunkt ökologischer Kritik. *Sinkende Rohstoffpreise signalisieren im Sinne ökologischer Kritik den Überfluß von erneuerbaren und nicht erneuerbaren Rohstoffen, und dies, obwohl die Schätze der Natur unbestreitbar und unwiderruflich zur Neige gehen und obwohl schon jetzt das ökologische Gleichgewicht gestört ist und im Falle einer Aufrechterhaltung des gegenwärtigen Ressourcenverbrauchs eine dauerhafte Entwicklung für den Süden und für* künftige Generationen als ein utopisches Ziel erscheinen muß. Sinkende Rohstoffpreise verstärken den Anreiz zu verschwenderischem Konsum und geben den steigenden Umweltbelastungen zusätzlichen Auftrieb.

Wechselbeziehungen globaler Systeme

Es zeigt sich, daß Rohstoffpreise monetärer Ausdruck von Austauschbeziehungen sind, die sich zwischen dem Weltmarkt und der Natur einerseits und zwischen dem Norden und dem Süden innerhalb des Weltmarktes andererseits abspielen. Denn wie für die Wechselbeziehung zwischen der Natur und der Ökonomie die Rohstoffproduktion, sind auch die Rohstoffströme von Süd nach Nord noch immer die substantielle Grundlage für den Austausch zwischen diesen Regionen. Steigende bzw. sinkende Rohstoffpreise signalisieren Veränderungen der Austauschbeziehungen nicht nur in quantitativer, sondern auch in qualitativer Hinsicht. Für eine Operationalisierung der Wechselbeziehungen zwischen dem Weltmarkt und der Natur und zwischen Nord und Süd innerhalb des Weltmarktes ist es hilfreich, in Anlehnung an Barbier (1987) und Busch-Lüty (1992), von drei organisch korrespondierenden globalen Systemen auszugehen (Abb. 1.4).

Abb. 1.4: Wechselbeziehungen globaler Systeme

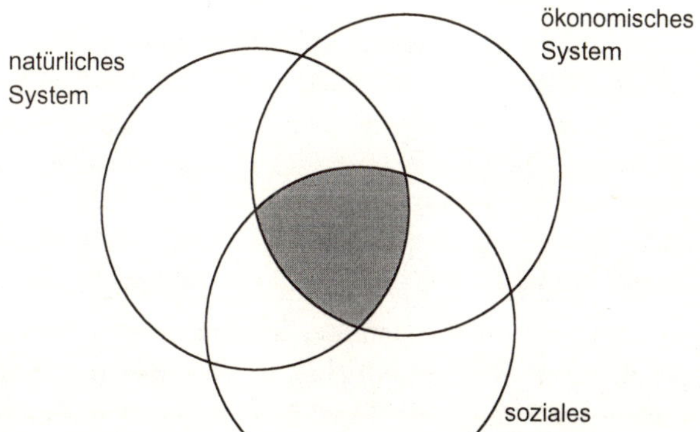

Die symbolische Darstellung suggeriert eine Gleichheit von den drei Systemen, die keineswegs intendiert ist. *Das natürliche System* ist selbstverständlich das ursprüngliche und letztlich auch das alle anderen Systeme beherrschende System. Die Natur kann auch ohne uns weiterexistieren, aber wir nicht ohne die Natur. *Das soziale und das ökonomische System* waren im Jahrmillionen andauernden anthropologischen Evolutionsprozeß weitestgehend in das natürliche System integriert. Erst die industrielle Revolution und der systematische Eingriff in das natürliche System unter Einsatz von großtechnologischen Anlagen schuf die Möglichkeit, richtiger, die Illusion einer relativen Autonomie der menschlichen Gesellschaft gegenüber der Natur. Diese Illusion und der Glaube an die Möglichkeit der Naturbeherrschung durch den Menschen ist jedoch spätestens dahin, seitdem die prognostizierten Folgen des Treibhauseffektes in die menschliche Phantasie eingedrungen sind und seitdem zahlreiche Umweltgifte sich in ebenso zahlreichen Krankheitserscheinungen bei den Menschen bemerkbar machen. Die Natur ist gegenwärtig im Begriff, sich für die menschliche Anmaßung eines zügellosen Eingriffs in ihr System auf eine für die Menschheit dramatische Weise zu rächen.

An der Entstehung, der Entfaltung und der Reproduktion des ökonomischen Systems sind das natürliche System mit dem *Produktionsfaktor Natur* und das soziale System mit dem *Produktionsfaktor Arbeit* und das ökonomische System selbst mit dem *Produktionsfaktor Kapital* beteiligt. Auf stofflicher Seite beruht die Funktionsfähigkeit des ökonomischen Systems auf der Wechselwirkung zwischen *Natur, Mensch und Technik. Man könnte auch sagen, daß durch die Produktionsfaktoren Natur, Arbeit und Kapital die drei Systeme organisch miteinander verbunden sind und daß im Zusammenwirken der drei Produktionsfaktoren die Verflechtung und die Schnittstellen der drei Systeme permanent reproduziert werden.*

Ferner könnte man vereinfachend die drei Systeme als einen Verbund des natürlichen Systems mit dem *globalen nord-südlichen Dualismus* interpretieren, indem der industrialisierte, bevölkerungsarme, alle entscheidenden materiellen Reichtümer und institutionellen Instanzen einschließende Norden weitgehend mit dem ökonomischen System und der bevölkerungsreiche, materiell arme und institutionell schwache Süden weitgehend mit dem sozialen System identisch sind. Aus einem solchen Blickwinkel stellt der Rohstoffkreislauf den Haupttransmissionsriemen zwischen den drei Systemen dar: Er verbindet einerseits physisch die Natur mit den beiden anderen Systemen und andererseits sowohl physisch wie monetär die letzteren Systeme untereinander. Ausgehend von der zentralen Funktion des Rohstoffkreislaufs gestattet die vorgenommene Operationalisierung der Wechselbeziehung zwischen dem natürlichen System (Naturvermögen), dem ökonomischen System (Kapitalvermögen) und dem sozialen System (Arbeitsvermögen) bzw. zwischen dem natürlichen System sowie dem globalen Nord-Süd-System, eine Neubewertung eben dieser Wechselbeziehung und eine präzisere Analyse des Zustandes des Gesamtsystems.

Prinzipiell kann eine derartige Analyse mit Hilfe von ganz unterschiedlichen Maßstäben vorgenommen werden. Weit verbreitet ist beispielsweise die rein monetäre Analyse der Austauschbeziehungen zwischen den Systemen und Regionen des Globus, eine Methode, die allerdings die Gegensätze, Verwerfungen und Instabilitäten in den Beziehungen eher zuschüttet als sie offenzulegen. Diese Methode ist symptomatisch für die herrschende Wirtschaftswissenschaft einschließlich der neueren, rein monetären Theorien der Umweltökonomie[3]. Möglich ist es sicherlich auch, von den faktischen *Stoffströmen* ausgehend, über den Zustand des Gesamtsystems aufschlußreiche Erkenntnisse zu gewinnen (Schmidt-Bleek 1992). Zu interessanten Schlußfolgerungen führt zweifelsohne auch die *physikalisch-thermodynamische* Deutung der Wechselbeziehung durch die Analyse von *Syntropie-* bzw. *Entropieflüssen* (Dürr 1990). Wesentlich produktiver und letztlich unverzichtbar ist es jedoch, die zwischen

3 Zu einer kritischen Bestandsaufnahme siehe Maier-Rigaud (1991): »Die Idee der Integration von Umwelt in die ökonomische Welt von relativen Preisen kann als Leitbild oder Paradigma der herrschenden Umweltökonomie bezeichnet werden. ... Dahinter steckt eine ungeheuerliche Anmaßung der Umweltökonomie in zweifacher Hinsicht. Erstens wird der heutige Stand des historisch gewachsenen und sich weiter entwickelnden Werte- und Preissystems verabsolutiert und diktatorisch den künftigen Generationen oktroyiert. Zweitens wird das in Millionen Jahren entstandene ökologische System bis hin zum letzten Schmetterling allein unter dem heutigen (zufälligen?) individuellen Nutzen- und Kostenkalkül betrachtet« (Maier-Rigaud 1991: 41)

den Systemen sich vollziehenden Austauschbeziehungen und Wechselwirkungen ganzheitlich und methodisch durch die Kombination von monetären, physisch-stofflichen und physikalisch-thermodynamischen Kategorien zu erfassen, da diese Prozesse in der Realität sich gegenseitig beeinflussen, so daß ihre Vernachlässigung zwangsläufig zu lückenhaften oder gar verfälschten Resultaten führen muß. Damit wird hier ein methodischer Anspruch formuliert, den zu realisieren es ungeheuere Anstrengungen erfordert und der tatsächlich auch nur durch einen interdisziplinären Lern- und Forschungsprozeß verwirklicht werden kann[4].

In der vorliegenden Untersuchung wird der Versuch unternommen, durch die Analyse der Kombination von monetären und stofflichen Wechselbeziehungen zwischen den Systemen einen kleinen Schritt im dringend erforderlichen Prozeß der Diskussion voranzukommen. Es geht um die Analyse von Verwicklungen zwischen monetärem und sozialem System, der Rekonstruktion der historischen Wechselwirkung zwischen dem ökonomischen und dem natürlichen System im Prozeß der Naturaneignung. Es geht vor allem darum, die Ursachen der Verschiebungen und Verwerfungen zwischen den drei Systemen, letztlich auch die Ursachen der Instabilität, soweit sie durch den globalen Rohstoffkreislauf vermittelt worden sind, aufzuspüren und darüber hinaus kurz- und mittelfristig realisierbare Schritte zu skizzieren, die geeignet sind, den inneren Zusammenhalt der Systeme im positiven Sinn zu beeinflussen. Das Ziel ist dabei ein *nachhaltig funktionierendes globales System*. Und über dieses Ziel scheint heute unter ökologisch orientierten Positionen ein – wenn auch sehr allgemeiner und im einzelnen noch unreflektierter – Konsens zu bestehen. Der Zustand des nachhaltigen Wirtschaftens wird erreicht, wenn das ökonomische und das so-

4 Einen lohnenden Versuch in diese Richtung unternimmt Elmar Altvater (1992b), indem er die globalen Austauschprozesse sowohl aus thermodynamisch-physikalischer wie aus monetärer Sicht analysiert. Hauptproblem seiner Analyse ist allerdings das additive Nebeneinander der Darstellung von ökonomischen und physikalischen Vorgängen. So bleiben dabei Verbindungen und Schnittstellen dieser Systeme ebenso unbearbeitet, wie der Verzicht auf die Herausarbeitung kurz- und mittelfristig umsetzbarer Lösungsschritte. Hierauf wird später Bezug genommen.

ziale System mit dem natürlichen System wieder in stabile Austauschbeziehungen gebracht wird und wenn globale Konsumbedürfnisse ausschließlich durch den Ertrag der drei Systeme befriedigt werden, so daß die Substanz dieser Systeme für unendlich viele Generationen erhalten bleibt.

Vollkommener Preis für erschöpfbare Ressourcen und das Nachhaltigkeitsprinzip

Gehen wir optimistisch davon aus, daß ein Zustand der nachhaltigen Wirtschaft im globalen Maßstab prinzipiell erreichbar ist, so wird eine Strategie zur Realisierung dieses Zustandes sehr komplex und mit vielen Widersprüchen und Hindernissen verbunden sein. Wie auch immer eine solche Strategie formuliert und ein globaler Konsens hierfür erzielt wird, müßte dies zweifelsohne zu einer drastischen Reduzierung des Verbrauchs und der Produktion von natürlichen Ressourcen führen. Der monetäre Ausdruck dieser Strategie wäre dann der drastische Preisanstieg aller Rohstoffe. Marktpreise von nicht erneuerbaren Rohstoffen, wie fossilen Energieträgern, Erzen etc., müßten außer *betriebswirtschaftlichen Produktionskosten und volkswirtschaftlichen und die Umwelt belastenden Folgekosten auch Knappheits- bzw. Erschöpfungskosten* einschließen. Mit der Verrechnung von volkswirtschaftlichen Folgekosten bzw. der Internalisierung von externen Kosten erreichen die Rohstoffpreise in der Regel ein höheres Niveau, das die derzeitigen Rohstoffpreise ökologisch teilweise korrigiert. Dies führt einerseits dazu, daß der Rohstoffverbrauch entsprechend sinkt und schafft andererseits die Voraussetzung dafür, daß die kostenaufwendige und durch die Produktion und den Konsum von Rohstoffen erforderlich gewordene Reparatur und Wiederherstellung der Umwelt im Sinne des Nachhaltigkeitsprinzips gewährleistet ist. Ein solcher Rohstoffpreis, der nach Ernst Ulrich von Weizsäcker (1990: 143f.) den *ökologisch wahren Preis* darstellen soll, wird allerdings einem Nachhaltigkeitsprinzip gerecht werden, das für relativ kurze Zeiträume Wirkung zeigt und hauptsächlich den Überlebensinteressen von gegenwärtigen Generationen Rechnung trägt. *Ein Rohstoffpreis, der dem Nachhaltigkeitsprinzip im umfassenden Sinne, d.h. also auch im Interesse von möglichst vielen Generationen der Zukunft gerecht werden soll, muß jedoch ein Kosten- bzw. Preiselement einschließen, das die Erschöpfungstendenzen signalisiert und deshalb auch entsprechend der zunehmenden Erschöpfung ansteigt.* Die Kosten der Erschöpfungstendenzen eines Rohstoffes wären identisch mit denjenigen einer Kapitalsumme, die sich die gegenwärtigen Generationen bei den zukünftigen ausleihen.

Durch jede Tonne Rohstoff, die heute der Natur entnommen wird, verbraucht die heutige Generation natürliche Ressourcen, auf die nicht nur diese, sondern auch die künftigen Generationen einen Anspruch haben. Denn natürliche Ressourcen sind das Erbe der gesamten Menschheit und nicht nur dasjenige weniger Generationen. In ökonomischen Kategorien ausgedrückt, nutzen die gegenwärtigen Generationen das Kapital künftiger Generationen, ohne dafür entsprechende Kapitalkosten aufbringen zu müssen. Die künftigen Generationen stellen realiter den gegenwärtigen gigantische Kapitalsummen zur Verfügung. Gingen letztere mit diesem Kapital um, als wäre es ein zinsloser, ja geschenkter Kredit, so folgte daraus, auf alle Anstrengungen zu verzichten, die der Erhaltung des Kapitalstocks dienen könnten. Vielmehr läge es nahe zu konstatieren, daß die gegenwärtigen Generationen sich auf das Aufzehren des verfügbaren Kapitals fixieren und so auch in Kauf nehmen, den imaginären Kreditgebern buchstäblich die Existenzgrundlage zu entziehen. Genau dies entspricht der Praxis der gegenwärtigen Generationen seit der industriellen Revolution und insbesondere in diesem Jahrhundert.

Würden dagegen die gegenwärtigen Generationen den Kriterien *der nachhaltigen Ökonomie* Rechnung tragen, so müßten sie alle Anstrengungen unternehmen, um den Kapitalstock (die Substanz von natürlichen Ressourcen) zu erhalten, und sich darauf beschränken, selbst vom Ertrag des Kapitalstocks zu leben, statt dessen Substanz aufzuzehren. Sie müßten für das geliehene Kapital einen Schuldendienst entrichten, der ausreicht, um die Erhaltung des Kapitalstocks zu gewährleisten[5]. Ein solcher Schuldendienst müßte als ein realer

5 Eine vollständige Substanzerhaltung bei erschöpfbaren Ressourcen kann es allerdings nur geben, wenn der Verbrauch auf Null reduziert würde, da ein hundertprozentiges Recycling angesichts des Entropiezuwachses ausgeschlossen ist (Georgescu-Roegen 1986). Insofern kann die Nachhaltigkeit bei diesen Ressourcen bedeuten, daß ihre Substanz für eine möglichst große Zahl von Generationen unverbraucht bleibt.

Kostenfaktor in die Preisbildung von Rohstoffen eingehen, die verbraucht werden. Hinter diesem Kostenfaktor verbirgt sich die Verpflichtung der Weltgesellschaft, einen Teil des verfügbaren Arbeitsvermögens dafür zu verwenden, daß der Substanzverzehr der erschöpfbaren Ressourcen auf ein Minimum reduziert wird. Dieser Kostenfaktor kann als *Knappheitskosten bzw. als Generationenvertragskosten* definiert werden. Sinnvoller erscheint es jedoch, dafür die Kategorie *Ressourcenkapitalkosten* zu verwenden. Es wird hier noch zu begründen sein, daß ein derartiges Kostenelement durchaus nicht normativ »gesetzt« werden muß, da es, *eine funktionierende Marktökonomie für erschöpfbare Ressourcen vorausgesetzt*, selbst eine realökonomische Größe darstellt (näheres vgl. Kapitel 2). Dadurch, daß der Faktor *Ressourcenkapitalkosten* die Rohstoffe zusätzlich verteuern und den Rohstoffverbrauch entsprechend verringern kann, übernimmt er auf jeden Fall eine Lenkungsfunktion, die zu einer gerechteren Verteilung von natürlichen Ressourcen zwischen den gegenwärtigen und den künftigen Generationen führen kann.

Die Kategorie *ökologisch wahre Preise* (Ernst Ulrich von Weizsäcker 1991), die definitionsgemäß neben den betriebswirtschaftlichen Produktionskosten von Produkten auch deren externe Kosten enthält, ist unzulänglich und vernachlässigt ein Kostenelement der natürlichen Ressourcen, das im Sinne nachhaltiger Ökonomie bei der Preisbildung Berücksichtigung finden müßte. Für einen Marktpreis bei erschöpfbaren Ressourcen, der alle Kostenfaktoren einschließt, wird die Kategorie *vollkommener Marktpreis* (complete market price) Pc vorgeschlagen. Dieser setzt sich demnach zusammen aus *betriebswirtschaftlichen Produktionskosten* (marginal costs bzw. Grenzkosten) MC, *volkswirtschaftlichen ökologischen Folgekosten* (environmental costs) E und *Generationsertrags- bzw. Ressourcenkapitalkosten* (resource capital costs) R.

$$P_c = MC + E + R \qquad (1)$$

Vollkommene Rohstoffpreise könnten einen grundlegenden Umbau des ökonomischen Systems erzwingen und somit als das innere Band eines Prozesses der Rückverlagerung des ökonomischen in das natürliche System fungieren, daß das Zusammenrücken beider Systeme dauerhaft formieren und schließlich auch ein gleichgewichtiges Gesamtsystem herbeiführen kann. Vollkommene Rohstoffpreise eignen sich gleichzeitig auch dazu, den Gegensatz zwischen dem ökonomischen und dem sozialen System, zwischen Nord und Süd dadurch zu verringern, daß eine weitere Verlagerung der Reichtümer von Süd nach Nord gestoppt und darüber hinaus eine Rückverlagerung eines Teils der im Norden angehäuften Reichtümer in den Süden in Gang gesetzt wird und daß auch das soziale System, das globale Arbeitsvermögen, weitgehend unter die Erfordernisse des natürlichen Systems gestellt bzw. mit diesem in Einklang gebracht wird. Der erwünschte Zustand einer nachhaltigen Wirtschaft, der durch vollkommene Rohstoffpreise in Gang gesetzt und durch Rückverlagerung und organische Einbettung der Ökonomie in das natürliche System erreicht werden könnte, hat also außer der ökologischen und ökonomischen auch eine soziale Dimension. Er setzt somit Veränderungen und Umwälzungen innerhalb und zwischen allen drei Systemen voraus. In der symbolischen Darstellung (Abb. 1.4) wäre die nachhaltige Wirtschaft desto vollkommener, je größer die Schnittfläche der drei Systeme geworden ist.

Wir erleben heute und seit Beginn der industriellen Revolution genau die gegenteilige Dynamik zwischen den Systemen. Sinkende Rohstoffpreise sorgen offensichtlich dafür, daß sich das ökonomische System – und damit der Norden – sowohl vom natürlichen System wie vom sozialen System – und damit vom Süden – abkoppelt und in der gefährlich illusionären Vorstellung, sich beide Systeme unterwerfen zu können, jene gewaltige Spannung erzeugt, die sich in ungeahnten ökologischen und/oder sozialen Katastrophen entladen kann. Die gegenwärtigen Umweltkatastrophen in Form der Folgen des Treibhauseffektes, umweltbedingten Gesundheitsschäden, Beschränkung der Artenvielfalt sowie die Migrationsbewegungen von Süd nach Nord müssen als zunehmende Warnsignale des natürlichen, bzw. des sozialen Systems gegenüber dem ökonomischen System interpretiert werden.

Die gegenwärtigen Rohstoffpreise enthalten weder die *Ressourcenkapitalkosten* noch die (externen) ökologischen Kosten. Sie sind also auf rein betriebswirtschaftliche Kosten reduziert. Unter den gegenwärtigen Weltmarktbedingungen, wie sie seit Jahrzehnten gegeben sind, orientieren sich bei den erschöpfbaren Ressourcen die betriebswirtschaftlichen Kosten ausschließlich an *globalen Grenzkosten*.

In vielen Fällen, insbesondere bei fossilen Energieträgern, unterschreiten die Weltmarktpreise selbst diese Kostenkategorie und tendieren dazu, auf die *regionalen Grenzkosten* herabzusinken (näheres dazu s. Kapitel 6). *Bei den gegenwärtigen Rohstoffpreisen handelt es sich nicht um vollkommene, d.h. also alle realen Kostenfaktoren einschließende Preise, sondern um Dumpingpreise.* Die erschöpfbaren Ressourcen sind entgegen ihrem Charakter nicht rar, sondern werden im Überfluß auf den Weltmärkten angeboten.

Worauf ist aber dieser beklagenswerte Zustand zurückzuführen? Sinkende Rohstoffpreise, einhergehend mit Überfluß an Rohstoffen auf den Märkten einerseits und zunehmender Erschöpfbarkeit von Ressourcen andererseits, stellen offensichtlich ein unauflösbares Paradoxon dar, das zu weiteren Fragen hinüberleitet. Müssen sinkende Rohstoffpreise nicht als Beweis gegen die Annahme von Erschöpfbarkeiten der Ressourcen unseres Planeten interpretiert werden und geben sie nicht denen Recht, die diese Annahme für eine Legende halten? Oder besteht überhaupt kein Zusammenhang zwischen dem Preis und der Erschöpfbarkeit, zwischen den ökonomischen Gesetzen und der Naturaneignung, so daß diejenigen Recht behalten, die meinen, daß Marktgesetze ausschließlich kurzfristige Tendenzen erfassen und außerstande sind, langfristige Erschöpfungserscheinungen der Ressourcen und Interessen künftiger Generationen über den Preis auf die Gegenwart zu übertragen?

Die Naturvergessenheit der Ökonomie

Auf die hier aufgeworfenen Fragen gibt es bisher keine befriedigenden Antworten. Die *neoklassische Wirtschaftstheorie* hat sich für sehr lange Zeiträume kaum ernsthaft mit den Besonderheiten der Preisbildung und Preisentwicklung von natürlichen Ressourcen beschäftigt. Erst in den siebziger Jahren kam es in Anlehnung an die *Hotelling-Regel* (siehe unter 2.3) zu einer lebhaften Debatte innerhalb dieser ökonomischen Schule. Doch ging es dabei nicht darum, weshalb die Rohstoffpreise über Jahrzehnte sanken, sondern darum, weshalb der Ölpreis sprunghaft gestiegen war. Das Erkenntnisinteresse der Neoklassik war also nicht die ökologische Krise, sondern die durch drastische Ölpreissteigerungen ausgelöste Wachstumskrise. Nachdem nun die Ölpreise und die Weltmarktpreise für die meisten anderen Rohstoffe wieder sinken, ist auch die Hochkonjunktur der preistheoretischen Debatte bei Naturprodukten wie Öl in den herrschenden Wirtschaftswissenschaften wieder vorbei. Dieser Sachverhalt verweist im übrigen auf die ungebrochene Wachstumsfixiertheit und Naturvergessenheit der herrschenden Wirtschaftstheorie.

Auch die ökologisch orientierte Kritik der Ökonomisierung der Natur bewegt sich auf einer allgemeinen Ebene und befindet sich erst am Anfang einer dringend notwendigen Entwicklung. Die bisher versuchten kritischen Ansätze zu einer grundlegenden Erklärung des Verhältnisses zwischen der Ökonomie und der Natur in der Praxis sind unzulänglich. Zu solchen Versuchen gehört der bisher umfassendste Beitrag des der Natur verpflichteten Wirtschaftstheoretikers Hans Immler, der in zwei Bänden vorgelegt worden ist (Immler 1985 und 1989). Durch die Auseinandersetzung mit ökonomischen Theorien in seinem überaus anspruchsvollen Werk beabsichtigt Immler, die theoretischen Grundlagen der ökologischen Reform der Industriegesellschaften zu formulieren. Die Beschäftigung mit der Natur in den ökonomischen Theorien steht im Mittelpunkt des Immlerschen Projekts, da

> *»die gesellschaftliche Praxis des ökonomischen Umgangs mit der Natur (...) sich in der ökonomischen Theorie widerspiegelt. Es wird gezeigt«*, schreibt Immler in der Einleitung des ersten Bandes weiter, »welche Rolle die Natur in der Entwicklung der ökonomischen Theorie gespielt hat, wie sie jeweils begriffen wurde und auf welche Weise die theoretischen Ansichten über die Natur Auskunft über ihren Gebrauch in der ökonomischen Praxis geben können. Etwas Zweifaches wird damit beabsichtigt: Zum einen soll eine kritische Aufarbeitung der ökonomischen Theorie Verständnis für die begangenen Fehler im Umgang mit der Natur vermitteln, zum anderen soll über die reine Kritik hinausgegangen und ein positiver Ansatz für ein besseres ökonomisches Verstehen der Natur aufgezeigt werden« (Immler 1985: 11).

Die Rezeption des Naturbegriffes in den vorklassischen, klassischen und Marxschen Theorien ist zweifelsohne das besondere Verdienst des Autors und ein wichtiger Schritt für ökologisch orientierte ökonomische Theorien. Zweifel bestehen jedoch darüber, ob die Immlersche Kritik tatsächlich geeignet ist, zu neuen Erkenntnissen für ein anderes Verhältnis der Ökonomie zur Natur zu führen. Es ist an dieser Stelle weder möglich noch beabsichtigt, Immlers Projekt in seiner Gesamtheit kritisch zu würdigen. Einige durchaus als zentral erscheinende Anmerkungen dazu sollen hier nicht nur zum Nachdenken veranlassen und die Diskussion um das Verhältnis zwischen Ökonomie und Natur beleben. Sie sollen gleichzeitig auch auf Fragen verweisen, die im Vordergrund der analytischen Überlegungen dieses Buches stehen:

1. Die Natur-Rezeption in der ökonomischen Theorie spiegelt in der Tat die ökonomische Praxis im Umgang mit der Natur in historischen Zeiträumen wider. Die Behandlung der Natur in den klassischen und Marxschen ökonomischen Theorien lassen somit durchaus Schlußfolgerungen auf den tatsächlichen Umgang der Gesellschaft mit der Natur im 19. Jahrhundert zu. Die Geschichtsbedingtheit von ökonomischen Theorien eröffnet methodisch die Möglichkeit, die Veränderungen der Theorien zur Beurteilung der realen Veränderungen heranzuziehen. In diesem Sinne wäre es von besonders hohem Erkenntniswert, die Natur-Rezeption der Neoklassik in der Rekonstruktion von ökonomischen Theorien einzubeziehen. Die Neoklassik ist jedoch in Immlers Projekt nicht Gegenstand der Kritik, und man könnte beinahe sagen, daß sie darin kaum vorkommt. Eine Ausklammerung der gängigen Lehrmeinung ist bei einer Kritik des Verhältnisses der herrschenden Wirtschaftswissenschaften zur Natur schlechterdings nicht möglich.

2. Eine Rekonstruktion der neoklassischen Theorie ergibt, daß bei dieser die Natur als ökonomische Kategorie nahezu keine Rolle mehr spielt. In den neoklassischen Produktions- und Allokationstheorien drehen sich die ökonomischen Vorgänge um *Arbeit* und *Kapital*, jedoch weder um *Boden* noch um irgendeine andere *Naturkraft*. Damit ist die *Naturvergessenheit* der Neoklassik, im Unterschied zu der Klassik, in der die Natur eine wichtige ökonomische Kategorie darstellt, auch im Unterschied zu Marx, bei dem die Natur neben der Arbeit sogar als die Hauptquelle des Reichtums eingestuft wird, kaum zu überbieten. Es muß doch aufschlußreich sein, zu fragen, wie der reduktionistische Wandel der ökonomischen Theorien von der Klassik und Marx bis zur Neoklassik zu interpretieren ist, und ob und inwiefern der historische Wandel in den ökonomischen Theorien den historischen Wandel der ökonomischen Praxis vom 19. in das 20. Jahrhundert widerspiegelt. Diese

Fragen können sich in dieser Form bei Immler nicht stellen, weil er sich mit der Rezeption von ökonomischen Theorien bis Marx beschränkt.

3. Der soeben hervorgehobene Mangel führt zur Vernachlässigung eines für die Analyse des Verhältnisses von Ökonomie und Natur immens wichtigen Problems: Wie ist nämlich der paradoxe Zustand zu erklären, daß das Naturbewußtsein und die Naturbezogenheit in der ökonomischen Praxis in dem Maße abnimmt und die Naturvergessenheit dagegen zunimmt, wie der Verbrauch an Naturressourcen steigt?

4. Man kann sich des Eindrucks nicht erwehren, daß Immler die Zerstörung der Natur durch die Ökonomie zu einem gehörigen Maß auf die »Fehler« von ökonomischen Theorien zurückführt.

> »Die Entschlossenheit, mit der Marx den Gebrauchswert und damit auch die Natur aus der politischen Ökonomie verbannte, wirkt bis heute tief in die marxistische und sozialistische Theorie hinein und erklärt deren Berührungsängste mit den bestehenden physisch-naturalen Wirtschaftsproblemen. Im Kern der Verbannung der Natur aus der politischen Ökonomie steht das Dogma von der alleinigen Wertbildung durch die Arbeit« (Immler 1985: 269).

So unternimmt Immler im ersten Band seines Buches auch eine beachtliche Anstrengung, um den Nachweis zu führen, daß die Klassiker und Marx der Natur keinen Wert beimessen. Ob der Umstand, daß die *Arbeitswertlehre* eben keine *Naturwertlehre* ist, überhaupt eines Beweises bedurft hätte, bleibt dahingestellt. Mit der Wiederbelebung der physiokratischen *Naturwertlehre* (Immler 1985: 295ff.) begibt sich Immler jedoch in das Dilemma, sich in der Frage der Praxisrelevanz dieser Lehre im Kreis zu drehen. Dies ist ihm selbst, wie die Lektüre des zweiten Bandes seines Buches zeigt, durchaus bewußt.

> »Sollte es im vorangegangenen Kapitel gelungen sein, den kritischen Leser davon zu überzeugen, daß aller Tauschwert aus der Natur kommt, ..., so bedeutet dies im Umkehrschluß auf keinen Fall, daß alle Natur ökologisch rational in Tauschwerten repräsentiert wird. ... Aus dem Nachweis, daß aller Tauschwert von der Natur erzeugt wird, darf also nicht geschlossen werden, daß damit die Wertökonomie einen rationalen Umgang mit den phy-

sischen Ressourcen und Qualitäten organisieren kann. Im Gegenteil entsteht gerade dadurch der Verdacht, daß mit der Produktion von Wert unvermeidlich die Zerstörung von Natur einhergeht« (Immler 1989: 261f.).

In der Tat sind Definitionen und theoretische Deutungen, ob aller Tauschwert von der Natur oder von der Arbeit erzeugt wird, für die Praxis der Naturzerstörung irrelevant. *Ebensowenig wie die Arbeitswertlehre an der ökologischen Krise der Gegenwart Schuld ist, ebensowenig kann auch die Naturwertlehre zur Überwindung dieser Krise beitragen. Entweder ist die Waren- und Marktökonomie außerstande, sich dem natürlichen System zu fügen und kann sie nur fortbestehen, wenn gleichzeitig die Natur zerstört wird, dann kann die Fortexistenz der Menschheit dadurch gewährleistet werden, daß diese die Marktökonomie überwindet. Oder die Marktökonomie ist im Prinzip ökologisch zu bändigen und sie hat bisher deshalb zur Naturzerstörung geführt, weil die äußeren Rahmenbedingungen eine solche Dynamik zuließen.* In diesem Falle müßten dann diese Rahmenbedingungen analysiert und die Analyse für die Entfaltung von ökologischen Reformkonzepten zugrunde gelegt werden. Immler untersucht diese Varianten nicht. Hierauf weist auch Elmar Altvater (1991: 251) hin.

Ausgehend von seiner zentralen These, daß »aller Tauschwert von der Natur erzeugt wird«, unternimmt Immler eine Neudefinition der Begriffe *Kapital* und *Zins*[6] und leitet die Reformierbarkeit

6 Im Kapitel »Wenn Kapital und Zins aus der Natur kommt, ist der Kapitalismus ökologisch reformierbar« schreibt Immler im zweiten Band seines Buches: »'Kapital' bedeutet die Verfügungsgewalt über eine bestimmte Naturproduktivität. 'Zins' heißt zweierlei: Er ist auf der einen Seite das Entgelt für die Bereitstellung von Kapital. Diese Seite des Zinses steht in den volkswirtschaftlichen Theorien im Vordergrund. Die andere und viel wichtigere Seite wird aber meistens vernachlässigt. Wenn angenommen wird, daß das Kapital selbst Tauschwert erzeugt, stellt sich das Problem der Herkunft des Zinses im Grunde nicht. Wenn man aber davon ausgeht, daß nur menschliche Arbeit und äußere Natur Tauschwerte erzeugen können, dann muß die Entstehung des Zinses aus dem Übergang von physischen Produktivitäten zu Tauschwerten erklärt werden. Danach ist der Zins die wertmäßige Aneignung der physischen Produktivität« (Immler 1989: 330)

des Kapitalismus mehr oder weniger aus einer Konstruktion ab, die mit der Naturwertlehre logisch übereinstimmt.

> »Die bloße Tatsache, daß Kapital und Zins aus der Natur kommen, ist noch keine Grundlage für eine ökologisch vernünftige Produktionsweise. Wenn es einen ökologisch reformierten Kapitalismus geben soll, muß also der Nachweis erbracht werden, daß die Produktion von Kapital und Zins mit der Erhaltung und Entwicklung der physischen Produktion- und Reproduktionskräfte vereinbar ist« (Immler 1989: 331).

Der Nachweis der Vereinbarkeit des ökonomischen mit dem natürlichen System ist die eine Seite des Problems. Eine andere Seite des Problems ist jedoch der Nachweis, weshalb in der gegenwärtigen ökonomischen Praxis das innere Band zwischen den ökonomischen und den natürlichen Systemen sehr schwach ist oder kaum noch existiert, so daß Ökonomie und Natur nicht als miteinander vereinbar, sondern als Gegensatz zueinander erscheinen. Wenn die Systeme jedoch miteinander vereinbar sind und es prinzipiell möglich ist, sie miteinander zu versöhnen, dann muß es zwischen ihnen *historische Schnittstellen, organische Verflechtungen gegeben haben oder es gibt sie heute noch.* Die Analyse solcher Schnittstellen und Verflechtungen ist allerdings die entscheidende Voraussetzung zur Formulierung von Reformschritten und einer Gesamtkonzeption, die zur Erweiterung der Schnittstellen und Vertiefung von organischen Verflechtungen zwischen dem natürlichen und dem ökonomischen System führen könnte. Immler vernachlässigt diese Seite des Problems und leitet sein Reformkonzept auch nicht aus verlorengegangenen oder noch real bestehenden und beide Systeme verbindenden Gesetzmäßigkeiten her, sondern vielmehr begründet er es mit der Einsicht in die Notwendigkeit, d.h. letztlich im wesentlichen ethisch und normativ (Immler 1989: 259ff.).

5. Zwischen der Marktökonomie und der Natur besteht nach wie vor ein organisches, inneres Band, das sich monetär in Preisen von natürlichen Ressourcen ausdrückt. Und die Immlersche Behauptung, daß die ökonomischen Theorien die Natur aus ihrer Betrachtung verbannen, ist unzutreffend. Sowohl die neoklassische *Grenznutzenschule* wie die Marxsche *Arbeitswertlehre* schließen, wie noch zu zeigen sein wird (siehe Kapitel 2), durchaus ein, daß natür-

liche Ressourcen Kapitalform annehmen und daß der Zins eine Lenkungsfunktion hinsichtlich der Allokation von natürlichen Ressourcen sowohl in der Gegenwart als auch zwischen den Generationen annehmen kann. Wenn dies sich in der ökonomischen Praxis überhaupt nicht oder unzureichend niedergeschlagen hat und wenn die gegenwärtig äußerst niedrigen Preise von natürlichen Ressourcen eher einen Gegensatz denn eine Übereinstimmung zwischen dem ökonomischen und dem natürlichen System signalisieren, so liegt dies nicht an den Fehlern von ökonomischen Theorien, sondern offensichtlich an der gegenwärtigen ökonomischen Praxis selbst, deren Umstände genauer untersucht werden müßten.

1.3 Fünf einführende Thesen

In den folgenden Kapiteln dieses Buches soll der oben aufgeworfenen und der für das Verhältnis des natürlichen zum ökonomischen und letztlich auch zum sozialen System zentralen Frage nach Ursachen von sinkenden Preisen für erschöpfbare Ressourcen nachgegangen werden. Zwecks eines besseren Verständnisses werden der Analyse folgende fünf Thesen quasi als Einführung vorausgeschickt.

1. These: In der kapitalistischen Marktökonomie dominieren historische Tendenzen, die die ökonomische Expansion hauptsächlich durch schrankenlose Ausbeutung der Arbeitskraft und der Naturkraft vorantreiben. Diese Tendenzen rufen jedoch Gegenkräfte hervor, die zur qualitativen Veränderung und Weiterentwicklung des Systems von einfacheren in komplexere Stufen führen können. Die Arbeiterbewegung in den Industriestaaten hat zur Reform der kapitalistischen Marktökonomie von einem ausschließlich an *Kapital* orientierten in ein an *Kapital und Arbeit* orientiertes System mit demokratischen Entscheidungsstrukturen entscheidend beigetragen. *Eine Weiterentwicklung der kapitalistischen Marktökonomie zu einer komplexeren und an Kapital, Arbeit, Natur und künftigen Generationen orientiertes System ist im Prinzip möglich. Steigende Ressourcenpreise liefern den Schlüssel für eine solche Entwicklung*. Diese Entwicklung widerspricht in letzter Instanz nicht der Logik der Warenökonomie und der Wertproduktion, sondern sie ergibt sich aus ihr. Denn erschöpfbare Ressourcenbestände können in der Marktökonomie Kapitalform annehmen. Der aktuelle Kapitalwert des Ressourcenbestandes errechnet sich dann aus den in den zukünftigen Perioden zu erwartenden Einnahmen. Der Ressourcenbestand als Kapital verursacht Kapitalkosten, die langfristig steigen und daher langfristig auch steigende Rohstoffpreise unvermeidlich machen.

2. These: Die Weiterentwicklung der kapitalistischen Marktökonomie zu einem sozialen und demokratisch organisierten System und der grundsätzliche Konsens zwischen Kapital und Arbeit für expandierende Wohlstandsökonomien im industrialisierten Norden wird zunächst zu Lasten der Natur und der Menschen in deren nicht industrialisiertem Süden erzielt. Durch die Schaffung eines Weltmarktes für Rohstoffe, die Errichtung von kapitalistischen Rohstoffkolonien im Süden und die Etablierung eines globalen *Dual-Systems* konnten besonders günstige Rahmenbedingungen für sinkende Rohstoffpreise hergestellt und der Weg für expandierende Wohlstandsmodelle im Norden geebnet werden. Sinkende Rohstoffpreise tragen zwar den kurzfristigen Interessen von Wohlstandsinseln im Norden Rechnung, verursachen jedoch für die gesamte Menschheit irreversible Schäden.

Die Rohstoffpreise sinken seit Beginn dieses Jahrhunderts tendenziell, da es den Rohstoffagenturen der Industrienationen des Nordens im *Dual-System* der Weltökonomie bisher manipulativ gelungen ist, zu verhindern, daß Ressourcenbestände in den Entwicklungsländern des Südens Kapitalcharakter annehmen. Das *Dual-System* der Weltökonomie entsteht durch das Eindringen der entwickelten Tauschökonomien des Nordens in die noch weitgehend auf Naturalwirtschaft und Tributsystem beruhenden Gesellschaften des Südens. Es kommt zu einer Verschmelzung von ungleich entwickelten Rechtssystemen. In diesem Verschmelzungsprozeß wird die Logik des Marktes und der Gleichheit der am Tausch beteiligten Rechtssubjekte durch die Logik der Macht zugunsten des stärkeren Pols des *Dual-Systems*, d.h. also zugunsten des Nordens, verdrängt. Hierauf beruht auch, daß die Ressourcenbestände des Südens für den Verbrauch der Industrienationen lediglich den Stoff, den Gebrauchswert, jedoch keine ökonomische Größe darstellen, weshalb sie auch den marktmäßigen Regulierungsmechanismen ganz oder teilweise entzogen sind und so im Überfluß ausgebeutet werden, als wenn sie nicht erschöpfbar wären.

3. These: Die Rohstoffpreise sinken weltweit, weil die real existierenden *Ressourcenkapitalkosten* der Bestände in den Entwicklungsländern sich in den Marktpreisen überhaupt nicht oder nur teilweise niederschlagen. Bei den durch den künstlichen Überfluß verursachten sinkenden Rohstoffpreisen handelt es sich deshalb um *Dumpingpreise*. Sinkende Rohstoffpreise resultieren nicht, wie man geneigt ist anzunehmen, zwangsläufig aus den Marktgesetzen, sondern daraus – und dies ist das überraschende Ergebnis der vorliegenden Analyse –, daß die Marktgesetze manipulativ außer Kraft gesetzt wurden, und zwar ausgerechnet dort, wo sie zum Schutze der natürlichen Ressourcen auch im Interesse der künftigen Generationen einen historisch bedeutsamen Beitrag hätten leisten können.

4. These: *Dumpingpreise* für erschöpfbare Ressourcen stellen den ökonomischen Hebel eines gigantischen Ressourcentransfers von Süden nach Norden dar, da sie einer De-facto-Enteignung der Renteneinnahmen der Eigentümerstaaten gleichkommen. Sie verschärfen daher den Nord-Süd-Konflikt. *Dumpingpreise* für erschöpfbare Ressourcen führen auch zur Verschärfung der ökologischen Krise, und zwar in doppelter Weise: indem sie die Produzenten zur Überausbeutung und beschleunigten Extraktion der Ressourcen zwingen und ferner, indem sie die Konsumenten zum verschwenderischen Verbrauch mit irreversiblen globalen Folgen für die Umwelt, für die heutige und künftige Generation animieren. Wären die Rohstoffpreise von vornherein nicht manipulierte *Dumpingpreise*, sondern *vollkommene Preise* gewesen, so wären die sozialen Ungleichgewichte im Nord-Süd-Verhältnis und die globalen Umweltkrisen heute erheblich weniger dramatisch.

5. These: Dringend erforderliche ökologische Reformen des globalen Wirtschaftssystems sind unvorstellbar, solange natürliche Ressourcen zu *Dumpingpreisen* die Märkte überschütten. Anhaltend künstlicher Überfluß von erschöpfbaren Ressourcen auf den Weltmärkten macht jede noch so gut gemeinte Einzelmaßnahme zunichte, die zur Reduzierung von Ressourcenverbrauch und Vermeidung von Schadstoffen und Abfällen dienen soll. Dauerhaft wirkende ökologische Reformen, die das gegenwärtig vorherrschende expansive Wirtschaftssystem zu einem System der *nachhaltigen Ökonomie* überleiten soll, setzen also steigende Preise der natürlichen Ressourcen voraus. Die interventionistischen Eingriffe in die Marktökonomie, die vor allem in diesem Jahrhundert im Dienst von Sonderinteressen einer privilegierten Minderheit von Staaten und Menschen vorgenommen worden sind, beschleunigten die Entstehung von irreversiblen ökologischen Schäden und führten zu ökonomischen und sozialen Disparitäten im globalen Maßstab, zu räumlichen Verwerfungen und zu ungleichmäßiger Ausbeutung von regionalen Ressourcen. Die hervorgerufenen Schäden sind allzu gewaltig, als daß die Marktökonomie sie aus eigener Kraft in dem Umfang beheben kann, daß eine Umkehr möglich wird. Keynesianische Konzepte wie die ökologische Steuerreform werden nicht ausreichen und müßten daher aller Voraussicht nach scheitern, da sie durch Gegenkräfte konterkariert werden können. Radikale ökologische Reformen sind unumgänglich: Je früher mit ihnen begonnen wird, desto größer ist die Chance, verheerenden ökologischen Katastrophen doch noch zuvorzukommen. Der Kern der radikalen Alternative besteht in der Festsetzung von globalen Obergrenzen des Ressourcenverbrauchs und der sozial gerechten Verteilung der Ressourcennutzung. Diese Alternative setzt allerdings den (noch) utopisch anmutenden Konsens aller Staaten der Weltgemeinschaft voraus, wobei ein solcher Konsens aus den einseitigen Reformschritten von Einzelstaaten bzw. Staatengemeinschaften hervorgehen kann. Diese Alternative ist dem Charakter nach interventionistisch. Interventionistische Eingriffe mit der Legitimation der Weltgemeinschaft sind nicht abwegig. Sie werden im 21. Jahrhundert vorgenommen werden müssen, um die Schäden teilweise zu beheben, die die interventionistischen Eingriffe einiger weniger im 20. Jahrhundert angerichtet haben. Die Freiheit der Eigentümer, die Früchte natürlicher Ressourcen zum Schaden aller der privaten Nutzung zuzuführen, wird dadurch ohne Zweifel eingeschränkt; die Grundlage der Marktökonomie braucht jedoch nicht angetastet zu werden. Die Allokationsfunktion der Preise könnte ohne Einschränkung erhalten bleiben, in sozialer und ökologischer Hinsicht vielmehr erst zur vollen Wirkung gelangen.

In der aktuellen umweltpolitischen Diskussion konzentriert sich die Aufmerksamkeit hauptsächlich auf die Internalisierung der ökologischen Folgekosten der Rohstoffproduktion und -verarbeitung. Die vorliegende Analyse will die Aufmerksamkeit in der wissenschaftlichen und politischen Diskussion gleichzeitig darauf lenken, daß die gegenwärtigen Rohstoffpreise nicht einmal die *ökonomischen Kosten* zum Ausdruck bringen und daß sie allein unter rein ökonomischen Gesichtspunkten viel zu niedrig sind, da reale ökonomische Kostenfaktoren in sie nicht eingehen. Die umfassende Begründung dieser Thesen erfolgt in den folgenden Kapiteln des Teils I auf theoretischer und in Teil II und III auf empirischer Ebene (Fallbeispiele Öl und Kaffee). Ziel der Analyse ist der Versuch, exemplarische Schritte zu einer radikal ökologischen Reform der Marktökonomie zu skizzieren.

2. Kapitel

Preistheorie erschöpfbarer Ressourcen im komplexen Marktmodell mit drei Produktionsfaktoren: Natur, Arbeit und Kapital

In Kapitel 1 wurde für erschöpfbare Ressourcen die Kategorie des *vollkommenen Preises* (Gleichung 1) als eine ökologisch und ökonomisch begründete und für die Neuregelung des Verhältnisses zwischen Ökonomie und Natur notwendige Preiskategorie eingeführt. Offen blieb dort die Frage nach der Funktion dieser Preiskategorie in der ökonomischen Praxis und ob sie ethisch begründet ist oder ob sie mit den Gesetzen der Marktökonomie in Einklang zu bringen ist. Über die marktökonomische Erfassung der externen (ökologischen Folge-)Kosten E wird in der umweltökonomischen Diskussion lebhaft gestritten, worauf später ausführlicher eingegangen wird (vgl. Kapitel 7). In diesem Kapitel soll dargelegt werden, daß der in der bisherigen Diskussion gänzlich vernachlässigte Preisbestandteil *Ressourcenkapitalkosten* R für erschöpfbare Ressourcen keine ethisch definierte Kategorie ist, sondern sich als ökonomisch objektivierbare Größe prinzipiell im Preisbildungsprozeß und als Konsequenz der ökonomischen Ressourcennutzung niederschlagen kann und auch müßte. Die Frage, weshalb dieser Preisbestandteil in der gegenwärtigen ökonomischen Praxis der Ressourcenausbeutung so gut wie keine Rolle spielt, wird den Hauptgegenstand von Kapitel 3 darstellen.

In der Marktökonomie bestimmen vier Faktoren die Preisgestaltung bei den erneuerbaren Produkten: *der Lohn (Preis der Arbeitskraft), der Zins (Preis des Kapitals), die Material- und Technologiekosten und der technische Fortschritt.* Bei erschöpfbaren Produkten wird der Preis in einem Marktmodell, bei dem die Naturkraft als ökonomischer Produktionsfaktor fungiert, durch zwei weitere aus der Natur der Erschöpfbarkeit selbst entspringende Faktoren mitbestimmt: durch die *natürliche Produktivität und die Monopolisierbarkeit der Ressourcen*. Zur genaueren Spezifizierung wird ein Marktmodell, das die preisgestaltende Wirkung der Natur einschließt, im folgenden als *komplexes Marktmodell* bezeichnet.

Die langfristige Preiswirkung von Lohn, Kapitalzins, Material- und Technologiekosten sowie Produktivitätssteigerungen durch technischen Fortschritt sind in beiden (erneuerbaren und erschöpfbaren) Sektoren ähnlich. Die Preiswirkung kann langfristig steigend, indifferent oder fallend sein, je nach dem Verhältnis von Kosten- zu Produktivitätssteigerungen. Bei den erschöpfbaren Produkten haben die zusätzlichen zwei Faktoren (die natürliche Produktivität und die Monopolisierbarkeit) im Unterschied zu erneuerbaren Produkten allerdings eine preissteigernde Wirkung, so daß die Marktpreise hier trotz der preissenkenden Wirkung des technischen Fortschritts langfristig nicht, wie bei den erneuerbaren Produkten, konstant bleiben oder sinken, sondern unter der Annahme eines *funktionierenden komplexen Marktmodells* auf jeden Fall steigen, und zwar exponentiell.

In einem solchen Marktmodell schlagen sich also die Interessen und Vorgaben von drei Einkommensgruppen durch entsprechende Kostenelemente in den Preisen nieder, im Unterschied zu den weitläufig bekannten einfachen Märkten für erneuerbare Produkte, in denen zwei gesellschaftliche Gruppen Einkommen geltend machen. Neben den Arbeitern, die ihren Lohn beanspruchen, und den Kapitalbesitzern, die außer für Material- und Technologiekosten einen Zins für ihr investiertes Kapital geltend machen, melden bei einem *komplexen Marktsystem* auch Eigner von natürlichen Ressourcen ihren Anspruch auf Kostenersatz, auf eine »angemessene« Vergütung dafür an, daß sie Naturkräfte zur Nutzung zur Verfügung stellen. Voraussetzung dafür, daß eine Vergütung für die Naturnutzung erhoben werden und als Kostenfaktor in den Preis eingehen kann, ist jedoch, daß die Naturkräfte dem Monopol einer bestimmten gesellschaftlichen Gruppe bereits zugeführt worden sind und daß diese Gruppe an der Verteilung des Wertprodukts auf dem Markt partizipieren und für das »natürliche Kapital« ebenso einen Zins verlangen kann, wie es die Kapitaleigner für ihr Geldkapital und die Arbeiter für ihre Arbeitskraft tun. Berücksichtigt die die Naturkräfte monopolisierende soziale Klasse gar die *Zeitdimension*, d.h. also nicht nur die kurzfristige, sondern auch die langfristige Dimension ihres Monopolanspruchs, so kann sie an dem in der Gegenwart stattfindenden Verteilungskampf um Ressourcen sogar auch die Nachfahren und künftigen Generationen teilhaben lassen.

Bereits hier können sich zahlreiche Fragen stellen, von denen nur eine einzige und für das Verständnis der folgenden analytischen Schritte wichtige Frage beantwortet werden soll, die lautet: Wer sollen die monopolistischen Natureigner sein und hat es sie überhaupt gegeben? Eine kurze Antwort auf die Frage lautet, daß aller landwirtschaftlich nutzbare Grund und Boden, das gesamte Bauland, die Wälder, die Erzlagerstätten, die Ölquellen der Welt entweder das Eigentum von Privatpersonen oder von Staaten sind.

In der Klassik, in der Marxschen, aber auch in der neoklassischen Schule finden sich mehr oder weniger systematische Abhandlungen über die ökonomischen Auswirkungen der Naturproduktivität und über die Raum- und Zeitdimension sowie die soziale Komponente der Nutzung von natürlichen Ressourcen. Die folgenden theoretischen Überlegungen knüpfen an die in den genannten Schulen entwickelten Erkenntnisse an. Es wird der Versuch unternommen, durch Verbindung von Theorieelementen, die aus der klassischen Schule (Ricardo), bei Marx und aus der neoklassischen Schule (Hotelling) bekannt wird, eine geschlossene *Theorie des komplexen Marktsystems* zu formulieren. Dies ist möglich, obgleich diese Schulen Produkte ihrer jeweils historischen Epochen sind und in unterschiedlichen Theorietraditionen stehen. Jenseits der Beweggründe dieser Schulen kann substantiell sogar eine evolutionäre Entwicklungslinie nachgezeichnet werden.

Um eine einheitliche Darstellung der Theorieelemente zu gewährleisten und ihre inhaltlichen Bezüge auch in der Darstellungsweise hervorzuheben, wird auf die neoklassischen Darstellungsmodelle zurückgegriffen, zumal die Neoklassik sich in der Tat von der anderen ökonomischen Schule dadurch positiv abhebt, daß sie mit ihren Darstellungsinstrumentarien der Dynamik der ökonomische Prozesse im Zeitablauf Rechnung trägt.

2.1 Natürliche Produktivität und steigende Ressourcenpreise (Ricardo)

Die natürliche Produktivität von erschöpfbaren Ressourcen, determiniert durch Qualität (chemische Zusammensetzung, Konzentrationsgrad von wertvollen Stoffen, physikalische Eigenschaften) und Lage (Entfernung zu den Märkten und Tiefe der Vorkommen von Energiestoffen und Mineralien unter der Erdoberfläche) von Ressourcen variiert in verschiedenen Teilen des Globus teilweise ganz erheblich und verursacht daher unterschiedliche Produktionskosten. Dabei sind drei Tendenzen festzustellen:

Erstens und weil die Naturproduktivität nicht beliebig vermehrbar ist, oszillieren die Marktpreise bei gegebener Nachfrage nicht um die durchschnittlichen Produktionskosten, sondern selbst bei vollkommener Konkurrenz und zu jedem beliebigen Zeitpunkt um die *Grenzkosten (marginal costs) MC. Zweitens* entstehen in Abhängigkeit von unterschiedlichen Grenzkosten und Grenzpreisen zu jedem beliebigen Zeitabschnitt variierende Zusatzgewinne bzw. *Differentialrenten. Drittens* steigen langfristig bei wachsender Bevölkerung und mit zunehmendem Verbrauch und der damit einhergehenden zunehmenden Erschöpfbarkeit die Grenzkosten und so auch die Grenzpreise, da in diesem Prozeß die Naturproduktivität, ungeachtet zufälliger und nur kurzfristig möglicher Steigerungen, langfristig in der Tendenz abnimmt. Denn das Optimierungsprinzip zwingt die Anbieter dazu, zunächst die Ressource mit dem geringsten Kostenaufwand bzw. der höchsten Naturproduktivität zu exploitieren. Ansätze über diese Zusammenhänge waren bereits bei den vorklassischen Ökonomen in der zweiten Hälfte des 18. Jahrhunderts entwickelt, die systematische Darstellung des Konzepts der *Differentialrente* geht allerdings auf Ricardos Arbeitswertlehre zurück (Ricardo 1972: 64ff.)[7].

---

7 Marx bezeichnet den englischen Agronomen James Anderson als den eigentlichen Entdecker der modernen Rententheorie, der in seiner 1777 in Edinburgh publizierten Schrift »*An enquiry into the nature of the corn laws, with a view of the new corn bill proposed for Scotland*«, nur beiläufig und zufällig die wichtige Entdeckung machte (Marx

Abb. 1.5: Steigende Preise durch sinkende Naturproduktivität

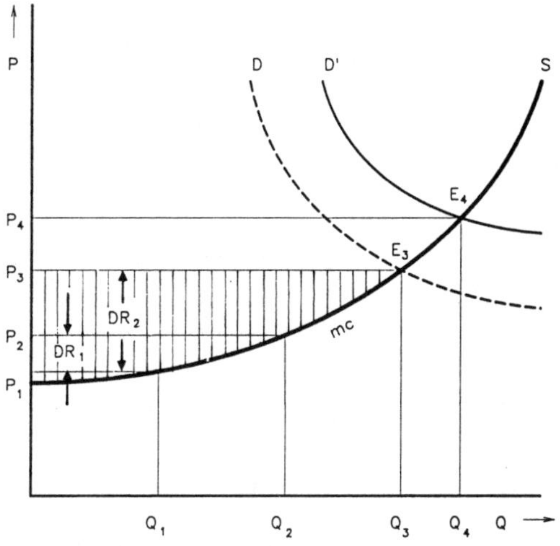

In Abb. 1.5 ist die Herausbildung des Ressourcengleichgewichtspreises P bei einer zeitunabhängigen Betrachtung nach neoklassischer Lesart dargestellt. Die Grenzkostenkurve *(marginal cost curve) mc* repräsentiert die steigenden Produktionskosten als Folge sinkender natürlicher Produktivität. Die Gleichgewichtspreise P, P_1, P_2, P_3, P_4 ... entstehen an den Schnittpunkten der *marginal cost curve* mit den Nachfragekurven. Die schraffierte Fläche zeigt die durch sinkende natürliche Produktivität bedingte Abnahme der Differentialrente. Steigt die Nachfrage von Q_3 auf Q_4, so verschiebt sich die

1972, MEW, Bd. 26/2: 107ff.) »Hätte Anderson eine Ahnung von der Wichtigkeit seines Fundes gehabt und ihn gesondert dem Publikum als 'Inquiry into the nature of rent' vorgeführt, so ... stünde es anders« (ebda.). Was Anderson versäumte, vollzog Thomas Robert Malthus, der in seiner 1815 veröffentlichten Schrift »*Inquiry into the Nature and Progress of Rent*« die Andersonsche Entdeckung, wie Marx feststellt, plagiierte und dazu benutzte, seinem im 19. Jahrhundert weitverbreiteten Bevölkerungsgesetz zum erstenmal eine zugleich nationalökonomische und reale (naturhistorische) Grundlage zu geben. Ricardo, der Malthus rezipierte, kannte Marx zufolge offenbar den wahren Entdecker der Differentialrente (Anderson) nicht (ebda.).

Nachfragekurve D entlang der *marginal cost curve* auf D' und der Ressourcenpreis steigt von P_3 auf P_4. Bei einer sinkenden Nachfrage setzt sich die entgegengesetzte Tendenz in Bewegung.

Bei einer langfristigen Betrachtung (steigende Bevölkerung und steigende Nachfrage) begründet Ricardos Ansatz (sofern entgegengesetzte Tendenzen vorerst unberücksichtigt bleiben) auf jeden Fall steigende Ressourcenpreise, da bei den Anbietern die Tendenz besteht, zunächst die Ressource mit der höheren natürlichen Produktivität und den niedrigeren Kosten auszubeuten. In Abb. 1.6 ist die langfristige Preisentwicklung als Funktion der Zeit vereinfachend dargestellt. Dabei wird davon ausgegangen, daß zwischen den Veränderungen von Q und t eine gleichgeschaltete Beziehung besteht, da die durch sinkende natürliche Produktivität hervorgerufenen Preissteigerungen (Abb. 1.5) nur in längeren Zeiträumen stattfinden.

Ricardos Konzept entsprechend spiegelt die langfristige Angebotskurve S gleichzeitig die *Grenzkosten* bzw. *marginal cost curve MC* wider. Die Nachfragekurve D_1 verschiebt sich mit der steigenden Nachfrage in der Zeit entlang der Angebotskurve, und es kommt an den jeweiligen Gleichgewichtspunkten E_2, E_3, E_4 zu höheren Gleichgewichtspreisen P_2, P_3, P_4.

Abb. 1.6: Ricardos Modell Zeitablauf

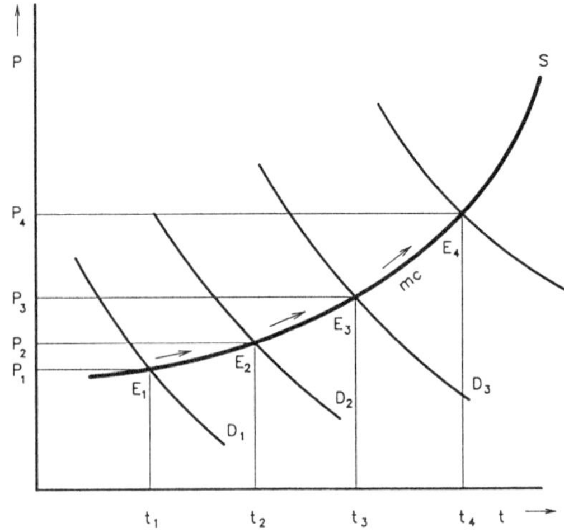

2.2 Die gesellschaftliche Dimension der Ressourcenpreise (Marx)

Rente, Ressourcenpreis, Ressourcenkapital

Marx hat nicht nur Ricardos Arbeitswertlehre weiterentwickelt und präzisiert, sondern auch dessen *Rententheorie.* Im dritten Band des Kapitals (sechster Abschnitt: Verwandlung von Surplusprofit in Grundrente) analysiert er ausführlich die Besonderheiten der Preisbildung für erschöpfbare Ressourcen. Marx hebt bei seiner Analyse ausdrücklich die *Nicht-Reproduzierbarkeit* und daher *Monopolisierbarkeit* der natürlichen Produktivkräfte (Boden, Wasserkraft, Erze, fossile Energien etc.) hervor.

Erschöpfbare Naturkräfte haben im Unterschied zu unerschöpflichen Naturkräften eine weitere Eigenschaft mit erheblicher Wirkung auf die Preisgestaltung in der Marktökonomie. Sie sind monopolisierbar, und deshalb waren sie auch seit jeher kollektives Eigentum von traditionellen Gemeinschaften, den modernen Staaten oder aber Privateigentum von Individuen. In der Marktökonomie gewinnen die Eigentümer von erschöpfbaren Ressourcen die Macht, ihre Eigentumsrechte an der Ressource zu veräußern und am Marktgeschehen durch den Verkauf des bloßen Rechtstitels zu partizipieren. So werden der Rechtstitel und die durch ihn verkörperte erschöpfbare Ressource zu Tauschobjekten und zur Ware. Mit anderen Worten werden in der kapitalistischen Tauschökonomie die monopolisierten Naturkräfte und die Eigentumsrechte zu Markt- und Kapitalkategorien, sie verwandeln vollends ihren Charakter. Die heute anfallende bzw. in der Zukunft zu erwartende *Rente* (Pachtzins) ist die ökonomische Grundlage dafür, daß die Ressource sich als Kapital darstellt. Die Größe des Kapitalwertes der Ressource richtet sich nach der Höhe der jährlich anfallenden bzw. zu erwartenden Renteneinnahmen. Diese Rente erscheint als Verzinsung eines Kapitals, das die Ressource bzw. den Eigentumstitel der Ressource verkörpert, ganz so, als wäre das *Ressourcenkapital* eine gewöhnliche Kapitalanlage auf den Finanzmärkten, das sich wie letztere verzinst. Der einzige Unterschied besteht darin, daß die Zinseinnahme auf den Finanzmärkten die Existenz von Kapital voraussetzt, während umgekehrt das *Ressourcenkapital* aus der Existenz der Rente (des Pachtzinses) hervorgeht. Der Preis einer Ressource ist in Wahrheit der Preis für die Ressourcenrente.

> »Es ist in der Tat der Kaufpreis nicht des Bodens, sondern der Grundrente, die er abwirft, berechnet nach dem gewöhnlichen Zinsfluß. Diese Kapitalisierung der Rente setzt aber die Rente voraus, während die Rente nicht umgekehrt aus ihrer eigenen Kapitalisierung abgeleitet und erklärt werden kann. Ihre Existenz, unabhängig von dem Verkauf, ist vielmehr hier die Voraussetzung, von der ausgegangen wird.« (Marx 1969: 636)

Der aktuelle Preis einer erschöpfbaren Ressource P_R (der Preis des städtischen Bodens, eines Waldstückes, einer mineralischen Lagerstätte, einer Ölquelle etc.), der ja ein anderer Ausdruck für die kapitalisierte Rente ist, ließe sich nach Marx bei einer marktmäßigen Zinsrate r und aktuellen bzw. zu erwartenden Renteneinnahmen R durch die Gleichung 2 wie folgt ermitteln:

$$P_R = \frac{R}{r} \tag{2}$$

Mit der Entdeckung der spezifischen Beziehung zwischen dem Kapital und der dem Markt zugeführten Natur, zwischen der Marktzinsrate und dem Kaufpreis der Ressourcen arbeitet Marx die gesellschaftliche Dimension des Preises von erschöpfbaren Ressourcen heraus. Mit der Entstehung des Ressourcenkaufpreises, hinter dem sich nach Marx ein »Produktionsverhältnis verbirgt«[8], wird erschöpfbare und monopolisierbare Naturkraft zu einer ökonomischen Größe und zu einem integralen Bestandteil der gesamten kapitalistischen Ökonomie. Das kapitalistische Eigentum an der Naturkraft gesellt sich dem Eigentum am Produktivkapital und dem Eigentum an Arbeitskraft hinzu. Diese verkörpern ihrerseits die soziale

8 »Es ist die so kapitalisierte Grundrente, die den Kaufpreis oder Wert des Bodens bildet, eine Kategorie, die prima facie, ganz wie der Preis der Arbeit irrational ist, da die Erde nicht das Produkt der Arbeit ist, also auch keinen Wert hat. Andererseits aber verbirgt sich hinter dieser irrationalen Form ein wirkliches Produktionsverhältnis«. (Marx 1969: 636)

und gesellschaftliche Daseinsweise und Wechselwirkung der drei Hauptproduktionsfaktoren Arbeit, Kapital und Natur[9]. Wie eine falsche Allokation der gesamtgesellschaftlichen Arbeitskraft und des insgesamt verfügbaren Produktivkapitals zu Disproportionalitäten und ökonomischen Krisen führen muß, was durch drastische Schwankungen des Lohn- bzw. Zinsniveaus signalisiert wird, so führt auch – funktionierende Marktbeziehungen vorausgesetzt – eine falsche, d.h. übermäßige Ausbeutung der natürlichen Produktivkräfte zu ökonomischen, sozialen und ökologischen Krisen, was in drastischen Schwankungen der *Grundrente* bzw. des Ressourcenkaufpreises zum Ausdruck kommt.

Setzen sich aber Nutzungs- und Eigentumsrechte an der Natur, an den erschöpfbaren Ressourcen im warenökonomischen Sinne durch, so werden diese Ressourcen, sofern für sie eine Nachfrage existiert, zu Waren und zum gesellschaftlichen Kapital, unabhängig davon, ob sie in der Gegenwart oder zu einem späteren Zeitpunkt durch Ausbeutung den Märkten zugeführt werden.

Wie schlägt sich aber die *Rente* als ökonomischer Ausdruck der Eigentumsfunktion der natürlichen Ressourcen in den Ressourcenmarktpreisen nieder. Hierzu muß zunächst zwischen Ressource als Bestandsgröße (stock) und Ressource als Strömungsgröße (flow) unterschieden werden. Während hier der Preis des Ressourcenbestandes als *Ressourcenkapital* bezeichnet wird, entspricht die *Rente* der marktmäßigen Verzinsung derselben.

---

9 Der »Pächter-Kapitalist zahlt dem Grundeigentümer, dem Eigentümer des von ihm exploitierten Bodens, in bestimmten Terminen, z.B. jährlich, eine kontraktlich festgesetzte Geldsumme (ganz wie der Borger von Geldkapital bestimmten Zins) für die Erlaubnis, sein Kapital in diesem besonderen Produktionsfeld anzuwenden. Diese Geldsumme heißt Grundrente, einerlei, ob sie von Ackerboden, Bauterrain, Bergwerken, Fischereien, Waldungen usw. gezahlt werde. Sie wird gezahlt für die ganze Zeit, während deren kontraktlich der Grundeigentümer den Boden an den Pächter verliehen, vermietet hat. Die Grundrente ist also hier die Form, worin sich das Grundeigentum ökonomisch realisiert, verwertet. Wir haben ferner hier alle drei Klassen, welche den Rahmen der modernen Gesellschaft konstituieren, zusammen und einander gegenüber – Lohnarbeiter, industrieller Kapitalist, Grundeigentümer« (Marx 1969: 631f.).

Der *Ressourcenmarktpreis* soll den Preis der tatsächlich abgebauten bzw. genutzten Ressourceneinheit zum Ausdruck bringen.

Der *Ressourcenpreis* P_R setzt sich demnach zusammen aus (a) *Grenzkosten MC* als die Summe von Lohnkosten und Kapitalkosten für Technikeinsatz und (b) *Rente R* als Kosten des *Ressourcenkapitals*.

$$P_R = MC + R \qquad (3)$$

Die Rente ist der ökonomische Ausdruck der Kapitalisierung der Natur. Je höher die Rente, desto stärker die Eigentumsfunktion und desto größer die marktökonomischen Hindernisse der Naturausbeutung. Umgekehrt signalisiert die niedrige Rente eine schwache Eigentumsfunktion und die Tendenz zur Entkapitalisierung der Natur. Setzt sich diese Tendenz ganz durch, so ist damit die Natur marktökonomisch für eine unbegrenzte Ausbeutung freigegeben.

Die naturschützende Funktion der Rente und des Eigentums

Mit der Analyse der Wechselbeziehung zwischen dem marktmäßigen Zins und dem Ressourcenpreis entdeckt Marx einen Zusammenhang, der inzwischen als Ausgangspunkt für die neoklassischen Allokations- und Optimierungstheorien bei erschöpfbaren Ressourcen verankert ist. Er liefert auch, wie ausführlicher noch zu begründen sein wird, das theoretisch entscheidende Konstrukt für das Verständnis der gegenwärtigen, durch übermäßige Ressourcenausbeutung bedingten ökologischen Krise. Dennoch übersieht Marx die naturschützende Funktion des Eigentumsrechts und widmet sein Augenmerk insbesondere der parasitären Funktion der Grundeigentümerklassen, die sich mittels Eigentum an der Naturkraft und Grundrenteneinnahmen auf Kosten der Gesellschaft bereichern und gesellschaftlichen Reichtum in adlig luxuriösem Lebensstandard vergeuden.

Als unmittelbarer Nutznießer der Reichtümer der Natur und um zu verhindern, daß der Ast abgesägt wird, auf dem sie selbst sitzen, fungieren Grundeigentümer zugleich und ohne es zu beabsichtigen als Advokaten der Natur, indem sie mit Sorgfalt für eine kontrollierte und fein dosierte Naturausbeutung sorgen, die ihre ökonomische Existenzgrundlage langfristig nicht gefährdet. Man wird zu Recht auf die strukturellen Schwächen des *Privateigentums* hinweisen und entgegenhalten, daß das vordergründige Interesse der Privateigentümer kurzfristige Einnahmenerhöhungen sein können und auch sind und daß deshalb eine solche Institution ungeeignet ist, eine die Natur schützende Funktion zu erfüllen.

In der Tat ist dem privaten Eigentümer eines Stücks brasilianischen Regenwaldes auch einerlei, ob er seine Grundrente dadurch erhält, sein Grundeigentum dadurch verwirklicht, daß er den Regenwald plattwalzen läßt und daraus Weideland macht, auf dem Viehzucht betrieben wird, ob er das plattgewalzte Land an Großfarmer zwecks Anbaus von Zuckerrohr zur Kraftstoffherstellung verpachtet, oder ob er einem Bergbaukonzern gestattet, die unter diesem Stück Regenwald liegenden riesigen Eisenerzvorkommen auszubeuten. Diese verschiedenen Formen der Naturausbeutung haben unterschiedlich schädliche Auswirkungen auf die Umwelt, denen der private Eigentümer des Regenwaldes bei seiner Nutzenoptimierung in keiner Weise Rechnung trägt. Insofern ist das Privateigentum nicht nur aus sozialen Gründen, sondern auch aus ökologischen Erwägungen die schwächste institutionelle Form des Naturschutzes. Dennoch kann auch dieser Eigentumsform ein Mindestmaß an Barriere gegen eine zügellose Ausbeutung der Natur nicht abgesprochen werden. Selbst bei der ökologisch ungünstigsten Variante, beispielsweise der Eisenerzausbeutung in Carajás (Brasilien), hat der Eigentümer die Möglichkeit, der Eisenerzausbeutung Grenzen zu setzen.

Um Mißverständnissen vorzubeugen: es geht hier nicht um die *Eigentumsform*, sondern um die *Eigentumsfunktion*. Es geht um die institutionelle Setzung der *Waren- bzw. Kapitalförmigkeit* von erschöpfbaren Ressourcen, es geht schließlich um den Schutz der Naturressourcen vor freier und uneingeschränkter Nutzung. Die spezifische Eigentumsform an der Natur, ob das Privateigentum, das Staatseigentum oder gar das universale Eigentum vorherrscht, resultiert ohnehin aus einem historisch bedingten Kräfteverhältnis, aus der jeweiligen Gesellschaftsform oder der Bereitschaft der gesamten Menschheit, die natürlichen Ressourcen des Globus ausschließlich als universales Eigentum zu deklarieren und entsprechend auch zu nutzen. Hervorzuheben ist auf jeden Fall, daß überall dort, wo die Eigentumsfunktion der natürlichen Ressourcen sehr schwach ist oder gänzlich nicht existiert, die Naturressourcen auch einer zügellosen Ausbeutung und baldigen Erschöpfung ausgesetzt sind. Dies zeigt sich beispielsweise an der Überfischung als Folge des freien Zugangs zu den Weltmeeren[10]. Zu einer hemmungslosen und mißbräuchlichen Naturausbeutung und zu einer empfindlichen Störung des Gleichgewichts zwischen dem Bedarf und den Fähigkeiten der Natur kommt es auch überall dort, wo es mächtigen Gruppen gelingt, um ihres individuellen kurzfristigen Nutzens willen, innerhalb des eigenen Staates oder in fremden Regionen das Eigentum an der Natur zu beseitigen und die Naturressourcen als eine außerhalb des ökonomischen Systems unbegrenzt und frei verfügbare bloße stoffliche Größe zu betrachten und sie ohne jegliche ökonomische oder politische Schranke, wie noch in Kapitel 3 ausführlicher dargestellt wird, auszubeuten. Ähnlich ist nicht zuletzt auch die gegenwärtige ökologische Krise im wesentlichen auf die Mißachtung der Nutzungsrechte der Gesellschaft bzw. der künftigen Generationen durch Individuen oder durch die lebende Generation als Ganzes zurückzuführen.

Zwischen den ökonomischen Schulen ist der Sachverhalt unstrittig, daß die Naturproduktivität in der Tauschökonomie die Preisform annimmt. Dies gilt sowohl für die neoklassische Preistheorie als auch für die klassische, auf der Arbeitswertlehre beruhende Preistheorie. Nach der Arbeitswerttheorie sind zwar die Erde und die Natur nicht Produkte menschlicher Arbeit und haben deshalb auch keinen Wert. Diese werden jedoch, sofern für sie eine gesellschaftliche Nachfrage entsteht, in die Tauschökonomie integriert, erhalten einen marktmäßigen Preis und werden über den Preis der gesellschaftlichen Kontrolle unterworfen. Die Kategorien *Bodenpreis* bzw. *Ressourcenkapital* bringen das Wechselverhältnis zwischen Wertproduktion und Naturaneignung zum Ausdruck.

---

10 Die Bedeutung der für das Verhältnis zwischen der Ökonomie und den natürlichen Ressourcen konstitutiven Institution des Eigentums an der Natur wird in der Neoklassik nicht hervorgehoben, obgleich der Rente eine Allokationsfunktion bei der Nutzung natürlicher Ressourcen, wenn auch nur beiläufig, beigemessen wird. Siehe dazu beispielsweise *Samuelsons Lehrbuch der Volkswirtschaftslehre* nur ganz beiläufig erwähnt (Samuelson, Paul A. 1981: 242f.).

Grenzressource, Grenzkosten, Marktpreis

Läßt Ricardos Rententheorie den Schluß zu, daß nur die Ressource mit höherer Naturproduktivität zur Entstehung einer Rente führt, so ist die Marxsche Analyse der Vergesellschaftung von erschöpfbaren Ressourcen durch kapitalistisches Eigentum insofern eine Erweiterung von Ricardos Rententheorie, als Marx auch der Ressource mit der niedrigsten Naturproduktivität eine Rente zuordnet. Denn bei erschöpfbaren Ressourcen sind nicht nur diejenigen von höherer natürlicher Produktivität, sondern auch die mit niedrigster Produktivität monopolisierbar. Bei der existierenden oder antizipierten Nachfrage erwartet auch der Grundeigentümer der ungünstigsten Ressource eine *Rente.* Andererseits verfügt das Grundeigentum auch des zuletzt gebrauchten Ressourcenteils (entsprechend der Terminologie der Grenzproduktivitätstheorie, der *Grenzressource*)[11] über ein gehöriges Maß an gesellschaftlicher Macht, durch Verknappung des Angebots die antizipierte *Rente* zu erzielen. Zwar ist die Motivation der *Grenzeigentümer* bei der Angebotsverknappung ausschließlich die Erzielung eines Marktpreises, der über die reinen Produktionskosten auch eine *Rente* abwirft. Aber die Grenzeigentümer machen de facto die in der Zukunft liegende Erschöpfbarkeit der Ressource in der Gegenwart erfahrbar und transferieren die physische Erschöpfbarkeit in das ökonomische Signal der steigenden Preise. In steigenden Preisen kommt aber gerade die naturerhaltende Funktion des Eigentums deutlich zum Ausdruck. In Abb. 1.7 wird dieser Vorgang in neoklassischer Darstellungsform veranschaulicht. Dem-

11 Im Unterschied zur Neoklassik werden hier und in den folgenden Ausführungen dieses Buches die Kategorien (der Grenznutzen- bzw. Grenzproduktivitätstheorie) Grenzkosten, Grenzbetrieb, Grenzressource, Grenzpreis grundsätzlich im makroökonomischen Sinne verwendet. Es geht dabei also nicht um individuelle, sondern um gesamtwirtschaftliche Betrachtung der Allokation und Nutzenmaximierung. Im Lichte dieser Betrachtung ist der Grenzproduzent nicht als der zuletzt eingestellte Arbeiter innerhalb eines Betriebes gemeint, sondern als Grenzbetrieb innerhalb eines ganzen (nationalen bzw. internationalen) Sektors, in dem ein und dieselbe Ware produziert wird.

nach erzielt der Grenzeigentümer eine *Rente*, wenn er das Angebot von Q_3 auf Q'_3 reduziert. Das neue Marktgleichgewicht bildet sich durch die Verlagerung der in Abb. 1.5 dargestellten Grenzkosten- bzw. Angebotskurve S entlang der Nachfragekurve D auf S'. Der auf Ungleichgewicht zwischen Angebot und Nachfrage beruhende Preis P'_3 ermöglicht die Entstehung einer Rente für die Grenzressource Q'_3, die über die Grenzkosten hinaus nun die Höhe von CE'_3 beträgt.

Abb. 1.7: Steigende Preise als Funktion des Eigentums

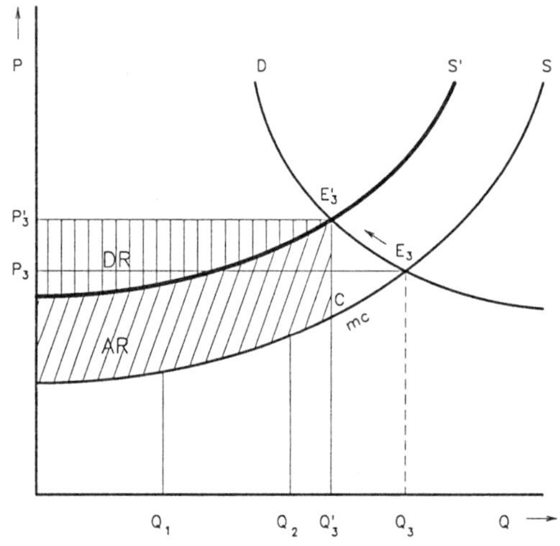

Da diese *Rente* dadurch entsteht, daß der Marktpreis der Ressource den Angebotspreis, die *marginal costs* der *Grenzressource* übersteigt, kommt sie in gleicher Höhe auch den Ressourcen mit höheren natürlichen Produktivitäten (niedrigere Produktionskosten) zugute (schräg schraffierte Fläche in Abb. 1.7). Und da sie für alle Ressourcen eine gleichbleibende Größe darstellt, bezeichnet Marx diese Rentenreform als *absolute Rente AR*. Im Unterschied hierzu bezeichnet Marx die für die Ressourcen mit unterschiedlichen natürlichen Produktivitäten variierende Rente als *Differentialrente DR*[12] (senkrecht schraffierte Fläche in Abb. 1.7).

Die Annahme einer permanenten Angebotslücke bei erschöpfbaren Ressourcen ist in der zwingenden Tendenz begründet, daß auch die *Grenzanbieter* sich ökonomisch nicht indifferent verhalten. Diese haben keine Veranlassung, die Ressource auf Dauer zum Nulltarif anzubieten und für ihr *Ressourcenkapital* auf die entsprechende Verzinsung zu verzichten. Sinkt der Ressourcenpreis so, daß die *AR* kleiner wird oder gar nach Null tendiert, so würden *Grenzanbieter* die Ressource so lange der Extraktion entziehen, bis die oben dargestellte Angebotslücke $Q_3 - Q'_3$ erneut erreicht wird[13]. Die Konkurrenz unter den Anbietern von erschöpfbaren Ressourcen ist mit anderen Worten erheblich eingeschränkt und sie kann dazu führen, daß die *AR* sinkt, aber keineswegs so weit, daß letztere auf Dauer gänzlich verschwindet. Es sei denn, die Ressource mit höherer natürlicher Produktivität ist unbeschränkt verfügbar und es ist gewährleistet, daß jedwede beliebige Nachfrage auch langfristig befriedigt werden kann. Dann verlöre auch das Eigentum seine ökonomische Funktion und hörten solche natürlichen Ressourcen auch auf, gesellschaftliches Kapital darzustellen und als Kapitalanlage auf den Märkten veräußert zu werden.

Bei erschöpfbaren Ressourcen stellt also auch die *Grenzressource* ein Kapital dar. Der Kapitalwert bzw. der Preis der produktiveren Ressourcen setzt sich demnach zusammen aus dem Preis der *Grenz-*

12 Die hier dargelegte Begründung für die Entstehung der Rente weicht von der Marxschen Begründung ab. Marx liefert für beide Rentenformen eine werttheoretische Begründung, die jedoch nicht aufrechtzuerhalten ist (näheres dazu siehe Massarrat 1980: 40). Die Grundrente ist in Wahrheit jedoch nicht Wert-, sondern Preisbestandteil, sie kann dabei nicht werttheoretisch, sondern nur preistheoretisch begründet werden.

13 »Das bloße juristische Eigentum an Boden schafft dem Eigentümer keine Grundrente. Wohl aber gibt es ihm die Macht, seinen Boden solange der Exploitation zu entziehen, bis die ökonomischen Verhältnisse eine Verwertung desselben erlauben, die ihm einen Überschuß abwirft, sei es, daß der Boden zur eigentlichen Agrikultur verwandt werde, sei es zu anderen Produktionszwecken, wie Bauten etc. Er kann die absolute Quantität dieses Beschäftigungsfeldes nicht vermehren oder vermindern, wohl aber seine auf dem Markt befindliche Quantität« (Marx 1969: 765).

ressource (kapitalisierte *AR*) und dem (mit Steigen der *DR* gemäß Gleichung 2 steigenden) Preis der produktiveren Ressourcen (kapitalisierte *DR*). Die Zusammensetzung des Ressourcenmarktpreises P_R (Gleichung 3) der gleichen Ressource für verschiedene Anbieter veranschaulicht Abb. 1.7. Die Fläche unterhalb der *marginal cost curve* MC stellt die betriebswirtschaftlichen Produktionskosten und die Fläche zwischen derselben Kurve und den Schnittlinien $P'P_3$, E'_3 C und P_3 E'_3 die insgesamt anfallenden *Renten* dar.

Die langfristige Entwicklung der Ressourcenpreise in der Zeit t im Sinne des erweiterten Marxschen Modells läßt sich durch Vervollständigung der Ricardoschen Preiskurve (Abb. 1.6) um die preissteigernde Wirkung der *Absoluten Grundrente AR* in Abb. 1.8 darstellen. Auch bei der Darstellung gilt analog zu Abb. 1.6, daß die physisch bedingten Preissteigerungen in längeren Zeiträumen stattfinden.

Abb. 1.8: Marxsches Modell im Zeitablauf

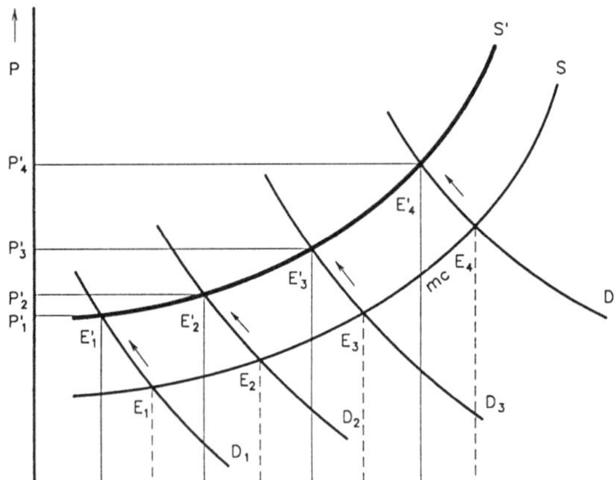

Die Marxsche Angebots- bzw. Preiskurve in historischen Abläufen S' entsteht dadurch, daß Ricardos Angebots- bzw. *marginal cost curve* sich angesichts des zu jedem Zeitpunkt unterstellten Ungleichgewichts zwischen Angebot und Nachfrage entlang der Nachfragekurve D nach oben verschiebt. Die Gleichgewichtspreise P' liegen demnach im Marxschen Modell in jedem beliebigen Zeitpunkt über denen der sich in Ricardos Modell herausbildenden Preise.

Modifizierte Konkurrenz bei erschöpfbaren Ressourcen als Regel

Die grundsätzlichen Schlußfolgerungen der *Ricardianisch-Marxschen Preistheorie* für erschöpfbare Ressourcen können wie folgt zusammengefaßt werden:

Erstens: Die Preise von erschöpfbaren Ressourcen steigen mit der Zeit zum einen als Folge sinkender natürlicher Produktivität und steigender Grenzkosten. Zum anderen erhöht sich der Preis als Folge der Monopolisierbarkeit der Ressourcen und der *Absoluten Grundrente.*

Zweitens: Das kapitalistische Eigentum an erschöpfbaren Ressourcenbeständen ist Ausdruck der kapitalistischen Vergesellschaftung solcher Ressourcenbestände. Die Kapitalisierung der aktuellen bzw. zu erwartenden *Rente* ist die ökonomische Basis dafür, daß der Ressourcenbestand selbst zu einer Kapitalanlage wird. Je höher die zu erwartende *Rente* (die Summe von *DR* und *AR*) eines Ressourcenbestandes, desto höher dessen Kapitalwert.

Drittens: Der Gleichgewichtspreis bei erschöpfbaren Ressourcen setzt ein Ungleichgewicht zwischen Angebot und Nachfrage konstitutiv voraus. *Die Erschöpfbarkeit und Monopolisierbarkeit von natürlichen Ressourcen schränken die Konkurrenz zwangsläufig ein. Angebotslücke, modifizierte Konkurrenz und Preiserhöhung sind der Normalfall, die vollkommene Konkurrenz, die von der Neoklassik auch für erschöpfbare Ressourcen unterstellt wird, ist jedoch die Ausnahme.* Monopolistische Marktform und Preisbildung entspringen aus der Logik der kapitalistischen Form der Naturaneignung und sorgen bis zu einem gewissen Umfang dafür, daß die Naturausbeutung über den Markt einer gesellschaftlichen Kontrolle unterliegt. Die vollkommene Konkurrenz unterminiert dagegen eine solche Kontrolle, öffnet einer nur kurzfristig möglichen hemmungslosen Naturausbeutung Tür und Tor.

2.3 Die Zeitdimension der Ressourcenpreise (Hotelling)

Um von der Entdeckung, daß sich erschöpfbare Ressourcen in der kapitalistischen Ökonomie als Kapitalanlage darstellen, bis zur logischen Schlußfolgerung zu gelangen, daß der Wert dieser Kapitalanlage in der Zeit mit der Zinsrate steigen muß, bedurfte es eines kleinen analytischen Schrittes (vgl. Gleichung 2). Marx zog diese Schlußfolgerung jedoch nicht. Ihn interessierte bei der Entfaltung seiner Rententheorie offenbar viel stärker die theoretische Klarheit über die Natur der Grundrente als ein vom Lohn und vom Profit zu unterscheidender eigenständiger Wertbestandteil und weniger die Frage nach der langfristigen Preisentwicklung erschöpfbarer Ressourcen. Diese Frage blieb dem amerikanischen Wirtschaftstheoretiker Harold Hotelling vorbehalten, der Jahrzehnte später – allerdings ganz unabhängig von Marx – die Zeitdimension der Preisentwicklung in die ökonomische Theorie erschöpfbarer Ressourcen integrierte (Hotelling 1931).

Hotelling verwendet nicht die in der klassischen Ökonomie für erschöpfbare Ressourcen gebräuchliche Kategorie *Rente*. Statt dessen spricht er vom *net price* als Differenz zwischen dem Marktpreis und den Extraktionskosten der Ressource (Hotelling 1931: 141). Solow spricht in Anlehnung an Hotelling vom *net price* bzw. von der *scarcity rent* (Knappheitsrente) (Solow 1974: 3). Letzterer geht allerdings über Hotelling hinaus und beschreibt auch die qualitativ unterschiedlichen Formen des *net price* bzw. der *scarcity rent* (Solow 1974: 4), die inhaltlich mit den Marxschen Kategorien der *Absoluten Rente* und der *Differentialrente* (siehe unter 3.2) identisch sind. Im folgenden wird aus Gründen begrifflicher Kontinuität an der Verwendung der Kategorie *Rente* festgehalten[14]. Nach Hotelling stehen die Eigentümer von erschöpfbaren Ressourcen stets vor der Optimierungsalternative, die Ressource heute auszubeuten und einen *net price*

---

14 In der Neoklassik wird die Rente ganz unterschiedlich als Opportunitäts-, User- oder Nutzungskosten bezeichnet und gemäß Grenznutzentheorie als entgangener Gewinn oder Nutzen zukünftiger Generationen definiert.

bzw. eine *Rente* R_0 zu erzielen und die *Rente* auf dem Kapitalmarkt mit der Zinsrate r anzulegen, oder aber die Ressource in Erwartung steigender Preise im Boden zu lassen und zum Zeitpunkt t_1 auszubeuten. Die Anbieter entscheiden sich für die Extraktion der Ressource zum Zeitpunkt t_1, wenn die zu erwartende *Rente* R_1 gleich hoch oder höher ist als $R_0 + R_0 \cdot r$.

Die Nutzenmaximierung zwingt die Anbieter von erschöpfbaren Ressourcen dazu, R_1 durch Einschränkung der Extraktionsrate der Ressource über $R_0 + R_0 \cdot r$ hinaus zu maximieren. Andererseits führt die Konkurrenz, genauer die modifizierte (monopolistische) Konkurrenz (siehe unter 2.2) dazu, daß R_1 auf $R_0 + R_0 \cdot r$ zurückfällt. Bei einer konstanten Zinsrate r steigt die *Rente* in der Zeit gemäß der Gleichung für exponentielles Wachstum, wie folgt:

$$R = R_0 \cdot e^{rt} \qquad (4),$$

wobei R_0 die *Rente* zum Zeitpunkt t_0, r die konstante Zinsrate, t die Anzahl der Jahre und e die natürliche Konstante darstellen. Diese nach Hotelling benannte Zeitkomponente der langfristigen Preisentwicklung der erschöpfbaren Ressourcen (*Hotelling-Regel*) vervollständigt die oben dargestellte *Ricardianisch-Marxsche Preistheorie.* Dabei arbeitet Hotelling im Unterschied zu Ricardo und Marx nicht heraus, worauf der *net price*, die *Rente* selbst zurückzuführen ist. Er setzt ihn vielmehr als gegeben voraus und analysiert dessen Entwicklung in Abhängigkeit von der Zeit und der Marktzinsrate.

An dieser Stelle kann deutlicher als bisher hervorgehoben werden, weshalb erst die Erweiterung der *Ricardo-Marxschen Rententheorie* um die neoklassische *Hotelling-Regel* oder umgekehrt die Grundlage für eine geschlossene Preistheorie erschöpfbarer Ressourcen liefert. Ricardo analysiert die physische Ursache der Rente, Marx geht über diese Komponente hinaus und integriert die gesellschaftlich durch Eigentums- und Machtbeziehungen bedingten Ursachen der Rente in das Theoriegebäude und liefert auch eine marktökonomische Begründung für natürliche Ressourcen als Kapitalanlage, verfolgt jedoch nicht die langfristigen Auswirkungen auf den Wert der Kapitalanlage »Natur«, die der dynamische Markt in Abhängigkeit von der »Zeit« hervorruft. Umgekehrt stehen zwar die

Zeitdimension und die Folgen des dynamischen Marktprozesses für die Preisbildung bei natürlichen Ressourcen im Mittelpunkt der Analyse von Hotelling. Letzterer blendet jedoch dabei alle jene von Ricardo und Marx herausgearbeiteten Faktoren wie die natürliche Produktivität und die Eigentumsfunktion von natürlichen Ressourcen aus, die die Preisbildung in der ökonomischen Praxis maßgeblich beeinflussen. Ricardo, Marx und Hotelling verfolgen höchst unterschiedliche Ziele und argumentieren im unterschiedlichen theoretischen Umfeld. Ricardo und Marx argumentieren werttheoretisch, Hotelling ist der neoklassischen Nutzentheorie verpflichtet und beschäftigt sich mit Optimierungsoptionen, die bei der Ausbeutung von erschöpfbaren Ressourcen in absehbaren Zeiträumen erreicht werden können.

Die Verbindung der einzelnen Theorieelemente zu einer geschlossenen Preistheorie erschöpfbarer Ressourcen ergibt sich also aus der inneren Logik und der komplementären Funktion dieser Elemente selbst. Dabei wird einerseits die *Marxsche Rententheorie* durch Dynamisierung an die Neoklassik herangeführt und andererseits die *Hotelling-Regel* in die durch komplexe Eigentums- und Nutzungsrechte gekennzeichnete politökonomische Realität der marktökonomischen Nutzung erschöpfbaren Ressourcen eingebettet. Auf der Basis des so begründeten *Ricardo-, Marx-, Hotelling-Theorems* wird also die Preisbildung bei erschöpfbaren Ressourcen außer durch rein betriebswirtschaftlichen Kosten durch drei weitere Komponenten beeinflußt: (a) durch natürliche Produktivität (Ricardo), (b) als Folge von Nichtreproduzierbarkeit, daher Monopolisierbarkeit (Marx) und (c) als Funktion der Zeit (Hotelling).

Hinter der *Hotelling-Regel* verbirgt sich der simple Gedanke, daß der Wert einer bestimmten Kapitalsumme in der Zeit um Zinsen und Zinseszinsen steigen muß. Daß erschöpfbare Ressourcen ein Kapital von bestimmtem Umfang darstellen, ergibt sich aus der Natur des *net price* bzw. der *Rente* (siehe unter 2.2).

Bodenpreise steigen beispielsweise mit der Marktzinsrate, sofern Geldkapital in der Erwartung einer noch höheren Verzinsung in Grund und Boden angelegt wird. In Abb. 1.9 ist die sogenannte *Hotelling-Regel* entsprechend der Gleichung 4 dargestellt.

Bei veränderlicher Zinsrate kann die *Hotelling-Regel* so umformuliert werden, daß die Veränderung der *Rente* R zum Zeitpunkt t + 1 gegenüber dem Zeitpunkt t bei jeweiliger Zinsrate r_t ermittelt werden kann:

$$R_{t+1} = R_t + R_t \cdot r_t \qquad (5).$$

Der Marktpreis P der produzierten Ressource setzt sich dann zu jedem Zeitpunkt (gemäß Gleichung 2) zusammen aus

$$P_{t+1} = R_{t+1} + C_{t+1}$$
$$P_{t+1} = R_t(1+r_t) + C_{t+1} \qquad (6).$$

Abb. 1.9: Steigende Preise entsprechend der Hotelling-Regel

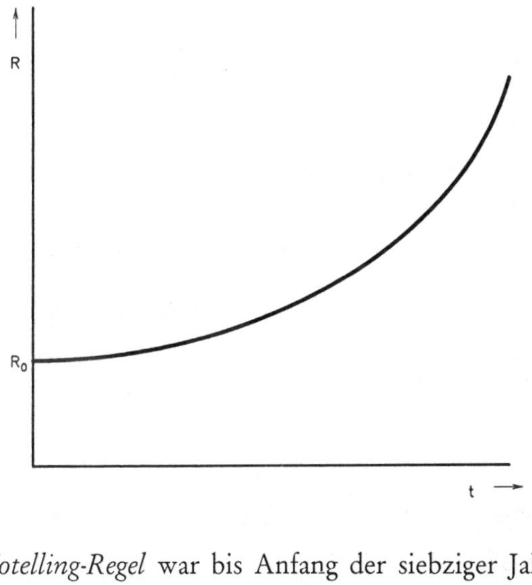

Die *Hotelling-Regel* war bis Anfang der siebziger Jahre über einen kleinen Expertenkreis von amerikanischen Wirtschaftstheoretikern hinaus kaum bekannt, schien sie doch angesichts anhaltend sinkender Rohstoffpreise lediglich akademische, aber keine praktische Relevanz zu haben. Dies änderte sich aber schlagartig mit dem ersten Ölpreis-Schock. Besonderer Verbreitung erfreute sich Hotellings Beitrag über die Vereinigten Staaten hinaus, seit Robert Solow in seinem Beitrag *The Economics of Resources or the Resources of Economics* (Solow 1974) die Bedeutung des Hotelling-Beitrages für die Erklärung steigender Rohstoffpreise Anfang der siebziger Jahre hervorgehoben und ihn neu interpretiert hat. Seitdem wurde die *Hotelling-Regel* zu einem festen Bestandteil der Abhandlungen zur Preistheorie erschöpfbarer Ressourcen (so beispielsweise bei Dasgupta/Heal 1979; Kemp/van Long 1980; Pindyck 1980; Griffin/Teece 1982; Láng 1982; Siebert 1986 u. 1987; Vajed-Samii 1986; Barthold Boyd 1988; Wirl 1990). Einige Autoren (wie Roumasset/Isaak/Fesharaki 1983 und Fisher 1987) versuchten, die *Hotelling-Regel* für die Prognose künftiger Ölpreisentwicklungen anzuwenden.

Hotellings Beitrag gewann in der neoklassischen Diskussion besondere Aufmerksamkeit weniger wegen der Ökologiekrise, als vielmehr dadurch, daß sich als Folge der sprunghaften Ölpreissteigerung in den Industrieländern eine Wachstumskrise anbahnte. So stand bei dieser Debatte auch keineswegs die Frage im Vordergrund, warum die Ölpreise entgegen der *Hotelling-Regel* über Jahrzehnte sanken und weshalb die Weltmärkte mit diesem erschöpfbaren Naturprodukt stets überschüttet wurden, sondern es waren offensichtlich andere Gründe, die den neoklassischen Wirtschaftstheoretikern ernsthafte Sorgen bereiteten. Hierzu gehört beispielsweise die Befürchtung, daß der Ölpreis weiter ansteigen und dem ökonomischen Wachstum tatsächlich Grenzen setzen könnte. So gesehen folgt auch aus dem Haupterkenntnisinteresse dieser wachstumsorientierten Schule, daß die Debatte um die *Hotelling-Regel* und die Preisentwicklung von erschöpfbaren Ressourcen erheblich nachgelassen hat, nachdem der Ölweltmarktpreis anfing erneut zu sinken.

Freie Konkurrenz und Monopol. Wechselwirkung zwischen Zinsrate und Gleichgewichtspreis

Hotelling diskutiert die Fälle *freie Konkurrenz* und *Monopol* (Hotelling 1931: 141, 146), ohne explizit hervorzuheben, daß diese Marktformen für erschöpfbare Ressourcen grundsätzlich eine andere Bedeutung haben als bei reproduzierbaren Waren. Tatsächlich werden in der Neoklassik die konstitutiv unterschiedlichen Wirkungen der Konkurrenz bei den erschöpfbaren Ressourcen und den reproduzierbaren Gütern übersehen. Vielmehr wird unterschiedslos bei allen Produkten die vollkommene Konkurrenz unterstellt. Die Annahme der vollkommenen Konkurrenz bei erschöpfbaren Ressourcen widerspricht jedoch der von Hotelling selbst formulierten Regel. Denn der *net price* bzw. die *Rente* R ist wie bereits dargelegt eine von den Produktionskosten gänzlich unabhängige monopolistische Preiskomponente erschöpfbarer Ressourcen (Gleichung 3) und beruht auf einer dauerhaften Angebotslücke (Ungleichgewicht zwischen Angebot und Nachfrage bzw. monopolistisches Gleichgewicht). Mit anderen Worten ist der von Hotelling vorausgesetzte *net price* bzw. die *Rente* selbst Ausdruck eines monopolistischen Gleichgewichts, das in der Natur der Erschöpfbarkeit begründet ist. Bei vollkommener Konkurrenz und dem Wegfall der dauerhaften Angebotslücke entfällt der *net price* und damit auch die *Hotelling-Regel* selbst.

Dennoch wird hier nicht davon ausgegangen, daß Erschöpfbarkeit und Konkurrenz sich grundsätzlich gegenseitig ausschließen. Die Frage, die präzisiert werden muß, lautet, worin die Funktion der Konkurrenz bei den erschöpfbaren Ressourcen besteht: Zwar ruft die Erschöpfbarkeit den *net price* bzw. die *Rente* hervor und die *Rente* setzt wiederum die Angebotslücke (monopolistisches Gleichgewicht zwischen Angebot und Nachfrage) voraus; gleichwohl hängt die *Höhe der Rente* davon ab, ob der Marktpreis der erschöpfbaren Ressource unter den Bedingungen der Konkurrenz oder des Monopols reguliert wird. Bei reproduzierbaren Gütern tendiert die Konkurrenz, den Marktpreis auf die *marginal costs MC* zu reduzieren, bei den erschöpfbaren Gütern tendiert sie aber dahin, den Marktpreis auf MC + R zu nivellieren (Gleichung 3 und Abb. 1.7). Unter Konkurrenzbedingungen bewegt sich die Höhe der *Rente*, genauer der *Absoluten Rente* zwischen Null (ohne ganz auf Null herabzusinken) und einem Betrag, der im dynamischen Prozeß entsprechend der *Hotelling-Regel* (Gleichung 4) durch die Marktzinsrate bestimmt wird. In diesem Sinne beruht der sich durch Konkurrenz herausbildende *Gleichgewichtspreis* bei erschöpfbaren Gütern grundsätzlich auf einem *monopolistischen Ungleichgewicht* zwischen Angebot und Nachfrage (Angebotslücke). Es besteht hier ferner ein Zusammenhang zwischen dem *Gleichgewichtspreis* und der *Marktzinsrate*.

Monopolistisches Ungleichgewicht zwischen Angebot und Nachfrage setzt jedoch keineswegs monopolistische Verflechtung der Anbieter, etwa in einem Kartell, voraus. Die Tatsache der begrenzten Verfügbarkeit von Naturprodukten im *komplexen Markt-*

system zwingt die Anbieter, trotz der Konkurrenz dauerhaft eine Angebotslücke herbeizuführen. Die Baugrundstücksmärkte geben für diese These das in der ökonomischen Praxis am häufigsten anzutreffende Beispiel ab. Der Bodenpreis verdankt überhaupt seine Existenz einer strukturellen Angebotslücke, die private und öffentliche Eigentümer von Grund und Boden verursachen, indem sie sich nach ihrer Nutzenoptimierungsoption richten *(Hotelling-Regel)*, ohne sich in einem Kartell organisiert zu haben, oder mit anderen Worten, obwohl sie untereinander in einem harten Wettbewerb stehen. Die Monopolrente und der monopolistische Gleichgewichtspreis in einem *komplexen Marktsystem,* resultieren also nicht aus der monopolistischen Organisationsform der Anbieter von erschöpfbaren Naturprodukten auf den Märkten, sondern aus der monopolistischen Eigentumsfunktion an der Natur, die aber selbst das Produkt der Erschöpfbarkeit ist. *Bilden sich bei erschöpfbaren Produkten dagegen auf den Märkten nicht die durch Angebotslücken hervorgerufenen monopolistischen Gleichgewichtspreise heraus, so muß angenommen werden, daß das Erschöpfbarkeitsprinzip verletzt wird.* Um so stärker gilt dies, wenn sogar ein Angebotsüberschuß den Markt steuert, wie es bei Energieträgern der Fall ist.

Gelingt es aber den Anbietern, sich monopolistisch zu organisieren und durch zusätzliche Verknappung die Marktpreisbildung von der Entwicklung der Marktzinsrate gänzlich abzukoppeln, so steigt die *Rente* und damit der *Ressourcenmarktpreis* über einen unter Konkurrenz erzielbaren Preis. Die Möglichkeiten, den Ressourcenpreis monopolistisch anzuheben, halten sich allerdings in ökonomischen Grenzen, die durch Produktionskosten der mit höherem technologischen Aufwand produzierbaren Ressourcen oder durch Produktionskosten von synthetischen Produkten gesetzt werden. Man spricht in diesem Zusammenhang auch von *backstop technology* (Solow 1974: 4). Andererseits wird aber auch die Substitution einer erschöpfbaren Ressource, beispielsweise Öl, durch eine erneuerbare Ressource, beispielsweise Sonnenenergie, bei der Entwicklung einer entsprechenden *backstop technology* dazu führen, daß die natürlichen Schranken der Konkurrenz vollständig wegfallen.

In einem funktionierenden *komplexen Marktsystem* bewegt sich jedoch der Preis von erschöpfbaren Ressourcen zwischen einem auf monopolistischem Ungleichgewicht beruhenden *Konkurrenz-Gleich-*

gewichtspreis und einem nach oben offenen Preisniveau. Die Preisuntergrenze wird reguliert durch *marginal costs* MC zuzüglich die *Rente* R, die in der Zeit mit der *Marktzinsrate* steigt. Und die Preisobergrenze ergibt sich aus der ökonomischen Macht von Privateigentümern, das Angebot von erschöpfbaren Ressourcen auf den Märkten im Interesse eigener Nutzenmaximierung zusätzlich zu verknappen. Es ist jedoch anzunehmen, daß Privateigentümer – selbst ganze Staaten – zu einer derartigen ökonomischen Fähigkeit kaum in der Lage sein werden, eine zusätzliche und den Ressourcenpreis drastisch anhebende Verknappung hervorrufen. Vielmehr muß davon ausgegangen werden, daß eine aus ökologischen Gründen letztlich unausweichliche weltweite Verknappungspolitik nur durch einen Konsens der Staatengemeinschaft erreicht werden kann (näheres dazu vgl. Kapitel 7.3).

Abb. 1.10: Steigende Preise durch sinkende Naturproduktivität; Wirkung der Eigentums- und Zeitfunktion

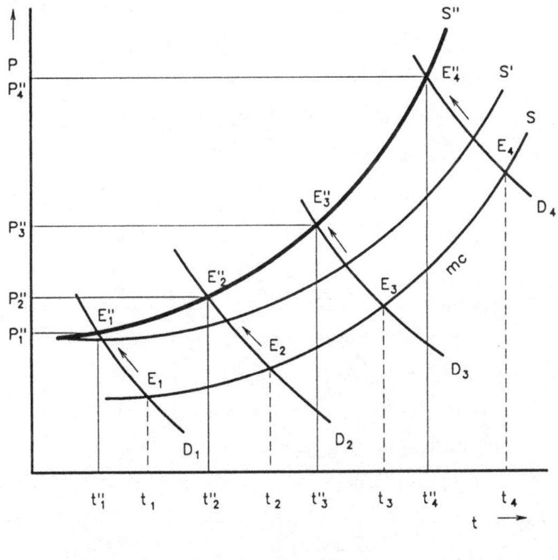

Übertragen wir die oben diskutierte Preisentwicklung von erschöpfbaren Ressourcen entsprechend der *Hotelling-Regel* und unter der Annahme von *Konkurrenz-Gleichgewichtspreisen* in das *Ricardo-*

Marx-Modell (Abb. 1.8), so verschiebt sich, wie in Abb. 1.10 dargestellt, die Angebotskurve S' entlang der Nachfragekurve auf S''. Die mit der *Marktzinsrate* steigenden Gleichgewichtspreise E'' bewegen sich mit der Zeit t auf einem höheren Niveau als es das *Ricardo-Marx-Modell* prognostiziert.

Zinsraten-Ressourcenpreis-Mechanismus

Die quantitativen Veränderungen der Ressourcenbestände werden durch die Kategorie *Extraktionsrate* bzw. *statische Lebensdauer* erfaßt. Die *Extraktionsrate* (*Production/Reserves ratio*) ist das Verhältnis der laufenden Produktion (*flow*) zum Ressourcenbestand (*stock*). Die *statische Lebensdauer* ergibt sich aus der umgekehrten Relation (*Reserves/Production ratio*). In den neoklassischen Beiträgen wird anstelle von Extraktionsrate oft der Begriff *discount rate* verwendet.

Die Hotelling-Regel beschreibt die Wechselwirkung zwischen der *Marktzinsrate* und der *Extraktionsrate*. Ist die zu erwartende Steigerungsrate der Ressourcenpreise niedriger als die Zinsrate, so zwingt das Nutzenmaximierungsprinzip die Anbieter, die Extraktionsrate zu erhöhen und soviele Ressourcen wie möglich aus dem Boden herauszuholen und in Geld zu verwandeln, was zur zusätzlichen Verlangsamung der Preissteigerungsrate und zur zusätzlichen Erhöhung der Extraktionsrate führt. Sinkt umgekehrt die Zinsrate oder wird eine höhere Steigerungsrate der Ressourcenpreise erwartet, so wird die Ressourcenproduktion und damit die Extraktionsrate entsprechend verringert und die Lebensdauer der Ressource verlängert, was wiederum einen zusätzlichen Preissteigerungseffekt hervorruft. Solow leitet aus dieser Wechselwirkung einen »gleichgewichtigen« Regulierungszusammenhang zwischen den Finanz- und den Ressourcenmärkten ab (Solow 1974: 5).

Aus den oben beschriebenen Zusammenhängen ergibt sich die Schlußfolgerung, daß die Extraktionsrate Ex = Production/Reserve (%) eine direkte Funktion der Marktzinsrate r ist (Gleichung 7). Da aber der Ressourcenpreis P_R bei steigender Ex und folglich steigendem Ressourcenangebot sinkt (Gleichung 8), ist er eine umgekehrte Funktion der Marktzinsrate (Gleichung 9).

$$Ex = f(r) \quad (7)$$
$$P_R = f(1/Ex) \quad (8)$$
$$P_R = f(1/r) \quad (9)$$

Die Marktzinsrate hat demnach ceteris paribus also eine preisregulierende Funktion und eine Allokationsfunktion hinsichtlich des Verbrauchs und der Lebensdauer erschöpfbarer Ressourcen – je höher r, desto höher Ex und, wie die Abb. 1.11 veranschaulicht, desto niedriger die statische Lebensdauer der Ressource.

$$T_R = 1/Ex \quad (10)$$

Abb. 1.11: Wechselwirkung Marktzinsrate und Erschöpfung von Ressourcen

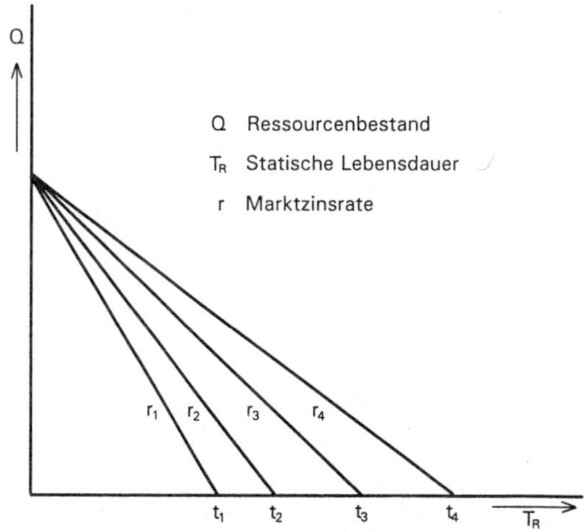

Der dargestellte *Zinsraten-Ressourcenpreis-Mechanismus* ist in der umweltökonomischen Diskussion nicht unbekannt. Irritationen bestehen jedoch über dessen Praxisbezug. »Können wir den Zins«, fragt Ulrich Hampicke in einem aufschlußreichen Beitrag, »als Lenkungsimpuls, als Allokationsinstrument auch beim Umgang mit zerstörbaren natürlichen Ressourcen akzeptieren?« Seine Antwort lautet zunächst:

> »In der Praxis häufig sowieso nicht – ich meine, in der neoklassischen Modellgesellschaft. ... Unbestritten hängen in der Theorie Nutzenintensität und Geschwindigkeit der Ausbeutung natürlicher Ressourcen vom Zinsniveau ab. Wie stark oder schwach dieser Effekt in der Praxis durchschlägt, ist eine andere Frage, die die grundsätzliche Bedeutung des theoretischen Zusammenhangs nicht schmälern kann. Dies erkannte schon vor 150 Jahren der hessische Oberförster Faustmann, nach dessen berühmter Formel die Umtriebszeit bis zum Kahlschlag eines Forstes mit wachsendem Zins verkürzt wird« (Hampicke 1992: 137).

Hampicke beschränkt die Gültigkeit der Lenkungsfunktion des Zinses darauf, daß das Zinsniveau »auf akzeptable Weise zustande gekommen« ist (Hampicke 1992: 138).

> »Die Lenkungsfunktion des Zinses zur Streckung von erschöpfbaren Ressourcen wäre dagegen beeinträchtigt«, wären »z.B. in einer Wirtschaft alle Subjekte und an erster Stelle der Staat überaus myopisch, wollen auf Pump leben und treiben den Zins in die Höhe, woraufhin das Öl geplündert und die Wale ausgerottet« würden. Gleiches gelte für den Fall, »daß das Zinsniveau wegen stark ungleicher Verteilung und der Gelegenheit zum erpresserischen Wucher hoch« sei (Hampicke 1992: 138). Insgesamt ist »gegen eine Wirksamkeit eines rationalen und gerechten Zinses in einer funktionierenden neoklassischen Modellgesellschaft wenig einzuwenden« (Hampicke 1992: 139).

Hampicke hebt also hervor, daß der Zins eine ökologisch negative wie positive Lenkungsfunktion haben kann. Unklar bleibt allerdings die nähere Charakterisierung der *»funktionierenden neoklassischen Modellgesellschaft«*, die offenbar den Rahmen für die ökologisch positive Lenkungsfunktion des Zinses darstellen soll. Gleichwohl übersieht er dabei die Wechselwirkung zwischen dem Zins und der Eigentums- und Kapitalfunktion von erschöpfbaren Ressourcen. Denn der Zins hat auf die Entscheidung des Unternehmers, der die Rohstoffe ausbeutet, und des Eigentümers der Rohstoffe unterschiedliche Wirkung. Ein Unternehmer, der die Möglichkeit hat, besitzlose Ressourcen auszubeuten, wird bei vorhandener Nachfrage selbst bei niedrigsten Zinsraten die Extraktionsrate drastisch erhöhen und auf eine Streckung der Lebensdauer der Ressourcen keine Rücksicht nehmen.[15] Wären dieselben Ressourcen Eigentum anderer Personen, dann müßte der Unternehmer akzeptieren, daß Ressourceneigentümer bei niedriger Zinsrate nicht an einer hohen, sondern an einer niedrigen Extraktionsrate interessiert sind. Umgekehrt würden es Ressourceneigentümer trotz sehr hoher Zinsrate vorziehen, sehr niedrige Extraktionsraten zuzulassen, da angesichts von zu erwartenden hohen Preissteigerungen gerade eine derartige Entscheidung erlaubt, ihren Nutzenmaximierungspfad zu realisieren.

Wie man sieht, hängt die ökologische Lenkungsfunktion des Zinses in der Marktökonomie entschieden von den Rahmenbedingungen derselben ab, d.h. hier also davon, ob und wie gut Eigentums- und Kapitalfunktionen der Ressourcen im ökonomischen Prozeß wirksam sein können bzw. ob und inwiefern wir es in der Praxis mit einem *einfachen* oder mit einem *komplexen Marktsystem* zu tun haben. Mit anderen Worten, eine fundierte Beurteilung der ökologischen Lenkungsfunktion des Zinses und der *Hotelling-Regel* insgesamt ist ohne Berücksichtigung der Eigentums- und Kapitalfunktion von Ressourcen nicht möglich. Genau dies übersieht jedoch Elmar Altvater in seinem Buch *Die Zukunft des Marktes*, in dem er die ökologische Lenkungsfunktion des Zinses und die *Hotelling-Regel* insgesamt bestreitet, weil:

(a) der Marktzins den unterstellten optimalen Nutzungspfad einer Ressource in der Praxis nicht vorgeben könne; (b) die *Hotelling-Regel* ökonomisches Wachstum voraussetzte und somit ein wachstumorientiertes Konzept sei; (c) sie bedinge, daß eine privateigentümliche »Isolierung von Ressourcen« bestünde, die zur »Zerreißung von komplexen Ökosystemen« führe und (d) der gegenwärtigen Generation die Präferenz der künftigen Generationen nicht bekannt seien (Altvater: 1991: 243ff.).

Einige von Altvater vorgebrachte Kritikpunkte mögen bei einer isolierten Betrachtung ihre Berechtigung haben. Richtig ist beispielsweise sein Hinweis, daß es zwischen dem Marktzins und dem

15 Das von Hampicke erwähnte Beispiel ist der Walfischfang (Hampicke 1992: 137), bei dem der Zins seine Lenkungsfunktion verwirkt hat. Hier kann der Marktzins für den Grad der Ausbeutung von einer Ressource wie Meereslebewesen auch keine Richtschnur darstellen, solange diese Ressource selbst niemandes Eigentum ist und auch erst recht keine verzinsbare Kapitalgröße darstellt, ist gerade für diesen Fall kein zutreffendes Beispiel.

ökologisch optimalen Nutzungspfad einer Ressource keinen Automatismus gibt. Die *Hotelling-Regel* liefert jedoch wichtige Anhaltspunkte für eine ökologische Steuerung der Marktökonomie im Interesse der Schonung von natürlichen Ressourcen. Selbstverständlich ist das Hotelling-Konzept in die Tradition der neoklassischen Wachstumstheorie eingebettet und richtig ist auch, daß sein Konzept von den Neoklassikern, beispielsweise Robert Solow, im Kontext dieser Tradition interpretiert wird, vorauf schon Georgescu-Roegen hingewiesen hat[16]. Das besondere an diesem Konzept ist jedoch, daß es auch als Anti-Wachstumskonzept interpretierbar und in diesem Sinne im Rahmen einer ökologisch orientierten Wirtschaftspolitik anwendbar ist.

Richtig ist Altvaters Kritik der Unzulänglichkeit des Marktzinses als regulierender Maßstab der Präferenzen von künftigen Generationen. Ihm ist in Anlehnung an Martinez auch zuzustimmen, daß »es keinen Weg der Vermeidung einer ethischen Wahl gibt, auch wenn sie manchmal in den Annahmen, auf denen das Modell beruht, verborgen wird« (Martinez – hier zitiert nach Altvater 1991: 244). Ethische Vorgaben müssen allerdings im ökonomischen Steuerungsprozeß ihren Niederschlag finden. Ob die *Hotelling-Regel* sich für

16 »Wie viele andere Verfechter der 'Standard-Ökonomie' greift Solow (1974) auf eine alte Schrift von Harold Hotelling (1931) zurück, um uns davon zu überzeugen, daß die neoklassischen Ökonomen die Frage der inter-generativen Allokation nicht übersehen haben. Er übersieht aber die wichtigste Tatsache, daß Hotellings Analyse sich auf einen bestimmten Umfang von Ressourcen im Besitz eines Individuums bezieht, welches zukünftige Gewinne diskontiert. Natürlich hatte Hotelling mit dem letzten Punkt völlig Recht. Jedes Individuum muß die Zukunft diskontieren wegen der unumstößlichen Tatsache, daß sein Leben vergänglich ist und er täglich sterben könnte. Aber eine Nation, geschweige denn die ganz Menschheit, kann sich nicht nach der Vorstellung verhalten, morgen vielleicht zu sterben. Sie verhält sich so als wäre sie unsterblich und bewertet zukünftige Wohlfahrtszustände dementsprechend auch ohne Diskontierungen. Wenn natürlich der Diskontsatz gleich Null ist, bricht diese wunderbare mathematische Konstruktion Hotellings zusammen. Aber das bedeutet nicht, daß ein Programm, das dafür Sorge trägt, daß alle Generationen auf derselben Grundlage behandelt werden, sinnlos ist« (Georgescu-Roegen 1986: 16).

die Übersetzung von ethischen Vorgaben in den Marktprozeß eignet, wird von Altvater nicht überprüft.

Unzutreffend ist allerdings Altvaters Feststellung, daß die *Hotelling-Regel* privateigentümliche Isolierung von Ressourcen zwingend voraussetze und so die Zersplitterung von komplexen Ökosystemen fordere. Diese Schlußfolgerung mag auf den theoretischen Konsequenzen der neoklassischen Variante der *Property Rights-Schule* beruhen, die, wie noch zu zeigen sein wird, tatsächlich in die ökologische Sackgasse führt (näheres dazu vgl. Kapitel 7.1). Altvater blendet im übrigen dabei, wie bereits oben konstatiert, die ökologischen Eigentums- und Kapitalfunktionen von natürlichen Ressoucen grundsätzlich aus, die, wie oben dargestellt, in Verbindung mit der Lenkungsfunktion des Zinses eine wichtige Voraussetzung für die Transformation von ethischen Vorgaben im Prozeß eines langfristigen ökologischen Umbaus der Weltwirtschaft darstellen (vgl. dazu auch Kapitel 7.3). Ausgehend von einer Übereinstimmung in der Annahme, daß es angesichts der drohenden ökologischen Katastrophe darum gehen muß, den Markt und die Marktkräfte *ökologisch zu bändigen*, bieten Eigentums- und Kapitalfunktionen von natürlichen Ressourcen an den Schnittstellen zwischen dem natürlichen und dem ökonomischen System wichtige Hebel, um dem Heißhunger von wachstumsorientierten Kapitalen systemimmanent Grenzen zu setzen[17].

Altvater übersieht bei seiner isolierten Kritik der Einzelaspekte der *Hotelling-Regel* deren zentrale Erkenntnis, daß der Preis von erschöpfbaren Ressourcen in der Zeit exponentiell wachsen muß (Gleichung 4). Erschwerend wirkt bei der Würdigung dieser Schlußfolgerung der *Hotelling-Regel* zugegebenermaßen, daß ihr die ökonomische Praxis in wesentlichen Bereichen widerspricht. Doch gibt es für die Lösung dieses Widerspruchs mindestens zwei Alternativen: (a) die Theorie selbst ist inkonsistent und fehlerhaft und (b) die Rah-

17 Die Vernachlässigung der Möglichkeit, den Markt ökologisch durch die Eigentums- und Kapitalfunktion von erschöpfbaren Ressourcen zu regulieren, findet offenbar in Altvaters Vorbehalten ihren Niederschlag, die er in seinem neuesten Buch *Der Preis des Wohlstandes* dem vom Autor im Rohentwurf vorgelegten *Ricardo-Marx-Hotelling* Konzept entgegenbringt (vgl. Altvater 1992: 187, Anm. 21).

menbedingungen für die Wirksamkeit der Theorie funktionieren in der Praxis mangelhaft oder überhaupt nicht. Für eine derartige Differenzierung, die die Perspektive für weitere Anhaltspunkte zur ökologischen Steuerung ökonomischer Prozesse im Umfeld der Rahmenbedingungen eröffnet, bedarf es einer unvermeidlichen theoretischen Anstrengung und der Analyse derjenigen historisch gewachsenen Rahmenbedingungen der Marktökonomie, die gegenwärtig offensichtlich eine hemmungslose Plünderung natürlicher Ressourcen nicht verhindern, sondern fördern. Diese Analyse folgt in Kapitel 3. Ihr sollen jedoch als Ergebnis der obigen Ausführungen die Darstellung einiger theoretisch denkbaren und teilweise auch in der Praxis anzutreffenden Fälle der Lenkungsfunktion des Zinses und des *Zinsraten-Rohstoffpreis-Mechanismus* vorausgeschickt werden (Abb. 1.12). Je nach Veränderung der Marktzinsrate r_i und den spezifischen Rahmenbedingungen nimmt der langfristige Ressourcenpreis P_R in der Zeit T einen unterschiedlichen Verlauf an (Abb. 1.12).

Abb. 1.12: Zinsraten-Ressourcenpreis-Mechanismus

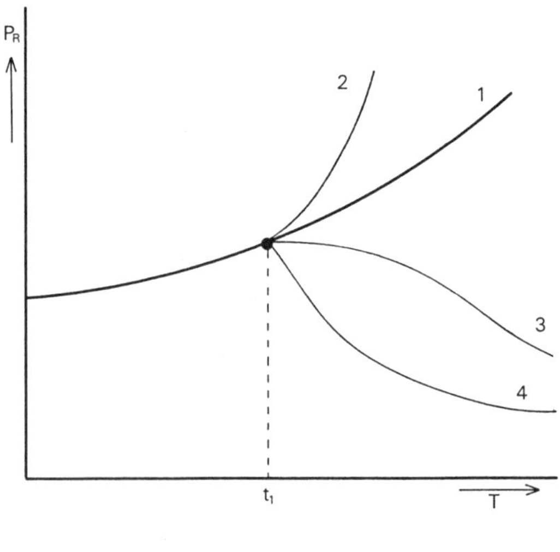

Fall 1: Die Marktzinsrate r_1 bleibt langfristig unverändert. Unter der Bedingung der vollen Wirksamkeit der Eigentums- und Ressourcenkapitalfunktion, d.h. der prinzipiellen Möglichkeit der Nutzenmaximierung durch den Eigentümer, steigt der Ressourcenpreis entsprechend der *Hotelling-Regel* (Gleichung 4). Ressourceneigentümer maximieren ihren Nutzen bei unveränderter Extraktionsrate und steigendem Ressourcenpreis (Preiskurve 1).

Fall 2: Beginnt die Marktzinsrate r_2 zum Zeitpunkt t_1 zu sinken, dann können Ressourceneigentümer ihren Nutzen bei sinkender Extraktionsrate und höherer Steigerungsrate der Ressourcenpreise maximieren. Die Preiskurve 2 hat dann einen steil ansteigenden Verlauf.

Fall 3: Steigt zum Zeitpunkt t_1 die Zinsrate auf ein sehr hohes Niveau r_3 an, so besteht die Tendenz, die Extraktionsrate drastisch zu erhöhen und möglichst schnell die erzielten Geldeinnahmen auf den Kapitalmärkten anzulegen. Sind die Ressourceneigentümer gleichzeitig mit unterschiedlichem Umfang von natürlichen Ressourcen ausgestattet, so führen sinkende Ressourcenpreise bei steigender Angebotsmenge bei Eigentümern, die über beträchtliche Mengen der Ressource verfügen, in der Regel dazu, ihren Nutzen ausschließlich durch Steigerung der Extraktionsrate und der Angebotsmenge zu erhöhen. Auf diese Weise können solche Ressourceneigentümer (beispielsweise die Öleigentümerstaaten Saudi Arabien, Kuwait und die Vereinigten Arabischen Emirate) zwar kurzfristig einen höheren Nutzen bzw. höhere Geldeinnahmen erzielen, jedoch nicht unbedingt langfristig ihren Nutzen maximieren. Denn dadurch, daß sie selbst das Angebot latent erhöhen und den Ressourcenpreis senken, setzen sie den *Zinsraten-Rohstoffpreis-Mechanismus* außer Kraft, machen sie alternative Optionen und eine Nutzenmaximierungskalkulation auf der Basis der Gleichung 6 unmöglich.

Handelt es sich bei den Ressourceneigentümern um Staaten mit hoher Auslandsverschuldung, so haben diese keine andere Wahl, als die Extraktionsrate ihrer Ressourcen zu erhöhen, soweit dies technisch überhaupt möglich ist – und ohne Rücksicht auf alle anderen langfristigen Interessen und Optionen, um den anfallenden Schuldendienst ausgleichen zu können. In diesem Fall nimmt die Preiskurve 3 in der Zeit eine konkav verlaufende Form an und der Ressourcenpreis sinkt, obwohl die Ressource erschöpfbar ist.

Fall 4: Verwirken Eigentums- und Kapitalfunktion ihre ökonomische Rolle und bedient sich der Produzent der erschöpfbaren Ressourcen, als wären diese unbegrenzt verfügbar, so wird es einen einzigen und von der Marktzinsrate gänzlich abgekoppelten Nutzenmaximierungspfad geben: Abbau der Ressourcen so stark wie möglich schon heute, um die Einnahmen in Geldkapital zu verwandeln. Lediglich steigende Grenzkosten können die Erhöhung der Extraktionsrate und die Steigerung des Angebots begrenzen. Der Ressourcenpreis hat in diesem Fall die Tendenz dazu, auf die technisch bedingten Grenzkosten herabzusinken (Preiskurve 4). Die ökonomische Nutzung von Meeresressourcen mit der beispielsweise daraus folgenden Überfischung der Weltmeere und die Ausbeutung der Ressourcen im *Dual-System* (näheres siehe Kapitel 3) sind Beispiele aus der ökonomischen Praxis für diesen Fall.

Die oben dargestellten, grundsätzlich denkbaren Fälle, zeigen die verschiedenen auch in der Praxis anzutreffenden Preispfade bei erschöpfbaren Ressourcen bei der Anwendung des *Zinsrate-Rohstoffpreis-Mechanismus.* Es ist deutlich geworden, daß ein niedriger Zins zur Streckung von Ressourcen beiträgt, ein hoher Zins dagegen den Druck auf höhere Extraktionsraten steigert und die Erschöpfung von Ressourcen beschleunigt. Die Preisentwicklung hängt allerdings nicht nur von der Zinsrate, sondern gleichzeitig auch von außerökonomischen Rahmenbedingungen, von der Existenz und Qualität von Nutzungsrechten, der Eigentums- und Kapitalfunktion und letztlich auch von der *Macht* ab, die Zinsrate zum Zwecke des Schutzes von erschöpfbaren Ressourcen bzw. auch zum gegenteiligen Zweck der schnellen Ausplünderung derselben zu manipulieren, um die Preise auf ein möglichst niedriges Niveau zu drücken. Die Vereinigten Staaten verfügen tatsächlich über eine solche Macht, und es besteht der begründete Verdacht, daß sie davon durchaus auch Gebrauch machen. Vieles spricht beispielsweise dafür, daß die US-Hochzinspolitik in den achtziger Jahren u.a. auch einen wichtigen Hebel darstellte, die gigantischen Kosten der Rüstungsausgaben (selbst eine zusätzliche Ursache der steigenden Zinsen) teilweise über weltweit sinkende Öl- und Rohstoffpreise zu finanzieren und darüber hinaus auch der Konjunktur der US-Ökonomie zusätzlichen Auftrieb zu verleihen (vgl. auch Kapitel 7.2). Die obigen Überlegungen werden zugespitzt in der folgenden These resümiert: *Die Lenkungsfunktion des Zinses bei der Ausbeutung von natürlichen Ressourcen und die Wirksamkeit der Hotelling-Regel besteht nicht nur theoretisch. Sie besteht auch in der ökonomischen Praxis, obwohl die Realität der sinkenden Preise bei erschöpfbaren Ressourcen nahelegt, das Gegenteil anzunehmen.*

2.4 Preiswirkung des technologischen Fortschritts bei erschöpfbaren Ressourcen

Bei den bisherigen Überlegungen wurden Aspekte analysiert, die bei erschöpfbaren Ressourcen langfristig zu Preissteigerungen führen. Der technologische Fortschritt führt auch bei der Extraktion von natürlichen Ressourcen zu Kostensenkungen, beispielsweise durch den Einsatz von neuen Abbauverfahren bei Erzlagerstätten bzw. von neuen Bohrtechnologien bei der Exploration von Ölquellen etc. Eine Theorie der langfristigen Preisentwicklung erschöpfbarer Ressourcen muß selbstverständlich auch die Preiswirkung dieses Faktors berücksichtigen.

Empirisch gestützten Hypothesen folgend, hatte der technische Fortschritt bei der Extraktion von natürlichen Ressourcen bis Mitte dieses Jahrhunderts eine kostensenkende Wirkung mit abnehmender Rate und erreichte dann seine natürliche Grenze (Slade 1982: 126). Weitere technische Entwicklungen dürften bestenfalls, wie in Abb. 1.13 dargestellt, die Wirkung der steigenden Löhne neutralisieren, so daß technologisch bedingte Produktionskosten in der Zeit nicht fallen, sondern günstigstenfalls konstant bleiben.

Berücksichtigen wir die preissenkende Wirkung des technologischen Fortschritts im *komplexen Marktsystem*, so dürfte die Kurve der langfristigen Marktpreisentwicklung erschöpfbarer Ressourcen, wie Abb. 1.14 zeigt, eine konkave Verlaufsform haben. Zunächst sinkt zwar wegen der dominierenden Wirkung des technologischen Fortschritts der Marktpreis, der dann aber angesichts kostensteigernder Komponenten im komplexen Marktmodell in der Zeit ansteigt.

Abb. 1.13: Preiswirkung des technologischen Fortschritts

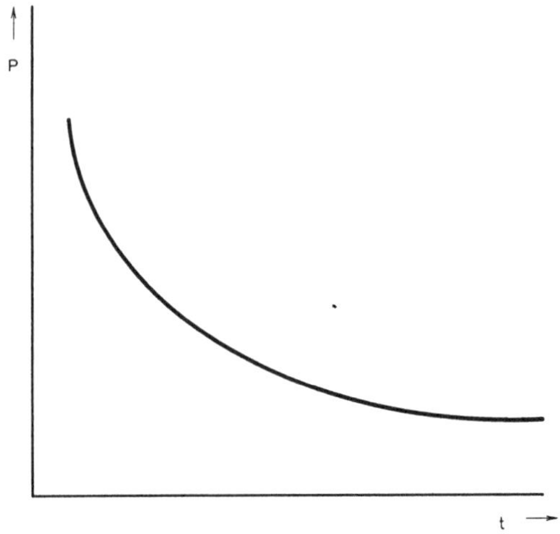

Abb. 1.14: Steigende Preise erschöpfbarer Ressourcen im komplexen Marktsystem

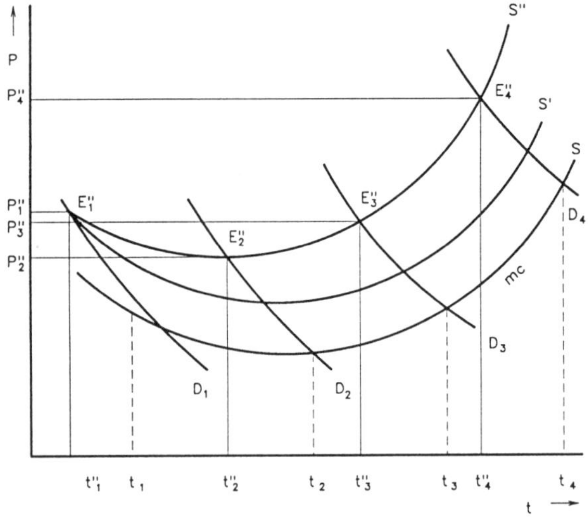

Sonderfall Landwirtschaft

Die Grenzen des Technikeinsatzes bei erschöpfbaren Ressourcen werden um so früher erreicht, je höher die Geschwindigkeit ist, mit der die Ressourcen ausgebeutet werden. Die Technisierung der Produktion führt zwar zu erheblichen Erleichterungen und zur Verbilligung von Produkten. Durch den Einsatz von Technologie kann jedoch das Erschöpfbarkeitsproblem nicht gelöst werden. Ganz im Gegenteil ist anzunehmen, daß steigende Produktivität der Produktionstechnik zur Erhöhung der Extraktionsrate und zur Verkürzung der Lebensdauer der Ressourcen führen kann. Anders ist die Wirkung des technischen Fortschritts allerdings im Energiesektor einzuschätzen, sollte der technologische Durchbruch gelingen, die Solarenergie zur Umwandlung aller für den Konsum notwendigen Formen nutzbar zu machen.

Im Unterschied zum Bergbau scheint jedoch der Technikeinsatz in der Landwirtschaft das Problem von beschränkt verfügbaren landwirtschaftlichen Nutzflächen gelöst zu haben. Denn durch die Massentierhaltung, durch den Einsatz von Kunstdüngern, Pestiziden und Insektiziden, durch die Züchtung von Hochertragssorten bei der Getreideproduktion und durch das in Gewächshäusern künstlich hergestellte Klima, das notwendig ist, um Gemüsesorten zu allen Jahreszeiten zu produzieren, sind selbst die dichtbesiedeltsten Regionen in Europa zu Überschußproduzenten und wichtigen Nettoexporteuren von Fleisch, Milch und Getreide geworden. Angesichts der bereits heute durch zunehmende Kosten der Wasseraufbereitung anfallenden externen Kosten und der mittel- und langfristig zu erwartenden umweltschädlichen Auswirkungen jener über Jahrzehnte verwirklichten künstlichen Produktionssteigerung in der Landwirtschaft, deren Ausmaß bisher kaum untersucht worden ist, dürfte der Schein einer endgültigen Lösung des Problems von beschränkt verfügbaren landwirtschaftlichen Nutzflächen trügen. In Wahrheit haben der Technikeinsatz und die dauernde Produktivitätssteigerung in der Landwirtschaft vorübergehend die *Illusion von unbeschränkt verfügbaren Nutzflächen hervorgerufen* und die Erschöpfungsgrenzen für einige Jahrzehnte zeitlich nach hinten verlagert[18]. Damit dürften auch die langanhaltenden Preissenkungen bei agrarischen Produkten in den Industrieländern die Talsohle erreicht haben und bald beginnen, gemäß den Gesetzmäßigkeiten des *komplexen Marktsystems* anzusteigen. Die agrarischen Produkte sind zwar erneuerbar, jedoch nicht beliebig vermehrbar, so daß auch hier bei gegebener Bevölkerung von einer absoluten quantitativen Grenze ausgegangen werden muß.

2.5 Praxisrelevanz des komplexen Marktsystems

Auf den Widerspruch zwischen der Theorie der steigenden Preise erschöpfbarer Ressourcen im komplexen Marktsystem und der Realität der sinkenden Preise derselben in der ökonomischen Praxis wurde bereits hingewiesen. Daher ist die Frage berechtigt, ob es sich bei dem in diesem Kapitel dargestellten Modell eher um eine theoretische *Konstruktion*, um ein Wunschmodell handelt, das die ökonomische Realität nicht widerspiegelt und daher auch für deren Analyse ungeeignet ist. Es wurde oben schon angedeutet, daß die Lösung dieses Widerspruchs und fundierte Antworten auf diese relevante Frage erst durch die Analyse der historischen Rahmenbedingungen geliefert werden kann, die im nächsten Kapitel erfolgen soll. Dennoch soll die Relevanz des Modells durch ein prägnantes und in vielen Bereichen der ökonomischen Realität wirksames Beispiel schon an dieser Stelle hervorgehoben werden, das die logische Kohärenz des *komplexen Marktsystems* und dessen Konsequenzen für erschöpfbare Ressourcen untermauert.

Es handelt sich um die langfristige Preisentwicklung für *städtischen Grund und Boden*, der ja der natürliche Produktionsfaktor der weltweiten Stadt- und Siedlungsökonomie und die flächenmäßige Basis aller Industriestandorte ist. Bei dieser erschöpfbaren Ressource ist der Marktpreis weltweit sowohl im Norden wie im Süden langfristig und anhaltend gestiegen. Städtischer Grund und Boden ist überall eine begehrte Kapitalanlage. Die Eigentümer verfügen über die Optimierungsalternativen, ihre Rechtstitel an Grund und Boden

18 Einer solchen Illusion war auch der Autor dieses Buches verfallen (vgl. dazu Massarrat 1980: 77f.).

heute zu veräußern und das dabei eingenommene Geld auf den Finanzmärkten anzulegen, oder aber angesichts von zu erwartenden Preissteigerungen für Grund und Boden, genauer, einer zu erwartenden höheren Verzinsung des Ressourcenkapitals, mit dem Verkauf bis zu einem späteren Zeitpunkt zu warten. Sie schaffen dank ihres Monopols (Eigentum an Grund und Boden) und unter den Bedingungen vollkommener Konkurrenz, d.h. also ohne daß ein Kartell von Eigentümern überhaupt notwendig wäre, anhaltend den Zustand des strukturellen Ungleichgewichts zwischen Angebot und Nachfrage (dauerhafte Angebotslücke), indem sie als Teilnehmer an der Marktökonomie sich ausschließlich an den marktmäßigen Optimierungskriterien orientieren. Bei der erschöpfbaren Ressource *städtischer Grund und Boden* funktionieren offenbar die Gesetze des komplexen Marktmodells. So macht sich die Erschöpfbarkeit dieser Ressource auch durch Marktverhalten der Eigentümer und steigende Realpreise unüberwindlich bemerkbar. Im Süden, wo die städtische Bevölkerung weiter wächst, schlägt sich das Erschöpfungssignal in wuchernden Slums und sozialen Katastrophen nieder. Und im Norden führte die zunehmende Knappheit an Grund und Boden zu den emporgewachsenen Siedlungssilos und zu einer Stagnation bzw. Schrumpfung der Bevölkerung[19].

---

19 Steigende Bodenpreise führten in der Modernisierungsphase der Industriegesellschaften zu steigenden Wohnungsmieten und zur Entstehung von Massenwohnsilos, die wiederum dem durch die Modernisierung hervorgerufenen Bevölkerungswachstum entgegenwirkten. In den Entwicklungsländern des Südens löst derselbe Marktmechanismus in der Regel nicht dieselbe, also das Bevölkerungswachstum hemmende Wirkung aus. Oft führen steigende Bodenpreise und Mieten und die damit einhergehende Armut in den Metropolen des Südens sogar zu einem höheren Bevölkerungswachstum, da mit der steigenden Kinderzahl – wie auf dem Lande – auch in der Stadt die Hoffnung verknüpft wird, die unerträglich steigende Last durch künftige Einnahmen der Kinder besser auffangen zu können und darüber hinaus auch die eigene Altersversorgung abzusichern. Die entgegengesetzte Wirkung desselben Marktmechanismusses im entwickelten Norden und unterentwickelten Süden ist nicht nur auf den Wohnungsmarkt beschränkt. Vielmehr ist sie in nahe allen Bereichen zu beobachten (näheres unter 3.4).

Sind aber Grundstücks- und Wohnungsmärkte die einzigen Märkte, in denen der *Zinsraten-Ressourcenpreis-Mechanismus* und die Regeln des *komplexen Marktsystems* wirksam werden? Und wenn dem so ist, wäre zu fragen, weshalb dieses Marktsystem bei allen übrigen erschöpfbaren Ressourcen nicht so funktioniert wie bei städtischem Grund und Boden.

3. Kapitel

Erschöpfbare Ressourcen zu Dumpingpreisen. Das Dual-System-Theorem

Das *komplexe Marktsystem* funktioniert bei den allermeisten natürlichen Ressourcen offensichtlich nicht. Die in Kapitel 1 dargestellte langfristige Preisentwicklung von natürlichen Ressourcen widerspricht den Preissteigerungspostulaten des *komplexen Marktsystems.* Metallische Erze und fossile Energien, insbesondere Öl, werden auf den Weltmärkten im Überfluß angeboten, so als handele es sich um reproduzierbare Güter. Bei reproduzierbaren Gütern wechseln sich das Gleichgewicht und das Ungleichgewicht zwischen Angebot und Nachfrage, der Überschuß und die Knappheit auf den Märkten mehr oder weniger zyklisch ab. Bei den erschöpfbaren Rohstoffen herrscht nicht, wie zu erwarten wäre, eine dauerhafte Angebotslücke, sondern genau umgekehrt ein dauerhafter Angebotsüberschuß. Folgerichtig sind auch die realen Preise für erschöpfbare Güter nicht gestiegen, sondern außer in den siebziger Jahren anhaltend gesunken.

In Kapitel 1 wurde auf die nach wie vor nicht überwundenen Theoriedefizite zur Erklärung von sinkenden Rohstoffpreisen hingewiesen. Mit der Analyse der Wirkungsmechanismen des *komplexen Marktmodells* im vorausgegangenen Kapitel wurde das preistheoretische Konzept für erschöpfbare Ressourcen formuliert, um in diesem Kapitel die auf dem *Dual-System-Theorem* beruhende *Dumpingpreistheorie* zu ergründen. Das *komplexe Marktsystem* wurde bisher für räumlich begrenzte Ressourcen und geschlossene Märkte untersucht. Es wurde unterstellt, daß die regionalen Begrenztheiten durch menschliche Eingriffe nicht relativiert bzw. überwunden werden können, weder kurz- noch langfristig. Die Ressource ist in dem Modell also ein an die Natur gebundener und räumlich nicht verschiebbarer Produktionsfaktor. Die Annahme der Nicht-Mobilisierbarkeit von natürlichen Ressourcen trifft für die meisten Ressourcen freilich nicht zu, wohl aber für den städtischen Grund und Boden. In der Tat unterscheiden sich Grund und Boden für Wohn- und Siedlungszwecke von den übrigen begrenzt verfügbaren und nicht reproduzierbaren Ressourcen durch die Unmöglichkeit, sie von einer Region in die andere, von einem Kontinent auf den nächsten zu verschiffen. *Für städtischen Grund und Boden gibt es zwar lokale und regionale Märkte, jedoch keinen Weltmarkt.* Zwar kann Bevölkerungswachstum zu steigenden Preisen für Grund und Boden führen, und dieses kann wiederum einen Prozeß der Wanderung und des Massenexodus in dünn besiedelte Regionen auslösen. Eine solche Entwicklung, die in der Geschichte bis in die Gegenwart anzutreffen ist, hat allerdings sowohl angesichts kultureller und sozialer Bindungen der Menschen an die gewohnten Lebensräume als auch angesichts der kulturellen Schranken von weit entfernt liegenden Lebensräumen nur beschränkte Wirkung und löst das Erschöpfungsproblem bei städtischem Grund und Boden, wenn überhaupt, nur kurzfristig. Wanderungs- und Auswanderungsbewegungen der Menschen stellen keine Lösung, sondern nur eine zeitliche und räumliche Verlagerung des Erschöpfbarkeitsproblems für städtischen Grund und Boden dar. Eine ähnliche, also zeitlich begrenzte Verlagerung des Wirkung des Erschöpfungsproblems bei städtischem Grund und Boden, wie etwa durch Migration, ermöglicht die vertikale Ausdehnung des Wohnraums in Form von Wohnsilos und Wolkenkratzern, ohne daß auf diese Weise die natürliche Angebotslücke und die daraus resultierenden dauerhaften Preissteigerungen in ihr Gegenteil hätten verkehrt werden können.

3.1 Weltmarkt und Mobilitätsrevolution

Das Funktionieren des *komplexen, drei Produktionsfaktoren einschließenden Marktsystems* bei nicht bewegungs- und transportfähigen erschöpfbaren Gütern würde den Schluß nahelegen, daß dieses Marktsystem vollends seine Funktionsweise verändert, sobald es sich um erschöpfbare Güter handelt, die *»unbegrenzt«* transportierbar sind und – im Unterschied zu Grund und Boden – je nach Bedarf in großem Umfang von einem Teil des Globus in einen anderen *verschoben* werden können. Die Entstehung des Weltmarktes für erschöpfbare Güter ginge also mit der Relativierung oder gar Überwindung der Erschöpfbarkeit einher, der Produktionsfaktor Natur verlöre seine Knappheitsfunktion, die Knappheitskosten bzw. Ressourcenkapitalkosten würden teilweise oder ganz wegfallen, die Weltmarktpreise müßten dann nicht entsprechend den Regeln des *komplexen Marktsystems* steigen, sie könnten stagnieren oder nach Produktivitätsentwicklung und Marktbedingungen sogar sinken.

Ohne Zweifel eröffnet die Mobilitätsfähigkeit der erschöpfbaren Ressourcen gänzlich neue Perspektiven für die Marktökonomie. Die Revolutionierung des Transportwesens und die Möglichkeit, nicht reproduzierbare Ressourcen zu jeder Zeit und von jedem Ort der Erde in beliebiger Menge zu jedem anderen Ort zu verfrachten, war die entscheidende Voraussetzung der Herausbildung des Weltmarktes für agrarische Produkte und mineralische Rohstoffe. Die Mobilitätsrevolution hat die ökologisch intakte *naturräumliche Einheit* durch umfangreichen Energieeinsatz und gigantische Bewegung von Stoffströmen gesprengt und durch Globalisierung von Stoffströmen ökologische Veränderungen hervorgerufen, die allem Anschein nach irreversibel sind (Haber 1992: 20).

Nicht also in regional und räumlich begrenzten und geschlossenen Märkten, sondern in globalen Räumen und auf den Weltmärkten vollzieht sich die ökonomische Praxis für den größten Teil von nicht erneuerbaren Produkten, weshalb auch die Weltmarktentwicklung an den Anfang einer Analyse gestellt werden muß, die bemüht ist, den Ursachen sinkender Preise erschöpfbarer Ressourcen auf den Grund zu gehen.

3.2 Weltmarkt, Rente und komplexes Marktsystem

Die Mobilitätsrevolution erklärt rein *ökonomisch* nur insofern den Staats- und Kontinentalschranken sprengenden Welthandel, wie die dadurch bewirkte Reduzierung der Transportkosten zum ausschlaggebenden ökonomischen Faktor des Handels wird. Die Entstehung und Entfaltung des Weltmarktes für erschöpfbare Ressourcen ist allerdings auch ohne Produktivitätssteigerung und Kostensenkung im Transportwesen möglich. Grenzüberschreitender Handel mit erschöpfbaren Ressourcen und weltweite Kapitalbewegung zur Produktion derselben resultieren in der Regel und hauptsächlich aus anderen ökonomischen Wechselbeziehungen als aus der Kostensenkung im Transportwesen. *Entscheidende Faktoren, die historisch zur Entstehung und Entfaltung des Weltmarktes überhaupt beigetragen haben, sind zum einen ein grenzüberschreitendes Preisgefälle und zum anderen ein Rentengefälle.* Letzteres beruht auf unterschiedlichen Naturproduktivitäten in verschiedenen Regionen. Prinzipiell können verschiedene Konstellationen von Preis- und Rentenunterschieden bei ein und demselben Naturprodukt zu grenzüberschreitenden Handels- und Kapitalverflechtungen führen:

Fall 1: Gleiches Preisniveau bei unterschiedlicher Rentenhöhe,
Fall 2: Unterschiedliches Preisniveau bei gleicher Rentenhöhe,
Fall 3: Unterschiedliches Preisniveau und unterschiedliche Rentenhöhe.

Im *Fall 1* kommt es zwar nicht unmittelbar zum Außenhandel, sehr wohl könnte das Rentengefälle jedoch unter der Annahme des freien Kapitalverkehrs zu einer Produktionsverlagerung von der Region niedriger in die Region höherer natürlicher Produktivität führen. Funktioniert in der letzteren Region die Eigentums- und Kapitalfunktion der Ressourcen, liegt also hier ein *komplexes Marktsystem* vor, so wird dann der Anreiz zur Produktionsverlagerung, nämlich die Aneignung der Rentendifferenz, entfallen und die Verlagerung nicht stattfinden. Im *Fall 2* kommt es zum Außenhandel, jedoch nicht zum Kapitalverkehr. *Fall 3* löst offensichtlich die stärksten Impulse zu grenzüberschreitenden Handels- und Kapitalverflechtungen aus, vor allem wenn in einem Land das Preisniveau einer Naturressource sehr hoch und die Rente zu niedrig und in einem anderen Land das Preisniveau sehr niedrig und dennoch die Rente sehr hoch ist (Abb. 1.15). In diesem Fall und selbst unter der Annahme der voll funktionierenden Eigentumsfunktion der Ressource finden zwei grenzüberschreitende ökonomische Bewegungen statt: Zum einen Warenbewegung von B nach A angesichts der Preisdifferenz und zum anderen Produktionsverlagerung in umgekehrter

Richtung angesichts des dennoch bestehenden Spielraums, höhere Gewinne erzielen zu können.[20]

Abb. 1.15: Weltmarkt und Rente

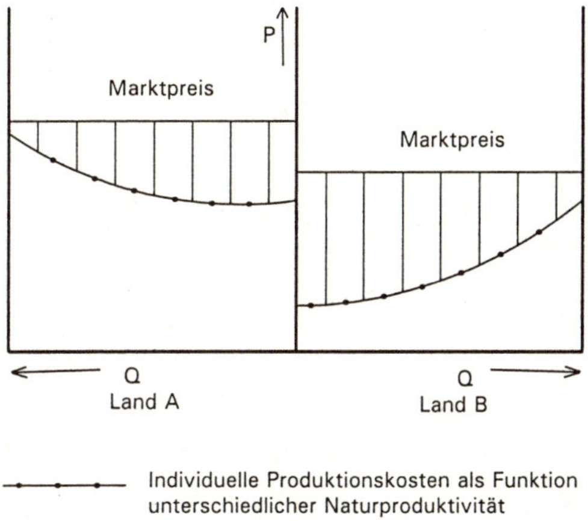

Ein solcher, für die Entfaltung des Weltmarktes extrem günstiger Fall kann im Agrarsektor, bei mineralischen Rohstoffen und natürlich auch im Energiesektor eintreten. Auf dem Weltenergiesektor stellt dieser Fall sogar die Regel dar, da hier Kohleregionen von Europa und Nordamerika mit hohem Preisniveau und niedrigen Renten den Ölregionen des Mittleren Ostens mit niedrigem Preisniveau und sehr hohen Renten gegenüberstehen.

20 Wie oben erwähnt führte Marx die Entdeckung der Differentialrente auf den britischen Agronomen des 18. Jahrhunderts Anderson (1777) zurück (siehe dazu unter 2.1). Es muß hinzugefügt werden, daß Anderson auch der Entdecker der Wechselbeziehung zwischen Rente, Preisniveau und Handel ist. Bei der Analyse der britischen Korngesetze, in der er Exportprämien auf Kornausfuhr und Kornzölle gegen Korneinfuhr verteidigt, beschreibt er allerdings auch hier nur beiläufig die erwähnten Interdependenzen, die zum Handel und zum Weltmarkt führen (Marx 1972, MEW Bd. 26/2: 107f.).

3.3 Dual-System-Theorem

Welche Konsequenzen hat nun die Entstehung des Weltmarktes auf die Preisbildung bei erschöpfbaren Ressourcen? Muß die räumliche Ausweitung der Märkte und die Nutzung von nicht reproduzierbaren Ressourcen in neuen und bisher unangetasteten Regionen nicht zwangsläufig zur Schwächung der Eigentums- und Kapitalfunktion erschöpfbarer Ressourcen führen? Kann im Weltmarkt das *komplexe Marktsystem* mit den drei Produktionsfaktoren *Arbeit, Kapital und Natur,* wie es in Kapitel 2 dargestellt worden ist, überhaupt noch Bestand haben oder impliziert der Weltmarktbegriff die Öffnung zu unerschöpflichen Ressourcen? Muß also Ricardos Annahme der steigenden Preise als Folge steigender *marginal costs* bei erschöpfbaren Ressourcen angesichts des Weltmarktes nicht verworfen werden und liegen schließlich sinkende Ressourcenpreise nicht in der Logik des Weltmarktes begründet?

Entsteht der Weltmarkt, wie oben dargestellt, durch wachsende – grenzüberschreitende – Handels- und Kapitalverflechtung, oder entsteht er dadurch, daß in anderen, bisher unberührten Regionen und Kontinenten gänzlich neue Ressourcenquellen mit höherer natürlicher Produktivität entdeckt werden, so sind Veränderungen der Kosten- und Preisstruktur der erschöpfbaren Ressourcen durchaus denkbar. Nehmen wir nun den Fall, daß die Entstehung des Weltmarktes mit der Entdeckung und Erschließung von neuen Ressourcen (Ackerland, Erzlagerstätten, Kohleflöze, Ölquellen etc.) von deutlich höherer natürlicher Produktivität einhergeht, so führt dies zunächst zur Senkung von Grenzkosten, da fortan Grenzbetriebe mit niedrigeren betriebswirtschaftlichen Kosten das Preisniveau nach unten verschieben. Betrachten wir die Preisveränderung als Funktion der Zeit, wobei die Zeitachse die räumliche Ausdehnung signalisiert, die zum Zeitpunkt t_w stattfindet (Abb. 1.16), so dürfte die unterstellte Verschiebung des Produktivitäts- und Grenzkostengefälles eine Verschiebung der Preis- bzw. Angebotskurve S' entlang der Nachfragekurve D_3 hervorrufen, die zwar nach unten versetzt ist, jedoch bei veränderten Nachfragefunktionen ihren steigenden Verlauf entsprechend der Preisbewegung im *komplexen Marktsystem* fortsetzt.

Abb. 1.16: Weltmarktbedingte Verschiebung des komplexen Marktsystems

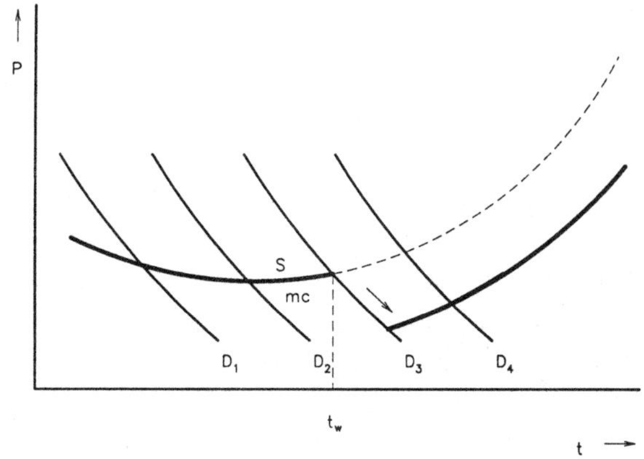

Die Erschließung von neuen Rohstoffquellen mit höherer natürlicher Produktivität führt also demnach zu einer zeitlichen Verschiebung des *komplexen Marktsystems*, muß jedoch nicht zwangsläufig dessen Zusammenbruch hervorrufen. Auch führt der Weltmarkt zur Verschärfung der Konkurrenz unter den Eigentümern und zu einer Schwächung der Eigentumsfunktion, die allerdings eine vorübergehende Erscheinung bleibt, solange Eigentümer von erschöpfbaren Ressourcen auch in den neu in den Weltmarkt integrierten Regionen über die Möglichkeit verfügen, ihre Entscheidungen marktökonomisch, d.h. zum Zweck der eigenen Nutzenmaximierung zu treffen. Gelingt es jedoch einer Nation, die Nutzung erschöpfbarer Ressourcen anderer Regionen der Welt in den Dienst der eigenen Rohstoffversorgung zu stellen und mittels politischer Intervention die Eigentümer der neu erschlossenen Ressourcen an marktökonomischer Partizipation zu hindern, so kann das *komplexe Marktsystem* außer Kraft gesetzt werden und es können auf diese Weise strukturelle Rahmenbedingungen geschaffen werden, die geeignet sind, steigende Rohstoffpreise in ihr Gegenteil umzukehren. Ein solcher Prozeß soll zunächst im folgenden Szenario dargestellt werden:

Die Rohstoffagenturen der bereits industrialisierten Regionen entdecken in anderen Teilen der Welt Ressourcen mit höherer natürlicher Produktivität. Die Eigentümer dieser Ressourcen sind Stammeshäuptlinge, Prinzen und Könige und repräsentieren Rechts- und Machtsysteme, die auf Natural- bzw. Tributwirtschaft beruhen. Solche Rechtssubjekte besitzen keinerlei Informationen über die Finanz- und Kapitalmärkte der industrialisierten Regionen und schließen entsprechend den eigenen Normen der Verpachtung von Grund und Boden mit den Rohstoffagenturen der Industrieländer *langfristige Extraktionsverträge* ab. Gegenstand der Verträge sind nicht die Ressourcenmenge, sondern die Territorialgebiete. Die vereinbarten und meist für Jahrzehnte festgelegten Tantiemen an die Eigentümer beziehen sich nicht auf die ausgebeutete Menge, sondern auf die Größe der Extraktionsfläche.

Die Eigentümer treten damit de facto die Souveränität über ihre Ressourcen an die Firmen ab, können kurzfristig auf die Marktentwicklung nicht mehr reagieren und die Extraktionsbedingungen neu aushandeln, verfügen also für lange Zeiträume über keine ökonomische Verhandlungsmacht mehr. Die Nutzenmaximierungsalternative, die Ressource heute zu verkaufen oder aber im Boden zu lassen, existiert für diese Eigentümer nicht mehr. Sie können ihre Einnahmen nur noch dadurch steigern, daß sie weitere Flächen zur Extraktion an die Abbaufirmen zur Verfügung stellen.

Ressourceneigentümern mit einer derart ökonomisch schwachen Position stehen Extraktionsfirmen mit einer ungleich stärkeren ökonomischen, wohl auch politischen Machtposition gegenüber, die ihren Nutzen durch die Auswahl von mehreren Alternativen maximieren können. *Sie können unter den oben unterstellten Vertragsbedingungen die Produktionsmenge und die Extraktionsrate beliebig erhöhen, ohne höhere Tantiemen an die Eigentümer zahlen zu müssen.* Sie können sich aber auch dafür entscheiden, die Ressource im Boden zu lassen. Bei einem solchen Szenario besteht bei den Abbaufirmen dazu jedoch kein Anlaß, vielmehr besteht die Tendenz, die Ressourcen der entlegenen Regionen angesichts langfristiger Unsicherheiten in möglichst kurzer Zeit auszubeuten und diese in Geld zu verwandeln, das auf den Finanzmärkten der industrialisierten Regionen angelegt wird, zumal wegen starker Konkurrenz unter den Firmen steigende Ressourcenpreise nicht erwartet werden. Im Falle der schnellen Erschöpfung einer Ressource werden neue Ressouren entdeckt, und das Szenario beginnt von neuem.

Unter solchen Bedingungen stellen sich erschöpfbare Ressourcen im ökonomischen Kreislauf nicht als Kapital dar. Die Natur und die erschöpfbaren Ressourcen erscheinen so nicht als ökonomische Kategorie, als Kostenfaktor, sondern als bloßer Naturstoff, dessen sich die Abbaufirmen bedienen und die sie mit sehr hohen Extraktionsraten ausbeuten können. Die Extraktionsraten werden nicht von der Marktzinsrate beeinflußt, es gibt keine Interdependenz zwischen den Finanzmärkten und den Ressourcenmärkten. Die Extraktionsrate ist nicht eine durch den Markt vermittelte gesellschaftliche, sondern ausschließlich eine qua Macht der Rohstoffagentur im Dienste einer möglichst schnellen Erschöpfung gesetzte Extraktionsrate, die Ressourcenausbeutung wird von den Finanzmärkten und damit von allen übrigen ökonomischen Kreisläufen abgekoppelt und die Schnittstellen zwischen der Ökonomie und der Natur auf ein Mindestmaß reduziert. Die hohen privaten Extraktionsraten beseitigen nicht nur die Angebotslücke, sondern sie führen zu einem dauerhaften Angebotsüberschuß und rufen den Anschein hervor, als wären die Ressourcen unerschöpflich. Die Erschöpfbarkeit kann sich so nicht mehr in steigenden (*Knappheits-*)*Renten* und Ressourcenpreisen niederschlagen. Bei einem solchen Szenario verschwinden letztlich also die gesellschaftlichen Kostenkomponenten, die *Ressourcenkapitalkosten*, die *Renten* bzw. die *Generationenvertragskosten*.

Das oben beschriebene Szenario entspricht exakt dem Verhältnis Europas gegenüber dem Rest der Welt im letzten Jahrhundert, und es entspricht dem Wesen nach den heute zwischen dem Norden und dem Süden bestehenden Wechselbeziehungen.

Das Europa des 19. Jahrhunderts überwand die Erschöpfung landwirtschaftlichen Grund und Bodens und das Problem steigender Agrarpreise durch den massiven Import von Agrarprodukten aus Übersee (horizontale Ausdehnung landwirtschaftlicher Anbauflächen in globalem Umfang). Dann wurden durch den Einsatz von Technik und Chemie (vertikale Ausdehnung bzw. Intensitätssteigerung der Landwirtschaft) die Erschöpfungstendenzen, die bis heute andauern, ein weiteres Mal aufgehoben. Der landwirtschaftliche Boden scheint als Produktionsfaktor keine Rolle mehr zu spielen. Als solcher verschwand er auch aus den wirtschaftswissenschaftlichen Lehrbüchern. Die Weltmärkte leiden heute unter der Überproduktion von Agrarprodukten, die Agrarpreise sinken und es scheint so, als wären auch landwirtschaftliche Grund und Böden unerschöpflich (zum Sonderfall Landwirtschaft siehe unter 2.4).

Der Norden sieht sich seit Anfang dieses Jahrhunderts während der kolonialen und postkolonialen Ära einem Süden gegenüber, der zwar ebensogut wie dieser mit erschöpfbaren Ressourcen ausgestattet ist, in dem allerdings alle technologischen und gesellschaftlichen Voraussetzungen zur Nutzung dieser Ressourcen weitestgehend fehlen. Im Süden dominiert nicht die Marktökonomie, sondern (teilweise immer noch) die traditionelle Ökonomie. Die Marktbeziehungen sind im wesentlichen auf die Stadt beschränkt, so daß hier städtischer Grund und Boden bereits die Form einer Kapitalanlage angenommen hat. Auch die Preisbildung in diesem Bereich erfolgt nach den Regeln des *komplexen Marktsystems*. Anders sind die Verhältnisse bei mineralischen und fossilen Ressourcen. Diese werden weder für den eigenen Bedarf nennenswert genutzt, noch stellen sie im Sinne des *komplexen Marktsystems* eine Kapitalanlage dar, noch haben sich bei den privaten bzw. gemeinschaftlichen Eigentümern der Ressourcen marktökonomische Rationalitätsprinzipien und Nutzenoptimierungskriterien hinreichend entwickelt, die zur Wahrnehmung eigener Interessen im Tauschprozeß mit dem Norden dienen. Zu der Ungleichzeitigkeit im Entwicklungs- und Konsumniveau zwischen Nord und Süd kommt noch die Ungleichmäßigkeit der Ausstattung mit politischer und militärischer Macht hinzu. In einem globalen System, das aus einem dualistischen Nebeneinander von einerseits dem von traditionellen und stagnierenden Ökonomien beherrschten, politisch und militärisch ungleich schwächeren Süden und andererseits dem hochentwickelten Norden besteht, gelingt es dem stärkeren Pol dieses dualen Systems, den schwächeren Pol tatsächlich in den Dienst der eigenen Versorgung mit den erschöpfbaren Ressourcen zu stellen.

In diesem Dual-System verschmelzen zwei ökonomisch ganz verschiedene Produktionsweisen, zwei qualitativ unterschiedliche Rechtssysteme in einem Dominanz-Unterordnungs-Verhältnis zu einer Einheit, in der politische Strukturen, soziale Träger und ökonomische Hebel und Mechanismen für einen Jahrzehnte anhaltenden Transfer von Res-

sourcen und Reichtümern gigantischen Ausmaßes von Süden nach Norden etabliert und verankert werden. Das bürgerlich-kapitalistische und auf Gleichheit der am Tauschprozeß beteiligten Rechtssubjekte beruhende Rechtssystem des Nordens durchdringt dynamisch expansionistisch das starre und auf Naturalwirtschaft bzw. Tributsystem beruhende Rechtssystem des Südens und verändert die traditionelle Ordnung des letzteren, ohne gleichzeitig die eigene bürgerlich-kapitalistische Ordnung an deren Stelle zu etablieren. Vielmehr verlassen die Rohstoffagenturen des Nordens als soziale Träger des Verschmelzungsprozesses zweier Systeme die Logik des *komplexen Marktsystems* und entscheiden sich – den dem Kapital innewohnenden Kurzfristigkeits- sowie Kurzsichtigkeitstendenzen folgend – für die Logik der Macht des Stärkeren, indem sie mit den Ressourceneigentümern der Rechtssysteme des Südens Verträge abschließen, die zum Zweck der Übervorteilung und Diskriminierung sowie der Prellerei des Partners konstruiert sind. Es vergehen Jahrzehnte, bis das Ausmaß dieses historisch einmaligen Betruges in das Bewußtsein der geprellten Rechtssubjekte eindringt. *Das so skizzierte Dual-System kreiert nicht nur historisch folgenreiche ökonomische, soziale und politische Instabilitäten zwischen Nord und Süd, sondern – wie noch zu zeigen sein wird – auch für künftige Generationen bedeutsame Instabilitäten zwischen allen menschlichen Gesellschaften und der Natur.* Das *Dual-System* verstärkt die im 1. Kapitel analysierte Entkoppelung des ökonomischen Systems von dem natürlichen System.

Für die oben dargestellte Analyse des *Dual-Systems* hat die Neoklassik freilich eine andere, ihr eigentümliche Interpretation, die aus der Feder eines der exponierten Vertreter dieser Schule authentisch wiedergegeben werden soll:

> »Als die Nutzungsrechte an den Reserven faktisch den ressourcenabbauenden Unternehmen, nicht aber den Ressourcenländer zustanden, war kein besonderer Grund gegeben, die Opportunitätskosten des Ressourcenabbaus – die user costs – für das Abbaukalkül zu berücksichtigen. Das Ressourcenland hatte infolge fehlender Nutzungsrechte ohnehin nicht die Möglichkeit, die Abbaumengen zu beeinflussen, konnte also keine Nutzungskosten geltend machen. Die internationalen Abbauunternehmen waren auch zur Zeit sicherer Abbaurechte eher kurzfristig orientiert, ihnen fehlte insbesondere in den Zeiten drohender Verstaatlichung eine

> langfristige Orientierung, die Voraussetzung für eine angemessene Berücksichtigung von Nutzungskosten ist, d.h. sie legten ihren Abbauentscheidungen eine hohe Diskontrate zugrunde« (Siebert 1987: 79).

Es ist durchaus kein Zufall, daß Siebert bei einer Diskussion des *Hotelling-Paradigmas* und dessen Praxisrelevanz zu einer derart erhellenden Feststellung gelangt. Man lese und staune allerdings, wie es möglich ist, von den Konsequenzen ungleicher Machtverhältnisse auf dem Weltmarkt für die Preisbildung von Ressourcen zu abstrahieren, außerökonomische Vorgänge mit epochaler Bedeutung auf scheinbar selbstverständliche »Fakten« zu reduzieren, um das Resultat als rein marktökonomisch gesteuertes zu interpretieren.

> »Infolge fehlender Nutzungsrechte ... (hatte) das Ressourcenland ohnehin nicht die Möglichkeit, die Abbaumengen zu beeinflussen, konnte also keine Nutzungskosten geltend machen«. So einfach ist das.

3.4 Dual-System-Effekt

Das globale *Dual-System* drückt sich ökonomisch darin aus, daß die Nutzenmaximierungsalternativen im südlichen Pol des Systems durch politische Intervention erheblich eingeschränkt sind. Beispielsweise im Bereich der Ressourcenausbeutung dadurch, daß die Staaten des Südens ihre Souveränität hinsichtlich der Ressourcennutzung durch langfristige und auf die Nutzungsfläche (statt Ressourcenmenge) fixierte Nutzungsverträge an die Firmen des Nordens übertrugen, die diese dazu befähigten, nun »legal« die Ressourcen in beliebiger Menge auszubeuten. Diesen Staaten blieb somit zur Steigerung ihrer Einnahmen nur die Alternative, weitere Territorien zur Ressourcennutzung feilzubieten. Eine solche, nur in eine Richtung zielende Alternative der Einnahmensteigerung durch Angebotsvermehrung stellt die Marktökonomie auf den Kopf, da hier die fundamentale Voraussetzung des Systems, daß Anbieter auch durch Produktionseinschränkung ihren Nutzen maximieren dürfen, unmöglich gemacht wird und damit die betroffenen Marktteilnehmer einerseits der Fähigkeit zur Umstrukturierung beraubt und ihnen andererseits der dauerhafte Zwang zur Überproduktion auferlegt wird.

Dieser das Wertgesetz verletzende, die Freiheit von Marktteilnehmern einschränkende Sachverhalt ist ein in den Nord-Süd-Beziehungen verankerter »Sachzwang« der Einnahmensteigerung durch Überproduktion, der in der Neoklassik verharmlosend als *inneres Verhalten* bezeichnet wird und in der ökonomischen Praxis sich zur *Überlebensstrategie* von marginalisierten Schichten und in finanzielle Not geratenen Staaten des Südens entwickelt hat. Die höchst unterschiedlichen Erscheinungsformen dieser *Überlebensstrategie der Einnahmensteigerung durch Überproduktion*, die in den wachsenden Slums der Metropolen der Entwicklungsländer ebenso negative Auswirkungen hervorrufen, wie bei allen monostrukturierten rohstoffexportierenden Staaten (näheres dazu vgl. unter 2.5 und die Fallbeispiele Öl und Kaffee in Teil II und III), werden in den folgenden Ausführungen begrifflich als *Dual-System-Effekt* definiert.
Geht nun der Weltmarkt für erschöpfbare Ressourcen mit der Herausbildung des *globalen Dual-Systems* einher, so entfallen bei der Ressourcenausbeutung teilweise oder ganz die *Ressourcenkapitalkosten* mit der Folge, daß sich auch das gesamte Preisgefüge verändert. Die Rohstoffpreise verlaufen nicht, wie in Abb. 1.17 dargestellt, entlang der Angebotskurve S'', sondern verschieben sich angesichts des *Dual-System-Effekts* zum Zeitpunkt t_w (Übergang zum *Dual-System*) entlang der Nachfragekurve D_3 auf die in der Vereinfachung als vollkommen elastische Angebots- und vollkommen unelastische Preiskurve S'''.

Jede beliebige Nachfrage kann so ohne Preissteigerung befriedigt werden. Das Preisniveau P''' orientiert sich auf relativ niedrige *marginal costs*, da Grenzressourcen mit hohen Extraktionskosten in beiden Teilen des *Dual-Systems* herausfallen. Der unelastische Ressourcenpreis im *Dual-System* enthält die ökonomisch bedeutsame Kostenkomponente, nämlich die *Ressourcenkapitalkosten* bzw. die *Rente*, entweder überhaupt nicht, oder er enthält nur einen Bruchteil dieser Kosten. So gesehen sind Ressourcenpreise unterbewertet. Genauer gesagt handelt es sich deshalb dabei ohne Zweifel um strukturelle *Dumpingpreise*.

Abb. 1.17: Preisbildung erschöpfbarer Ressourcen im Dual-System

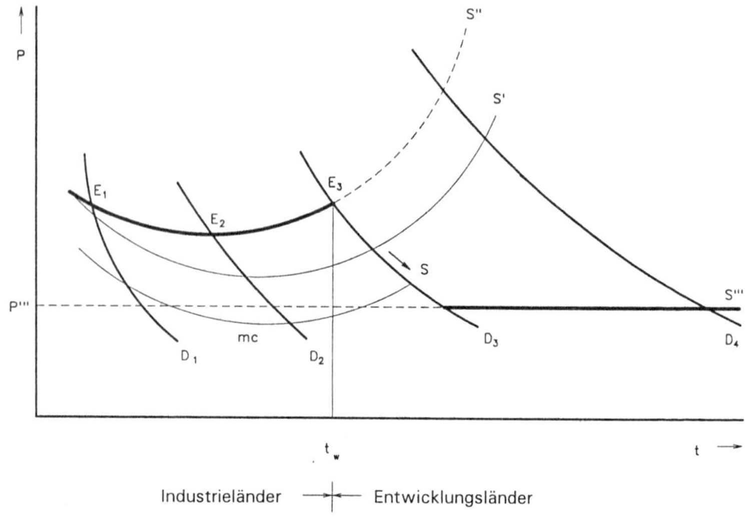

3.5 Dumpingpreis-Theorem

Produkte zu Dumpingpreisen zu verkaufen, bedeutet, daß sie unter den branchenüblichen Marktpreisen verkauft werden, daß also der Preis unter Verletzung von Marktgesetzen gebildet wird. Der *Dumpingpreis* eines Produktes enthält also nicht die vollständigen Produktionskosten bei reproduzierbaren Gütern, beispielsweise nicht die vollen Lohn- bzw. Kapitalkosten. Nicht reproduzierbare Güter können zu *Dumpingpreisen* angeboten werden, weil die *Ressourcenkapitalkosten* als Kostenfaktor teilweise oder ganz wegfallen. Dadurch geht also ein realer Kostenbestandteil in den Preis nicht ein und die bei erschöpfbaren Ressourcen im *komplexen Marktsystem* unerläßliche Bedingung wird nicht erfüllt (vgl. Gleichung 3 unter 2.2). Der *Dumpingpreis* einer erschöpfbaren Ressource P_d im *Dual-System* ist demnach also kleiner als der Marktpreis derselben im *komplexen Marktsystem* (Gleichung 11)

$$P_d < P_R = MC + R \tag{11}$$

Gelingt es, die Rente bzw. *Ressourcenkapitalkosten* R künstlich auf einen Bruchteil davon oder gar auf Null zu reduzieren, so wie dies im *Dual-System* möglich ist, so handelt es sich bei dem aktuellen Marktpreis um den *Dumpingpreis.*

In den herrschenden Preis- und Entscheidungstheorien werden *Dumpingpreise* nur als ein kurzfristiges Phänomen betrachtet. Der *strukturelle Dumpingpreis* widerspricht der marktökonomischen Lenkungsfunktion des Preises, weshalb er in der ökonomischen Praxis für ausgeschlossen gehalten und in der Theorie auch folgerichtig nicht reflektiert wird. Tatsächlich wirtschaften auch Unternehmen, die ihre Produktion auf Dauer zu *Dumpingpreisen* absetzen, von der Substanz und werden in der Regel in relativ kurzer Zeit unausweichlich ihren Konkurs anmelden. Anders als bei dem von den Menschen selbst geschaffenen Kapitalvermögen machen sich *Dumpingpreise* von erschöpfbaren Produkten auf das Naturvermögen, auf den Ressourcenbestand ökonomisch in der Regel nur langfristig bemerkbar, weshalb vermutlich auch die herrschenden Preistheorien dieses Phänomen von langandauernden und deshalb *strukturellen Dumpingpreisen* in der Theoriebildung so gut wie nicht reflektiert hat. Nichtsdestotrotz handelt es sich bei den Preisen von erschöpfbaren Ressourcen (und wohl auch bei erneuerbaren Rohstoffen, die hauptsächlich im Süden produziert werden; siehe dazu das Beispiel Kaffee in Teil III), um *strukturelle Dumpingpreise* mit genauso verheerenden Folgen, die langfristig für die gesamte Menschheit entstehen, wie sie kurzfristig bei einem Unternehmer zu Buche schlagen, der seine Produkte zu *Dumpingpreisen* verkauft.

Jahrzehntelang haben gegenwärtige Generationen – ungeachtet der Interessen künftiger Generationen – also von der Substanz der erschöpfbaren Ressourcen gelebt. In den Dumpingpreisen sind ökonomische Knappheitssignale ausgeschaltet. Sie resultieren aus einem System von Ungleichgewichten zwischen Nord und Süd, zwischen der Natur und der Ökonomie, zwischen stock und flow von Ressourcen und schließlich zwischen der Zukunft und der Gegenwart. Durch Ressourcen-Dumpingpreise subventioniert die Zukunft unsere Gegenwart.

Ökonomen, die die Jahrzehnte anhaltenden konstanten bzw. sinkenden Rohstoffpreise als Beweis dafür interpretieren, daß die Ressourcen nicht erschöpfbar sind, sitzen offensichtlich einer oberflächlichen Beobachtungsweise auf und haben die fundamentalen Ursachen sinkender Ressourcenpreise nicht begriffen (siehe beispielsweise Schmidt 1988). Überdies scheint ein außerökonomisch im *Dual-System* den kurzfristigen Verbraucherinteressen eines Fünftels der Weltbevölkerung im Norden gefügig gemachtes *Dumpingpreis-System* seine illusionäre Wirkung über den Überfluß an erschöpfbaren Ressourcen nicht verwirkt zu haben. So sieht die große Mehrheit der Neoklassiker auch langfristig kein gravierendes Erschöpfungsproblem von natürlichen Ressourcen. Einer der prominentesten Vertreter dieser Schule in den Vereinigten Staaten, Robert Solow, geht sogar so weit, zu behaupten, daß natürliche Ressourcen substituierbar sind und daß deshalb »die Welt tatsächlich ohne Rohstoffe auskommen kann und deren völliger Abbau somit lediglich ein Ereignis, jedoch keine Katastrophe ist« (Solow 1974: 11). Etwas vorsichtiger ist dagegen der bereits erwähnte deutsche Neoklassiker Horst Siebert, dessen Einschätzung des Erschöpfungsproblems im folgenden ausführlich wiedergegeben werden soll:

> »Ressourcen, die sich nicht erneuern, werden nicht nennenswert knapper. Aber Ressourcen, die sich erneuern, werden knapper. Es ist verblüffend, daß ausgerechnet bei Gütern der Natur, die erneuerbar sind, die also, wie die Fische, in der Natur nachwachsen, Verknappungen diskutiert werden, und zwar dann, wenn sie als Allmende mit freiem Zugang behandelt werden, also ohne eindeutig definierte Nutzungsrechte. Darunter verstehen wir rechtliche und gesellschaftliche Regelungen, die den Umgang mit knappen Gütern und Ressourcen festlegen. Ohne eindeutig definierte Nutzungsrechte werden die Opportunitätskosten zukünftiger Perioden oder Generationen nicht berücksichtigt; es wird ein zu geringer Bestand der Ressource gehalten. Statt in die Ressource investiert man in das Entnahmekapital, statt in den Fischbestand in die Fangflotte, statt in die 'sequoia gegantesca' in Axt und Säge« (Siebert 1990: 5f.).

Vor dem Hintergrund der Realität des *Dual-Systems* und der *Dumpingpreise* müssen auch nicht erneuerbare und vom Standpunkt der Generationen der fernen Zukunft in Wahrheit knappe Güter tatsächlich als nicht »nennenswert knapp« *erscheinen*. *Überfluß beherrscht trotz Knappheit offensichtlich das Denken in der Gegenwart.* Die fehlende Distanz zur ökonomischen Realität, das fehlende

Geschichtsbewußtsein und die Fixierung auf subjektiv definierbare Kategorien in der Neoklassik – so z.B. die Interpretation der Rente als »Nutzenentgang künftiger Generationen« – erklärt die »verblüffende« Erkenntnis, daß nicht erneuerbare Güter eigentlich nicht erschöpfbar sind und dagegen ausgerechnet die erneuerbaren zu knappen Gütern geworden sind.

Das Kernproblem ist bei Siebert, daß er die Kategorie der *Nutzungsrechte* mehr oder weniger juristisch definiert und mit inhaltslosen Zusätzen, wie »eindeutige« oder »nicht eindeutige« *Nutzungsrechte* die wahre ökonomische Substanz von *Nutzungsrechten* unberücksichtigt läßt. Hätte er diese Kategorie als historisch und gesellschaftlich bedingte Eigentums- und Kapitalfunktion der Ressourcen begriffen, so hätte des Rätsels Lösung auf der Hand gelegen und er wäre durch scheinbare Paradoxien nicht »verblüfft« worden.

Daß die Weltmeere bereits leergefischt sind, hat damit zu tun, daß sie bisher im ökonomischen Sinne weder als kollektives Kapital und Eigentum der Menschheit, noch als aliquote Anteile dieses Kapitals in der Gestalt des Eigentums von Nationalstaaten betrachtet und genutzt worden sind, so daß die Fischereifirmen ganz und gar ihren durch Marktökonomie legitimierten und von der Neoklassik heiliggesprochenen Nutzenmaximierungsoptionen folgend »in das Entnahmekapital statt in die Ressource, in die Fangflotte statt in den Fischbestand, in Axt und Säge statt in 'sequoia gegantesca' investierten« (Siebert, ebda.), genauer: investieren mußten. Und daß die erschöpfbaren Ressourcen, wie Öl, Kohle, Erdgas und Erze als im Überfluß vorhanden erscheinen, hat wiederum damit zu tun, daß gerade angesichts der schwachen Eigentums- und Kapitalfunktion der Ressourcen im südlichen Pol des *globalen Dual-Systems* – oder wegen »nicht eindeutig definierter Nutzungsrechte«, wie Siebert sagen würde – die Rohstoffkonzerne des Nordens, auch hier ihrer eigenen Nutzenmaximierungsoption folgend, allzu eifrig und über Jahrzehnte »in das Entnahmekapital« und nicht in den Ressourcenbestand investiert haben. Die Tatsache, daß erschöpfbare Ressourcen *gegenwärtig* im Überfluß verfügbar sind, widerspricht daher durchaus nicht der Erschöpfungstendenz dieser Ressourcen. Vielmehr dürfte es eine Frage der Zeit sein, daß auch hier sich die Erschöpfungstendenzen genauso, möglicherweise schockartig und zeitversetzt, bemerkbar machen, wie die Knappheit des Fischbestandes nach Jahrzehnten zügelloser Ausbeutung der Weltmeere, allerdings mit dem nicht unwichtigen Unterschied zur Ressource Meeresfische, daß die erschöpfbaren Ressourcen nicht nachwachsen können und für alle Zeiten verbraucht sind.

Die *Dumpingpreise* für erschöpfbare Ressourcen im *Dual-System* beeinträchtigen in der Regel auch die Kapital- und Eigentumsfunktion der Ressourcen in den industrialisierten und kapitalistischen Regionen. Auch dort tendiert die *Rente* gegen Null oder verschwindet gänzlich und verursacht eine Steigerung der Extraktionsraten.

Das *Dual-System*, das Nebeneinander der kapitalistischen und der vorkapitalistischen Räume, prägt in der Tat die Art und Weise der Ausbeutung von und der Versorgung der Welt mit den natürlichen Ressourcen in den letzten 150 Jahren. Zunächst haben Europäer in Amerika den scheinbar nicht erschöpfbaren Grund und Boden in Beschlag genommen, um Europa mit billigen Agrarprodukten zu überschütten. Seit Anfang dieses Jahrhunderts wurde auf Initiative von Europäern und Amerikanern mit der Ausbeutung von ebenfalls scheinbar unerschöpflichen Rohstoffen in den vorkapitalistischen Kontinenten begonnen, um die Hauptverbrauchermärkte auf Kosten der Gegenwart dieser Kontinente und der Zukunft der Menschheit mit *Dumpingpreis-Rohstoffen* zu übersättigen. In unserer Gegenwart besteht die Tendenz, mit der Ausbeutung von Ressourcen in den noch eigentumslosen Räumen zu beginnen, die bisher weitestgehend unberührt geblieben sind: die Ozeane (Massarrat 1980). Trotz wichtiger Veränderungen in den Beziehungen zwischen den Industrie- und Entwicklungsländern ist das auf Ungleichheit der Markt- und Machtverhältnisse beruhende *duale System* weiterhin in Kraft und prägt die Nord-Süd-Beziehungen nicht nur ökonomisch, sondern auch politisch. Die Entwicklungsländer haben zwar formelle Souveränität auch über ihre natürlichen Ressourcen erlangt, ohne jedoch ihre reale Souveränität durch volle Entfaltung von Eigentums- und Kapitalfunktionen ihrer natürlichen Ressourcen durchsetzen zu können. Zwischen der formellen Souveränität über die Ressource und der faktischen Eigentums- und Kapitalfunktion der Ressource gibt es einen großen Unterschied. Möglicherweise meint Siebert mit »nicht eindeutig definierten Nutzungsrechten« verschlüsselt genau die faktische Souveränitätsschwäche der Entwicklungsländer.

Die vorübergehenden Preissteigerungen für Öl und andere Rohstoffe in den siebziger Jahren müssen als Versuche der Entwicklungsländer interpretiert werden, durch eigene Initiativen und Gründung von Organisationen wie die OPEC die außer Kraft gesetzten Marktgesetze für erschöpfbare Ressourcen wiederherzustellen, die in *Dumpingpreisen* eliminierten *Renten* durchzusetzen und das *Dual-System* zu überwinden. Dieser Versuch ist vorerst gescheitert, weil offenbar immer noch genügend ökonomische und politische Mechanismen dafür sorgen, daß das *Dual-System* fortbesteht (näheres dazu vgl. Fallstudie Öl in Teil III).

3.6 Dumpingpreis-Theorem und fordistisches Industrie- und Konsummodell

Folgt man der obigen Analyse der Preisentwicklung für erschöpfbare Ressourcen, so wäre die Hypothese naheliegend, daß bei gleichem Entwicklungsniveau der Marktverhältnisse in allen Weltregionen die Ressourcenpreise in Abb. 1.17 nicht den Verlauf von S''', sondern den Verlauf von S' bzw. S'' eingenommen hätten. Eine ähnliche Entwicklung wäre zu erwarten gewesen, wenn sich erschöpfbare Ressourcen hauptsächlich in der nördlichen Hemisphäre konzentriert hätten. Beispielsweise wären die Ölpreise nicht gesunken, sondern gestiegen, wenn die Ölressourcen des Mittleren Ostens in Europa bzw. in den Vereinigten Staaten entdeckt worden wären.

Ein solch hypothetischer Fall hätte zu einem sparsamen Umgang mit erschöpfbaren Ressourcen und geringerem Energieverbrauch geführt, und er hätte mit großer Wahrscheinlichkeit auch ganz andere und den ökologischen Erfordernissen angepaßtere Produktion- und Verbrauchsstrukturen in allen gesellschaftlichen Bereichen hervorgerufen.

Vor diesem Hintergrund spricht vieles dafür, daß das *Dual-System und die globalen Dumpingpreise* für natürliche Ressourcen einen entscheidenden Anstoß zur Entstehung und Entfaltung des fordistischen Industrie- und Konsummodells erteilt haben. Mit *Fordismus* wird zutreffend das gegenwärtig in den OECD-Staaten vorherrschende Industrie- und Konsummodell bezeichnet, dessen Prototyp sich historisch in den Vereinigten Staaten durchgesetzt hat. *Fordismus* ist eine bestimmte Stufe kapitalistischer Industrialisierung, bei der der Erwerb von industriell hergestellten Konsumgütern, wie Autos, Kühlschränke, Elektroherde etc., nicht mehr das Privileg einer relativ kleinen sozialen Schicht ist, sondern bei der diese Waren als Massengüter hergestellt und der Masse der Bevölkerung zugänglich gemacht werden (Hurtienne 1986). Die technologisch organisatorischen Voraussetzungen des Modells auf der Anbieterseite sind (a) Fließbandarbeit und (b) Standardisierung der Produktion, um die Stückkosten und die Marktpreise der ehemaligen »Luxusgüter« drastisch zu senken und den Massenverkauf zu ermöglichen. »Auf der Nachfrageseite müssen dann aber Bedingungen gewährleistet sein, die die Einkommen (vor allem die Löhne und Gehälter) in Massennachfrage transformieren: Nicht nur werden (a) soziale Formen der Gewährleistung von Einkommenssteigerungen historisch notwendig, sondern auch (b) Mechanismen der Überführung der Einkommen in konsumtive Nachfrage (z.B. mittels Werbung) und (c) die Verwandlung von bislang im Haushalt vollzogenen Diensten und kleinen (Subsistenz-)Produktionen in Warenform« (Altvater 1992a: 402).

Zu den genannten Bedingungen für das Gedeihen des fordistischen Modells müssen noch weitere hinzugefügt werden, nämlich (a) der Ausbau eines umfassenden Straßen- und Autobahnnetzes, das den Gebrauch des wichtigsten fordistischen Massenprodukts Auto erleichtert und fördert, und (b) ausreichendes Energieangebot zu einem möglichst niedrigen Preis, der dafür sorgt, die laufenden Nutzungskosten der Massenkonsumgüter erschwinglich zu machen[21].

Die Strukturen des fordistischen Modells wurden in den Vereinigten Staaten bereits Anfang dieses Jahrhunderts geschaffen. Die Erfolge des Modells werden bereits in den zwanziger Jahren von den

21 »Die Energieträger Holz und Kohle, bestimmend für die erste Phase der Industrialisierung, werden seit dem Ende des vorigen Jahrhunderts durch Öl ersetzt. Erdöl und Erdgas ermöglichen ganz neue und effizientere, flexiblere und mobilere Energiewandlungssysteme, in aller erster Linie den Benzin- und Dieselmotor. Das ist die Antriebskraft der Produktionsprozesse und Produkte der fordistischen Produktions- und Regulationsweise« (Altvater 1992: 85).

europäischen Konkurrenten mit Neid und zugleich auch mit Sorge registriert. In dem 1926 veröffentlichten Bericht der britischen *Mackenzie-Studienkommission* werden folgende Ursachen für die industrielle Überlegenheit der Vereinigten Staaten hervorgehoben.

> »Der Reichtum der Vereinigten Staaten an natürlichen Bodenschätzen und Rohmaterialien, das Fehlen von Handelsbeschränkungen im Inland und von Zollmauern, die Vollkommenheit und Vereinfachung der Fabrikationsverfahren, die Normung der verschiedenen Industrieerzeugnisse, die billigen Energiequellen, der günstige Einfluß der 'Trockenlegung' sowohl auf Produzenten als auch auf Konsumenten und das Zuammenarbeiten von Kapital und Arbeiterschaft« (Denny 1930: 7).

Westeuropäer und Japaner ahmen das fordistische Modell in modifizierter Form erst nach dem zweiten Weltkrieg, allerdings innerhalb eines wesentlich kürzeren Zeitraums, nach. Daß das fordistische Modell, dessen »kulturelle« Botschaft, der *American Way of Life*, nicht nur die Industriestaaten des Nordens, sondern auch die Mittelschichten mancher Staaten des Südens ergriff, nicht im »Mutterland« der industriellen Revolution in England, sondern in den Vereinigten Staaten verwirklicht wurde, war keineswegs zufällig. Dieses Land verfügte zum Beginn dieses Jahrhunderts über alle technologischen Errungenschaften der industriellen Revolution, eine hinreichende und kostengünstige agrarische Ernährungsgrundlage, eine sozial mobilisierte Bevölkerung in einer für die Optimierung von *economies of scales* notwendigen Quantität und vor allem umfangreiche mineralische und fossile Ressourcen mit vergleichbar hoher natürlicher Produktivität und geringen betriebswirtschaftlichen Kosten. In anderen Regionen mußten wichtige Voraussetzungen für die erfolgreiche Entfaltung des Modells erst hergestellt werden. In Westeuropa wurde die Europäische Gemeinschaft geschaffen, die EG und Japan gingen ferner dazu über, die Versorgung der Industrie mit mineralischen Rohstoffen und fossilen Energien auch dort, wo es physisch durchaus möglich war, nicht mehr von den eigenen Quellen mit vergleichsweise sehr niedriger natürlicher Produktivität und hohen Produktionskosten, sondern durch den Import aus erheblich kostengünstigeren Ressourcenbeständen der Entwicklungsstaaten des Südens sicherzustellen.

Es wird klar, daß das oben dargestellte *Dual-System* dem erfolgreichen Übergang zum fordistischen Industrie- und Konsummodell in den Vereinigten Staaten und noch stärker in Westeuropa und Japan einen bedeutenden, vermutlich sogar den entscheidendsten, Impuls gegeben hat. Bei einer näheren Betrachtung zeigt sich, daß das *Dual-System* für den Erfolg des fordistischen Modells auch in den Vereinigten Staaten selbst, trotz der äußerst günstigen Bedingungen der Rohstoffversorgung, nicht ohne Bedeutung war. Zum einen dadurch, daß Ressourcen aus dem südlichen Pol des *Dual-Systems zu Dumpingpreisen* auch trotz eines bis 1960 anhaltend hohen Selbstversorgungsgrades der Vereinigten Staaten einen erheblichen Druck auf das Kosten- und Preisniveau von in diesem Land produzierten und verbrauchten Rohstoffen erzeugt hat; zum anderen dadurch, daß die Vereinigten Staaten nach 1960 zunehmend dazu übergingen, die Rohstoffversorgung aus eigenen Rohstoffquellen zugunsten des Imports von mineralischen und fossilen Rohstoffen aus dem Süden mit wachsender Tendenz einzuschränken. So entwickelte sich ab 1970 das Land mit den nach wie vor bedeutendsten natürlichen Ressourcen, insbesondere mit den größten fossilen Reserven aus Öl, Kohle, Ölsanden und Ölschiefer, zu einem der mengenmäßig größten Importeure von Öl aus dem Süden (Mexiko und OPEC-Staaten). Ohne massenhafte Ölimporte zu *Dumpingpreisen* wäre es wahrscheinlich nicht möglich gewesen, das Herzstück des amerikanischen Fordismus, nämlich das größte und verschwenderischste Verkehrssystem der Welt aufrechtzuerhalten (vgl. auch Kap. 6).

In der EG und in Japan erfolgte die Umstellung der Energieversorgung aus den physisch durchaus umfangreichen eigenen Kohlevorkommen auf das Importöl des Mittleren Ostens zu *Dumpingpreisen* nach 1950, und zwar mit rasanter Geschwindigkeit. So konnte hier nicht nur das Energiepreisniveau auf ein Maß reduziert werden, das den Massenkonsum von Autos und langlebigen energieverbrauchenden Gütern ermöglichte. Japan und vor allem die EG-Staaten konnten dank Öldumpingpreisen auch über den Hebel von Mineralölsteuern beachtliche Finanzmittel einnehmen, die sie zur Schaffung bzw. zum Ausbau eines umfangreichen Straßen- und Autobahnnetzes für den Individualverkehr einsetzten.

So gesehen ist *das Dual- und Dumpingpreis-System* eine wichtige Voraussetzung für die Entstehung und die erfolgreiche Durchsetzung des fordistischen Industrie- und Konsummodells und nicht umgekehrt wie Altvater meint, daß der globale Fordismus die Voraussetzung für die »Spaltung zwischen Süden und Norden sei« (Altvater 1992a: 191). Das *Dual-System* ist insgesamt ein historisch bedeutendes Glied eines dynamischen und expansiven Prozesses der Durchdringung kapitalistischer Organisation von Beziehungen zwischen Menschen und Staaten, zwischen dem ökonomisch-sozialen System und dem natürlichen System. *Dieser Prozeß ist hinsichtlich der kausalen Abfolge von Entwicklungen und Strukturmerkmalen gekennzeichnet durch: (a) den entscheidenden Durchbruch zur industriellen Revolution, (b) die Schaffung des kapitalistischen Weltmarktes in Ergänzung zu dem bereits vorhandenen Handelsweltmarkt, (c) die Etablierung des Dual-Systems, (d) die Entfaltung des fordistischen Industrie- und Konsummodells im Norden und schließlich (e) durch die Reproduktion des Dual-Systems auf einer qualitativ neuen Stufe und unter den regulativen Rahmenbedingungen des Fordismus.*

Im gegenwärtigen *Dual-System* stehen zwar im Unterschied zum Beginn dieses Jahrhunderts nicht mehr zwei unterschiedliche, also kapitalistische und vorkapitalistische Produktionsweisen nebeneinander, sondern zwei ordnungspolitisch durchaus identische kapitalistische Pole, die jedoch innerhalb von qualitativ unterscheidbaren Rahmenbedingungen zu gegensätzlichen Resultaten führen (vgl. Dual-System-Effekt unter 3.4) und im strukturellen Beziehungsgeflecht des *Dual-Systems* die Sanktionierung des *Dumpingpreis-Systems* bei natürlichen Ressourcen aufs Neue reproduzieren[22].

Die Charakterisierung des kapitalistischen Weltsystems als »eine in sich widersprüchliche Einheit, eine einheitliche Produktionsweise« (Altvater 1992: 191) ist unbefriedigend. Und diese Charakterisierung ist hinsichtlich der möglichen sozial und ökologisch orientierten Reformen des Systems mehr als problematisch, da so (a) der Süden zu einem mehr oder weniger willenlosen Appendix des System degradiert wird, der über keinerlei ökonomische und politi-

22 Daher scheint ein Mißverständnis vorzuliegen, wenn Altvater davon ausgeht, daß der Autor dieses Buches das in seiner Genese aus zwei Produktionsweisen bestehende *Dual-System* in der Dualität von Produktionsweisen unverändert auch für die Gegenwart gelten lassen will (Altvater 1992: 191).

sche Handlungsspielräume verfügt, (b) die Regulierungsmechanismen des Fordismus auf die Expansionsdynamik des Kapitalismus reduziert werden und damit analytisch eine Reform des Fordismus ohne Überwindung des Kapitalismus ausgeschlossen wird, (c) außerökonomische Einflußfaktoren und Dimensionen aus der Betrachtung ausgeblendet werden und schließlich (d) das analytische Erkennen von vielfältigen, regionalen, sektoralen und produktspezifischen Wirkungsmechanismen des Systems nicht erleichtert, sondern erschwert wird.

3.7 Dumpingpreis-Theorem und das fordistische Rohstoffpreisregime

Rohstoffpreise werden nicht ausschließlich durch Marktkräfte reguliert. Ihre Analyse setzt in der Regel die Berücksichtigung eines Beziehungsgeflechts zwischen einer Reihe von Faktoren mit unterschiedlichen und teilweise sogar gegensätzlichen Wirkungen voraus. Zu diesen Faktoren gehören (a) Marktkräfte, (b) Machtverhältnisse, (c) einseitig auf den Norden gerichtete Regulierungsmechanismen des internationalen Handels durch Erschwernisse bzw. Erleichterungen, (d) Regulierungsmechanismen und Auswirkungen der Finanzmärkte und Währungen, (e) die jeweiligen wirtschafts- und kreditpolitischen Vorgaben internationaler Institutionen, (f) die Ausgabenpolitik einzelner Staaten, insbesondere die Rüstungsausgaben, (g) jeweils spezifische Auswirkungen von aktuellen Ereignissen, wie beispielsweise die beiden Golfkriege etc. Die Komplexität und Interdependenzen, die die Regulierung von Rohstoffpreisen beeinflussen, drängen in der Tat auf ein preistheoretisches Gesamtkonzept, das in der Lage ist, die Herausbildung und Regulierung von Rohstoffpreisen als Resultat von Wirkungsmechanismen und Interdependenzen möglichst widerspruchsfrei zu erklären. Eine solche Vorstellung scheint in der Tat der Kategorie des *fordistischen Preisregimes* zugrunde zu liegen, die Elmar Altvater eingeführt hat (Altvater 1992: 175ff.). In den folgenden Ausführungen geht es um die Frage, ob die Kategorie des *fordistischen Preisregimes* geeignet ist, in die innere Logik der Rohstoffpreisbildung und die komplexen Interdependenzen Klarheit zu bringen. »Die Idee von Interdependenz und Macht entsteht« nach Friedrich List »mit dem Begriff der Nation«. Altvater fügt hinzu

> »und in der globalen Interdependenz sind die Industrieländer im Besitz der Macht. Sie haben ihre Verwundbarkeit ('vulnerability') wegen der Rohstoffabhängigkeit zu reduzieren und die Rohstoffländer in Abhängigkeit zu halten vermocht. So kommt es, daß das Regime der Preisbildung, also die Gesamtheit von institutionellen Bindungen, Regeln und ökonomischen, sozialen und technisch bzw. natürlich bedingten Verhaltensweisen von Angebot und Nachfrage auf den entsprechenden Märkten, offensichtlich in der langen Frist der fordistischen Phase für die Versorgung mit Rohstoffen zu günstigen Preisen gesorgt hat« (Altvater 1992: 177).

Vorwegzunehmen ist der Hinweis auf eine weitverbreitete Legende der Rohstoffabhängigkeit der Industrie von den Entwicklungsländern, die selbst oft schon das methodische und analytische Vorgehen zur Beleuchtung der Vorgängen auf den internationalen Rohstoffmärkten beeinträchtigt. Die wertmäßig hohen Rohstoffanteile von monostrukturellen Entwicklungsländern (Massarrat 1988) und der relativ hohe wertmäßige Anteil des Südens an der Rohstoffversorgung des Nordens suggerieren eine physische Rohstoffabhängigkeit des Nordens vom Süden, die (a) es in Wahrheit in der vermuteten Schärfe gar nicht gibt und (b) eine ökonomisch selbst gewollte und im *Dual-System* zur Stabilisierung von *Dumpingpreisen* hervorgerufene »Abhängigkeit« verdeckt und als physische und damit existentielle, weil von Strangulierungsgefahren begleitete »Abhängigkeit« mystifiziert. Eine Entmystifizierung der angeblichen fossil-energetischen Abhängigkeit des Nordens vom Süden soll später erfolgen (näheres dazu siehe unter 6.4). Nach diesem generellen Hinweis soll in gebotener Kürze dargelegt werden, daß die *Preisregime-Kategorien* wie *fordistische Rohstoffpreisregime, Ölpreisregime* etc. nicht geeignet sind, die mit ihnen verbundenen analytischen Erwartungen tatsächlich zu erfüllen:

Erstens führt die Anwendung des Regimebegriffs auf die internationale Preisbildung für Rohstoffe zu der Assoziation, daß Rohstoffpreise das Ergebnis einer institutionalisierten Regulierung bzw. Übereinstimmung widerstreitender Interessen wären.[23] Das fordistische Modell selbst ist jedoch weder eine Institution noch ein Rohstoffpreise regulierender Rahmen, vielmehr ist es eine spezifische Form der kapitalistischen Akkumulation und Verteilung von Reichtum, setzt einen adäquaten globalen Rahmen (etwa das *Dual-System*) voraus und wirkt natürlich auf diesen zurück.

Zweitens löst eine Neuinterpretation des Regimebegriffs als »die Gesamtheit von institutionellen Bedingungen, Regeln ...« (Altvater, siehe oben) das eigentliche Problem der Analyse von vertikalen (produktspezifischen) und horizontalen (produktübergreifenden) Beziehungsgeflechten und Interdependenzen kaum. Vielmehr führt ein derart definiertes *Rohstoffpreisregime* zu der irreführenden Annahme, durch die bloße Addition von tatsächlichen und vermeintlichen, Rohstoffpreise bestimmenden bzw. beeinflussenden Einzelaspekten, die Preisbildung für Rohstoffe, beispielsweise die anhaltend sinkenden Rohstoffpreise, allgemeingültig erklären zu können.

Drittens stellt die Kategorie des *fordistischen Rohstoffpreisregimes* die Ursache-Wirkung-Beziehung zwischen Rohstoffpreisentwicklung und Fordismus, wie zuvor gezeigt worden ist, auf den Kopf. Da demnach der Fordismus für sinkende Rohstoffpreise verantwortlich gemacht wird, ist das Schicksal der *Rohstoffdumpingpreise* mit dem Schicksal des Fordismus verknüpft. Der circulus vitiosus ist damit perfekt und das Dilemma erscheint unlösbar.

Viertens erleichtert die Kategorie des *Rohstoffpreisregimes* kaum eine hinsichtlich ihres Einfluß- und Regulierungsgrades notwendige Differenzierung von horizontalen (produktübergreifenden), primären, sekundären, strukturellen, institutionellen, räumlichen, zeitlichen und sporadischen Wirkungsmechanismen und Einflußfaktoren der Rohstoffpreisbildung. Die Analyse der Herausbildung der Rohstoffpreise in ihrer Genese und der Gesamtheit ihres Beziehungsgeflechts, das schematisch vereinfachend entsprechend der Abb. 1.18 operationalisierbar wäre, ist jedoch unabdingbar. Ist eine derartige

---

23 Internationale Regime im ursprünglich angewandten Sinn erfassen begrifflich »Rahmenbedingungen, die sich aus Prinzipien, Normen, Regeln, Entscheidungsverfahren aufbauen« und sind »Versuche, in einer Welt wachsender Komplexibilität und Interdependenz Vorkehrungen für eine politische Koordination gerade auch angesichts unvereinbarer Interessenpositionen zu schaffen« (Senghaas 1987: 180ff.). Zu solchen internationalen Regimen zählen GATT, Weltbank, UNCTAD, Internationale Seerechtskonferenz etc.

Abb. 1.18: Beziehungsgeflecht der Rohstoffpreisbildung in der Weltökonomie

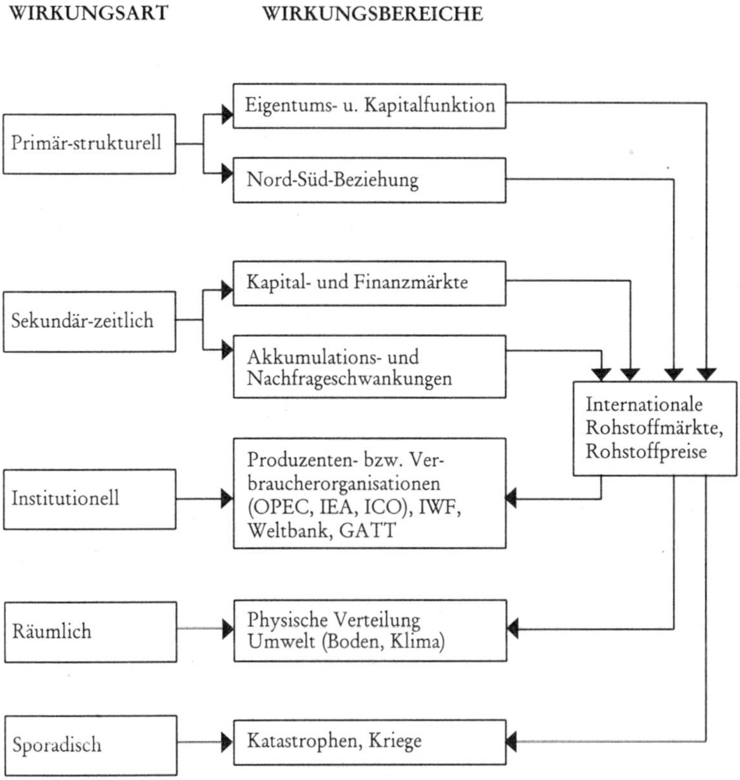

Analyse geleistet, so erübrigt sich dann die additive Zusammenfassung der Einzelaspekte unter der Begriffshülle des *Rohstoffpreisregimes* von selbst.

Das *Dual-System* umschließt mit Ausnahme von sporadischen Ereignissen alle übrigen im Schema dargestellten Wirkungsbereiche, Mechanismen und Einflußfaktoren der Rohstoffpreisbildung. Das *Dual-System- und das Dumpingpreis-Theorem* könnten das Dilemma überwinden, sinkende Rohstoffpreise begrifflich unpräzise und mehrdeutig mit *ungerecht, günstig* etc. zu umschreiben und sie könnten darüber hinaus auch konkrete Anhaltspunkte für die Veränderung des Preissystems in Richtung *ökonomisch richtige Rohstoffpreise*[24] liefern. Das *Dual-System- und das Dumpingpreis-Theorem* stellen den Rahmen der Analyse von Rohstoffpreisen dar. Für genauere Aussagen über die spezifischen Ursachen der Preisentwicklung von Rohstoffen bleibt es jedoch unvermeidlich, differenzierte Untersuchungen der Preisentwicklung nach Rohstoffgruppen (differenziert nach erschöpfbaren und erneuerbaren bzw. metallischen, fossilen und agrarischen Rohstoffen) letztlich auch für jeden einzelnen Rohstoff vorzunehmen. Dies ist deshalb erforderlich, weil die Preiswirkung von primär-strukturellen, sekundär-zeitlichen, institutionellen, räumlichen und sporadischen Determinanten trotz einheitlicher Rahmenbedingungen und der gleichen Preistrends (siehe Abb. 1.1) sehr unterschiedlich ist (näheres dazu Massarrat 1988b). Die Fallstudien Öl und Kaffee in Teil II und III sollen dazu dienen, die vielfältigen Interdependenzen der Preisbildung für einen fossilen erschöpfbaren bzw. einen agrarischen erneuerbaren Rohstoff, mit Hilfe des in Teil I erarbeiteten Theorems des *Dual-System* und der *Dumpingpreise* zu illustrieren.

3.8 Wohlstand durch Aufzehren der Substanz. Historische Parallelen zwischen menschlicher Arbeitskraft und Naturkraft

Das Dual- und das Dumpingpreis-System ermöglichen also einen künstlichen Überfluß von erschöpfbaren Ressourcen und schaffen einem Fünftel der Menschen auf dem Planeten Erde den strukturell und funktional globalen Rahmen, um die Substanz der menschlichen Existenzgrundlage, die natürliche Basis und die Umwelt gleichermaßen zu Lasten der vier Fünftel der Weltbevölkerung und der künftigen Generationen rücksichtslos aufzuzehren. Diese Entwicklung folgte nicht nur aus der kapitalistischen Akkumulations- und Expansionsdynamik, sondern zu einem nicht unbedeutenden Teil

24 Ökonomisch richtige Rohstoffpreise müssen freilich durch Internalisierung von externen Kosten auch ökologisch korrigiert werden (siehe dazu Gleichung 1 in Kapitel 1)

auch aus der Ungleichzeitigkeit kapitalistischer Entwicklung. Die Folgen dieser zerstörerischen Entwicklung sind heute wissenschaftlich erforscht und jedenfalls so weit bekannt, wie es erforderlich ist, um bei rational begründeten Reaktions- und Entscheidungsstrukturen unmittelbar mit umfangreichen Gegenmaßnahmen und Strategien gegenzusteuern. Es zeigt sich jedoch in der Realität, daß Vernunft und Erkenntnis allein nicht ausreichen, um destruktive Entwicklungen zu stoppen. Die Strategie *Wohlstand durch Aufzehren der Substanz* wird offenbar so lange ungebrochen weiter verfolgt werden, bis entweder weltumspannende soziale und politische Gegensätze stark genug sind, ihr einen wirksamen und dauerhaften Riegel vorzuschieben, oder bis die Natur selbst sich durch die ihr eigentümliche Art der Rebellion in Form von Katastrophen bemerkbar macht. Gegenwärtig scheint sich hinsichtlich der *Überausbeutung der Naturkraft* jedoch ein Prozeß zu wiederholen, der bei der *Überausbeutung der menschlichen Arbeitskraft* stattgefunden hat.

Der Wohlstand und der Reichtum im antiken Griechenland und im antiken Rom beruhte zu einem guten Teil auf der übermäßigen Ausbeutung der menschlichen Arbeitskraft, der Sklavenarbeit. Unbestritten war eine wichtige Quelle der Wohlstandsvermehrung und der Kapitalakkumulation auch der europäischen Kolonialstaaten in den letzten Jahrhunderten die Sklavenarbeit in den Plantagen und in den Bergwerken der Kolonien. Den Sklaven war untersagt, ihre Arbeits- und Lebenskraft entsprechend den biologischen Erfordernissen zu reproduzieren und ein Lebensalter zu erreichen, das dem jeweils historischen Durchschnittsalter der Menschen entsprach. Umgekehrt waren die Sklavenhalter in der Lage, ihren Wohlstand nicht nur durch das unter Durchschnittsbedingungen reproduzierbare Arbeitsvermögen, sondern auch durch den Substanzverschleiß der Sklaven (*Überausbeutung*) auf Kosten einer drastischen Verkürzung des Lebensalters und der Lebensarbeitszeit derselben zu vermehren. Dabei bestand durchaus ein Zusammenhang zwischen dem Kaufpreis und dem Ausbeutungsgrad der Sklaven (Massarrat 1976: 244f.). Bei ununterbrochener Sklavenzufuhr und dementsprechend niedrigen Kaufpreisen tendierten die Sklavenhalter dazu, in möglichst kürzester Zeit das gesamte Arbeitsvermögen der Sklaven aus ihnen herauszupressen. In Zeiten unzureichender Sklavenzufuhr und steigender Kaufpreise sahen sich die Sklavenhalter gezwungen, die Überausbeutungsschraube zu lockern und die »Amortisationszeit« ihrer »Investition« zu verlängern.

Nicht viel anders war es um die Nutzung menschlicher Arbeitskraft im Frühkapitalismus bestellt: Verlängerung der Arbeitszeit, Einsatz von Frauen und Kindern in den Manufakturen und den Bergwerken, kurz das Aufzehren der Substanz menschlicher Arbeitskraft, war die herrschende Methode im Prozeß der Frühindustrialisierung und Wohlstandsvermehrung. Es bedurfte jahrzehntelanger und qualvoller Kämpfe der Betroffenen, durch Schaffung kollektiver Interessenvertretungen in Gestalt von wirksam reagierenden Gewerkschaften die relative Gleichheit am tauschökonomischen Prozeß herzustellen und den Pionieren des Kapitalismus die Räubermentalität auszutreiben. Auch heute noch verdanken manche hochentwickelte Industrieländer des Nordens, wie die USA und Japan, vor allem aber die herrschenden Eliten im Süden zu einem wesentlichen Teil ihren Wohlstand der *Überausbeutung* und dem Verschleiß der menschlichen Arbeitskraft.

Die Sklavenarbeit in den Kolonien mußte dank mangelnder Zufuhr von Sklaven abgeschafft werden. Einem Teil der Lohnabhängigen im Norden ist es inzwischen gelungen, dem physischen Substanzverschleiß ihrer Arbeitskraft dank einer mächtigen Interessenvertretung Einhalt zu gebieten. Durch eine moderne Sozialgesetzgebung, durch ein Mindestmaß an Humanisierung der Arbeitswelt, durch angemessene Urlaubszeiten haben arbeitende Menschen zumindest in West- und Nordeuropa Bedingungen erkämpft, die es erlauben, daß das menschliche Arbeitsvermögen physisch im Sinne des *Nachhaltigkeitsprinzips* wiederhergestellt werden kann. Hier nähert sich das durchschnittliche Lebensalter allmählich der biologisch bestimmten Grenze.

Nun wird aber konstatiert, daß der hohe Wohlstand und die Möglichkeit einer sozial gerechteren Verteilung dieses Wohlstandes im Norden durch hohe Wachstumsraten und Überausbeutung der Natur und der Menschen im Süden erkauft worden ist. Ein reales Bündnis zwischen Lohnarbeit und Kapital im ökonomischen System im Norden gegen die sozialen und natürlichen Systeme im Weltmaßstab verringert freilich die Aussichten, die Lohnabhängigen und damit die große Masse der Bevölkerung im Norden für ein neues Bündnis mit der Natur zu gewinnen und erschwert enorm eine tiefgreifende ökologische Wende, solange der Kreislauf des quantitativen Wachstums im Norden und die Überausbeutung der Natur in Gang gehalten werden kann[25]. Dennoch zeigt die Geschichte der Gewerkschaftsbewegung im Norden, wie wichtig es für den Schutz der Naturkraft Mensch war, einen verläßlichen Anwalt zu haben.

Die Natur hatte und hat heute noch weniger global verantwortliche und wirksam handelnde Interessenvertreter. Die Natureigentümer sind nicht immer deren verläßlichste Anwälte. Oft sind diese zu schwach, zu abhängig von anderen Interessen, auch zu zersplittert, um wirksam ihre die Natur schützende Funktion in der globalen Tauschökonomie wahrnehmen zu können. Das gleiche gilt für die mangelnde Fähigkeit, die Bündnisfronten zu erkennen und richtige und falsche Bündnispartner zu unterscheiden. Das mangelnde Bewußtsein der globalen Umweltkrise in allen Teilen der Welt und die fehlenden Instrumente und globalen Institutionen tragen ihren Teil dazu bei, daß die Menschheit und vor allem der Norden unseres Globus fortfährt, ihren Wohlstand auf Kosten des Substanzverzehrs der Naturkräfte zu erhalten und weiter auszubauen. *Das antike Griechenland und das antike Rom sind dank Sklavenaufständen und mangelnder Sklavenzufuhr untergegangen, so daß die*

25 Auf dieses Dilemma weist der Politiker Kurt Biedenkopf aus eigener Erfahrung hin: »Die Auflösung oder die Bewältigung dieses Dilemmas wird außerordentlich erschwert durch die in den letzten Jahrzehnten wirksam gewordene Erfahrung, daß Wachstum in demokratischen Gesellschaften eine Bedingung für die Lösung von Verteilungskonflikten ohne Beeinträchtigung entstandener Besitzstände ist. Man hat die Erfahrung gemacht, daß man unter Wachstumsbedingungen besser regieren kann. Und diese Erfahrungen hat man in den siebziger Jahren zur Gesetzmäßigkeit erhoben. Man hat erklärt – das hervorstechende Beispiel dafür ist der 68er Wirtschaftsgipfel –, daß Wirtschaftswachstum die Voraussetzung für die Regierbarkeit demokratischer Gesellschaften sei. ... Für diese scheinbar notwendige Bedingung der Regierbarkeit hat man im Anfang jedenfalls eine Umweltbelastung in Kauf genommen. Zumindestens hat man die Prioritäten so gesetzt, daß die Verringerung von Umweltzerstörung im Sinne von Ressourcen- und Zukunftsverzehr wiederum Wachstum zur Voraussetzung haben: ein teuflischer Zirkelschluß« (Biedenkopf 1990: 21).

menschliche Zivilisation bestehen bleiben und sich »weiterentwickeln« konnte. Die Rebellion der Natur würde aber möglicherweise das Ende menschlicher Zivilisation bedeuten.

Teil II

Erschöpfbare Ressourcen zu Dumpingpreisen

- Fallstudie Öl -

4. Kapitel

Öl und die Neoklassik

4.1 Konkurrenz zwischen Öl und anderen Energieträgern

Öl ist die wichtigste erschöpfbare Ressource in diesem Jahrhundert. Es hat nicht nur in der weltökonomischen und -politischen Realität eine herausragende Bedeutung, sondern auch bei der wissenschaftlichen Diskussion der Umweltfragen und Theorien erschöpfbarer Ressourcen. Öl ist der mit Abstand wichtigste Rohstoff und wertmäßig auch die wichtigste Ware im internationalen Handel. Öl- und Ölprodukte hatten 1982 mit 346 Mrd. US-$ einen Anteil von 44,6% an den gesamten Weltrohstoffexporten und einen Anteil von 18,7% an den gesamten Weltexporten. Für 1989 erreichten diese Ziffern trotz drastischer Ölpreissenkungen ca 213 Mrd. US-$, 26,5% bzw. 7% (UNCTAD, Handbook 1985 und 1991). Seit der Entdeckung und der umfangreichen Produktion des Öls im Mittleren Osten hat es, wie Abb. 2.1 veranschaulicht, anhaltend die Kohle vom Weltmarkt verdrängt.

Der steigende Anteil des Ölverbrauchs resultiert nicht daraus, daß die Kohleressourcen allmählich ihre Erschöpfungsgrenze erreichen, sondern daraus, daß Öl angesichts seines besonders niedrigen Preises mühelos alle anderen fossilen und nicht-fossilen Energieträger, insbesondere die Kohle, von den Verbrauchermärkten verdrängen konnte. Nach wie vor sind die Kohlereserven der Welt um ein Vielfaches höher als alle bisher entdeckten Ölreserven der Welt (siehe dazu Abb. 2.18). Öl konkurriert mit allen anderen erschöpfbaren und erneuerbaren *Primärenergien*. Energieträger werden erst in *Sekun-*

Abb. 2.1: Entwicklung fossiler Energieproduktion nach Energieträgern 1900-1987 (Welt in Mrd. Tonnen Öläquivalent)

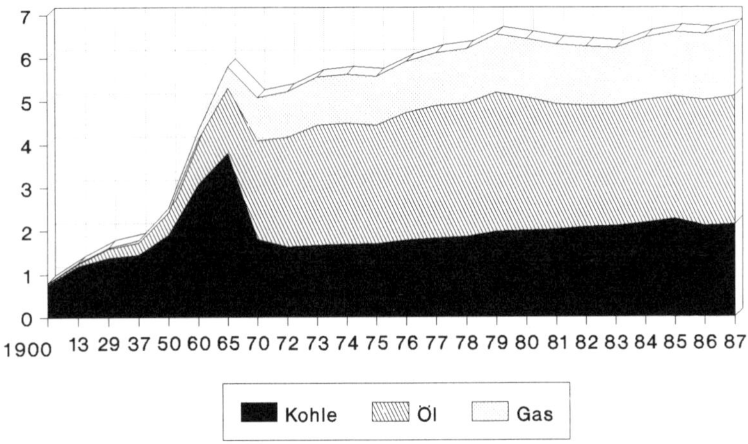

Quelle: Für Kohle 1930-1970 Massarrat 1980; für Öl Basic Petroleum Data Book 1989: Section IV, Table 9; Kohle und Gas BP Statistical Review of World Energy.

därenergien umgewandelt. Konsumiert wird jedoch die *Endnutzenergie* in Form von *Kraft*, *Wärme* und *Licht*. Wie das Schaubild 2.2 veranschaulicht, sind alle Primärenergieträger, um Endnutzenergie zu erzeugen, technisch gegenseitig substituierbar.

Die Substitution von Primärenergie ist letztlich – wenn von interventionistischer Manipulation des Wettbewerbs beispielsweise durch umfangreiche Subventionen für die Atomenergie abgesehen wird – eine ökonomische Frage. Dies gilt für die Substitution der erschöpfbaren Energien untereinander ebenso, wie für die Substitution der letzteren durch erneuerbare Energien wie die Wind- und insbesondere die Solarenergie. Da nun das Öl in diesem Jahrhundert die Rolle des Hauptverdrängungsmotors bei dem weltweiten Primärenergieangebot spielte, kommt dem Ölpreis seiner Substitutionsfunktion gemäß nicht nur für die Vergangenheit und für die Gegenwart die Schlüsselrolle zu, sondern auch hinsichtlich der Substitution von erschöpfbaren durch erneuerbare Energien.

Abb. 2.2: Substituierbarkeit von Energieträgern

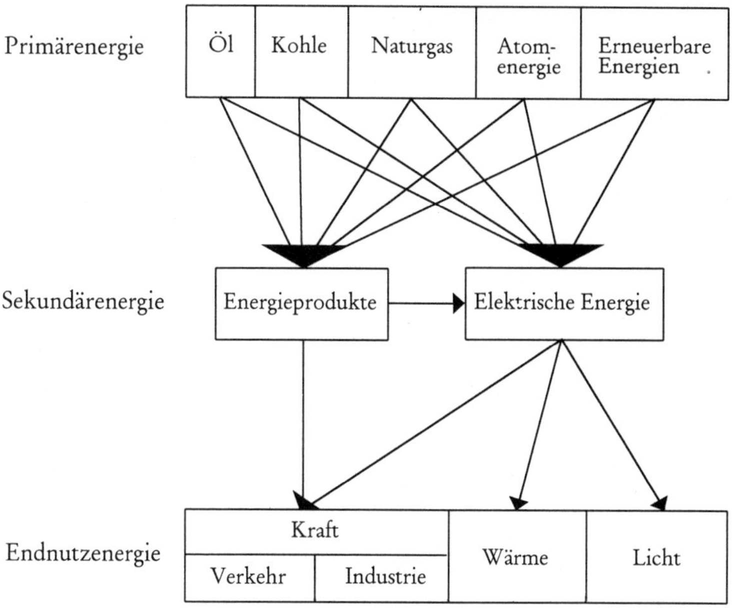

4.2 Langfristige Ölpreisentwicklung und neoklassische Ölpreistheorien

Aus den eben genannten Gründen und vor dem Hintergrund der in Teil I dargestellten *Dual-System- und Dumpingpreistheoreme* wird die Analyse der langfristigen Ölpreisentwicklung zum Dreh- und Angelpunkt dieser Fallstudie. Abb. 2.3 zeigt für den Zeitraum seit 1860 die Entwicklung des nominalen und des realen Ölpreises und für den Zeitraum seit 1930 einen hypothetischen Preispfad. Der Ölpreis ist demnach zahlreichen Schwankungen unterworfen, läßt jedoch in groben Zügen vier unterscheidbare Etappen erkennen: *Die erste Etappe* mit deutlichen Schwankungen beginnt mit der Entdeckung und der Produktion des Öls in den Vereinigten Staaten 1860 und dauert bis 1915 (Beginn der Ölproduktion in Südamerika und dem

Abb. 2.3: Langfristiger Trend der Ölpreise (real, nominal und hypothetisch)

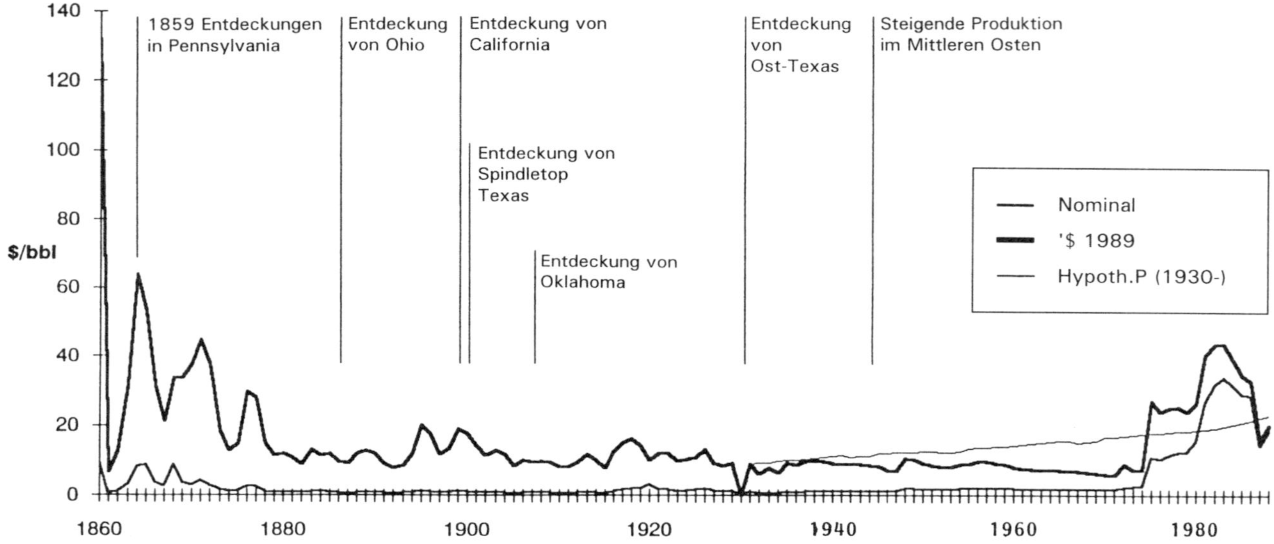

Für 1960-1899 gilt der Ölpreis von Pennsylvania/USA; für 1900-1944 der Durchschnittspreis USA; ab 1945 der Ölpreis für Arabisch Leicht.

Quelle: Für Nominal- und Realpreise, British Petroleum, für den hypothetischen Ölpreis vgl. Tabelle 2.8, Kapitel 8)

Mittleren Osten). *Die zweite Etappe* mit erkennbarer Preissenkung umfaßt den Zeitraum 1915 bis 1974. In diesem Zeitraum steigt der Ölanteil der Entwicklungsländer, insbesondere der Staaten des Mittleren Ostens, rapide an. *Die dritte Etappe*, die 1974 mit dem spektakulären Ölpreisanstieg eingeleitet wurde und 1980 ihren Höhepunkt erreichte, dauerte weniger als ein Jahrzehnt. Die *vierte Phase* ist durch eine erneute Ölpreissenkung gekennzeichnet, beginnt Anfang der achtziger Jahre und dauert noch an.

Die Ölpreisschocks von 1974 und 1980 haben weltweit eine lebhafte Ölpreisdiskussion ausgelöst. Drei theoretische Richtungen sind dabei zu unterscheiden: *Kartell-Theorie*, *Property Rights-Theorie* und die *Hotelling-Theorie*. Zwischen diesen Theorieansätzen gibt es fundamentale methodische Differenzen. Sie alle verbindet allerdings das gemeinsame Ziel, ausschließlich für die spektakuläre Ölpreissteigerung in den siebziger Jahren (dritte Etappe) eine theoretische Erklärung zu liefern. So bleibt auch die historische Ölpreisentwicklung bei diesen Ansätzen weitgehend unberücksichtigt.

Vertreter der *Kartell-Theorie* (Pindyck 1978; Adelman 1982) führen den drastischen Ölpreisanstieg in den siebziger Jahren auf die Kartell-Eigenschaften der OPEC zurück. Während die Entwicklung des Ölpreises über Jahrzehnte nach dieser Theorie Ausdruck der freien Konkurrenz der Ölkonzerne war, führt die Dominanz der OPEC als wichtigster Ölproduzent der Welt zur monopolistischen Preisanhebung in den siebziger Jahren. Bei einer oberflächlichen Betrachtung scheinen die Vertreter dieser Theorie auch Recht zu haben. Bei näherer Betrachtung erweist sich diese Theorie jedoch als eine reduktionistische Theorie, die nahezu alles außer acht läßt, was das Öl als erschöpfbare Ressource auszeichnet, vor allen Dingen, daß Ölressourcen *Ressourcenkapital* darstellen und daß der Wert dieses Kapitals in der Zeit exponentiell steigen muß. Die *Kartell-Theorie* übersieht ferner, daß der angebliche Ölkonkurrenzpreis vergangener Jahrzehnte (zweite Etappe) seine Existenz, wie noch zu zeigen sein wird (siehe Abb. 2.6), dem monopolistischen Preisdiktat der den Ölmarkt beherrschenden *Seven Sisters* gegenüber den Öleigentümerstaaten verdankt. Nicht zuletzt übersieht diese Theorie auch die Konkurrenz zwischen dem Öl und den übrigen Energieressourcen, die eine monopolistische Ölpreisregulierung letztlich unmöglich macht.

Als Reaktion auf die *Kartell-Theorie* entstand mit dem Beitrag von *Johany OPEC is not a Cartel* (Johany 1978; ferner Mead 1979) die *Property Rights-Theorie*. Anhänger dieser Theorie heben den Übergang der Eigentumsrechte von den Ölkonzernen auf die Ölstaaten als Hauptursache für die Ölpreissprünge der siebziger Jahre hervor. Dieses Theorem stellt zweifellos einen wichtigen Fortschritt dar und beschreibt den politökonomischen Zusammenhang der Ölpreisentwicklung der dritten Etappe im Kern auch richtig.[26] Es hat allerdings auch einige nicht unwichtige Unzulänglichkeiten: So liefert es keine explizite, sondern nur eine implizite Antwort auf den Ölpreisverfall in der zweiten Etappe, läßt historisch bedeutsame Hintergründe der Ölpreisentwicklung außer acht, interpretiert den Übergang der Eigentumsrechte im wesentlichen juristisch und bleibt außerstande, den Widerspruch zu erklären, daß der Ölpreis trotz der juristisch eindeutig bestehenden Eigentumsrechte der OPEC seit 1980 erneut gefallen ist.

Besonderer Beachtung bei der Analyse der Ölpreissprünge der siebziger Jahre erfreut sich die *Hotelling-Regel*. Tatsächlich liefert Hotellings Ansatz, wie oben dargestellt (siehe unter 2.3), wichtige Anhaltspunkte zur Erklärung auch der Ölpreisentwicklung. So konnten in Anlehnung an Hotelling neoklassische Autoren (z.B. Solow 1974; Roumasset/Isaak/Fesharaki 1983; Fisher 1987) der aktuellen Ölpreisdebatte auch wichtige Impulse geben. Zur Interpretation der drastischen Ölpreissteigerungen der siebziger Jahre unterstellen diese implizit allerdings einen quasi automatisch funktionierenden Zusammenhang zwischen Marktzinsrate und langfristiger Ölpreissteigerung, lassen jedoch den jahrzehntelang anhaltenden Ölpreisverfall nach 1915 außer acht, dem die *Hotelling-Regel* diametral widerspricht. Den neoklassischen Ölpreistheorien und Hotelling bleibt die Kritik des Ökonomismus nicht erspart. Ihre ahistorische

26 Der unmittelbar nach dem ersten Ölpreisschock in Deutsch und erst 1980 in Englisch veröffentlichte Beitrag des Autors (Massarrat 1974, 1980a) beruht auf ähnlichen Überlegungen und kommt zu annähernd gleichen Schlußfolgerungen wie die der *Property Rights-Theorie*. Darin wurde einerseits die ökonomisch neue Qualität des Eigentums der OPEC-Staaten als Ursache des Ölpreissprungs hervorgehoben und andererseits auch die historischen Bedingungen, die diese neue Qualität hervorbrachten, analysiert.

Betrachtungsweise ist offensichtlich ein wichtiges Hindernis, die historischen und politökonomischen Hintergründe der Ölpreisentwicklung zur Kenntnis zu nehmen. Andernfalls hätten sich die *Property Rights-Theorie* und die *Hotelling-Regel* in der jüngsten neoklassischen Ölpreisdebatte ergänzen können, da die *Hotelling-Regel* die *Property-Rights* ebenso voraussetzt, wie sie die Existenz der *Rente* implizit zu ihrem Ausgang macht.

Die *Hotelling-Regel* konnte im Weltenergiesektor zur Geltung kommen, als die Öleigentümerstaaten Anfang der siebziger Jahre zum ersten Mal die Fähigkeit erlangten, ihren Eigentumsrechten an den Ölressourcen ökonomisch durch einen Ölpreissprung Geltung zu verschaffen.

In der aktuellen neoklassischen Ölpreisdebatte stehen der *Hotelling-Ansatz* und die *Property Rights-Theorie* jedoch nebeneinander und ohne wechselseitigen Bezug. Die Unzulänglichkeiten der *Property Rights-Theorie* gelten auch für die an Hotelling angelehnten Ansätze. Sie übersehen durchweg die Auswirkungen der Konkurrenz verschiedener Energieträger auf den Ölmarkt und den Ölpreis, die angesichts der technologisch möglichen Substituierbarkeit (siehe Abb. 1.1) nicht vernachlässigt werden dürften.

5. Kapitel

Dual-System und Öl-Imperialismus

Im Unterschied zu den hier angeführten neoklassischen Theorieansätzen erlaubt das im ersten Teil dieses Buches entwickelte Theoriekonzept, die Ölpreisbewegung in den historischen Etappen, und zwar in ihrem mehrdimensionalen Zusammenhang, sozusagen ganzheitlich neu zu interpretieren. In diesem Kapitel wird zunächst der Ölmarkt und die Ölpreisentwicklung in der ursprünglich klassisch-marktökonomischen Form, wie sie in der *ersten Etappe (1860-1915)* in den Vereinigten Staaten anzutreffen ist, dargestellt, um dann die historischen und durch vielfältige epochale Interventionen hervorgerufenen Vorgänge zu erörtern, die letztlich in die Etablierung des globalen *Dual-Systems* als Rahmen für den Energie- und Ölweltmarkt einmündeten. Die Folgen dieses Systems für die Ölpreisentwicklung in den *nächsten drei Etappen (1915 bis zur Gegenwart)* sowie die ökologischen Folgen dieser Entwicklung werden dann im 6. Kapitel untersucht.

5.1 Ölpreisentwicklung im komplexen Marktsystem (1860-1915)

In der *ersten Etappe* (1860-1915) sind die Vereinigten Staaten bis 1880 nahezu Alleinproduzent. Seit diesem Datum beginnt die Ölproduktion im zaristisch-russischen Reich schnell zu wachsen. Um die Jahrhundertwende ist der russische Ölanteil an der Weltölproduktion sogar höher als der Ölanteil der Vereinigten Staaten. Seit Beginn dieses Jahrhunderts steigt die Ölproduktion der Vereinigten Staaten rapide an, und sie bleiben bis Anfang der siebziger Jahre mit Abstand der größte Ölproduzent der Welt. Wichtige Ölproduzenten der ersten Etappe außerhalb Europas und der USA sind Mexiko, Niederländisch und Britisch Indien und Iran. Ihr Ölanteil ist jedoch vernachlässigbar (siehe Tab. 1). Der Ölpreis entwickelt sich in dieser Phase im wesentlichen entsprechend den Gesetzmäßigkeiten des *komplexen Marktsystems* (siehe unter 2.3, insbesondere Abb. 1.14). In den ersten zwei Jahrzehnten nach der Entdeckung des Öls in den Vereinigten Staaten sinkt der Ölpreis dank beachtlicher technologischer Verbesserungen bei der Exploration und Gewinnung rapide ab (Abb. 2.3). In den darauffolgenden Jahrzehnten hält sich die Preiswirkung technologischer Veränderungen im Rahmen und hebt vermutlich die preissteigernde Wirkung der Lohnsteigerungen in den Vereinigten Staaten mehr oder weniger auf. Die anhaltende Preisstei-

Abb. 2.4: Die Erdöl-Weltproduktion im Jahre 1928

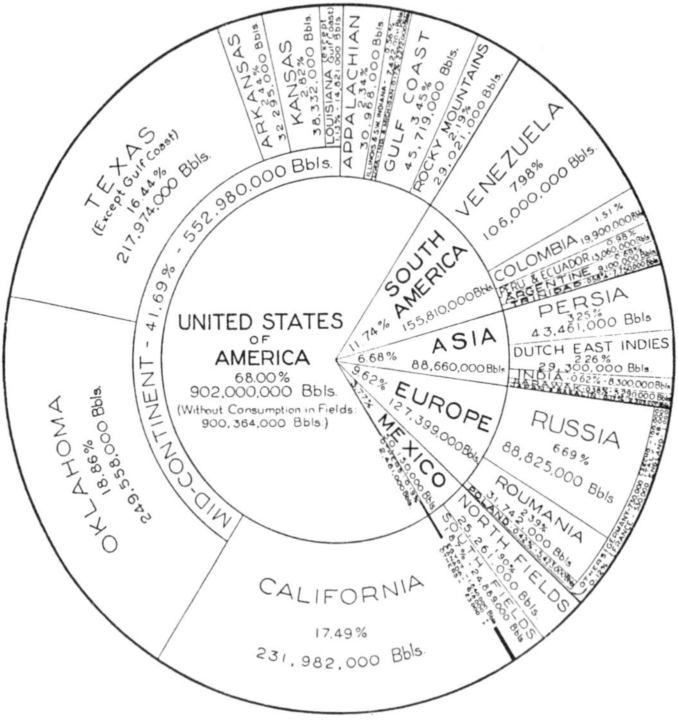

Quelle: Denny 1930: 8.

gerung bis 1915 deutet auf funktionierende Märkte, auf die Existenz von ökonomisch selbständigen, rechtlich gesicherten und ihre eigene Nutzenmaximierung anstrebenden Ölressourceneigentümern und schließlich auf den ökonomischen Zusammenhang zwischen *der Öl-Rente* (*Ressourcenkapitalkosten*) und der *Marktzinsrate* hin, die zwar durch die Entdeckung von neuen Ölquellen unterbrochen wird, um dann jedoch zeitversetzt den Trend beizubehalten.

Bereits in den ersten Jahren der *zweiten Etappe* (1915-1974) finden beachtliche Verschiebungen zwischen den Ölanbieterregionen statt. Eine Ende der zwanziger Jahre erstellte und höchst aufschlußreiche Erdölkarte vermittelt einen Überblick über den Stand der Erdölproduktion im Jahre 1928 (Abb. 2.4). Zu diesem Zeitpunkt waren Venezuela, Mexiko, Iran, Niederländisch Ostindien und Kolumbien wichtige Ölproduzenten in den noch weitgehend vorkapitalistischen Regionen, insbesondere in Lateinamerika und Asien.

Der Anteil der vorkapitalistischen Regionen der Welt an der Weltölproduktion nimmt aber in den folgenden Jahrzehnten bis zum Beginn der siebziger Jahre einen steilen Anstieg, nachdem im Mittleren Osten und in Nordafrika bedeutende Entdeckungen gemacht worden waren (Tab. 1 und Abb. 2.5).

Wären die politökonomischen Rahmenbedingungen in den drei Kontinenten des Südens mit denen in den Vereinigten Staaten vergleichbar gewesen, so hätte sich der Ölpreistrend des US-Marktes, wie der in Abb. 2.3 dargestellte *hypothetische Preispfad* andeuten soll, auch weltweit fortsetzen müssen. Tatsächlich sinkt aber der Ölpreis kontinuierlich seit der Aufnahme der Ölproduktion im Süden, wenn man vom völligen Zusammenbruch der Produktion und des Preises während der Weltwirtschaftskrise einmal absieht. Es wäre zu einfach und auch falsch, den Ölpreisverfall in dieser Periode auf höhere natürliche Produktivität und niedrigere Produktionskosten der Ölquellen im Mittleren Osten zurückzuführen. Denn höhere natürliche Produktivitäten bei erschöpfbaren Ressourcen verursachen zwar eine Unterbrechung des Preisanstiegs und eine zeitliche Verlagerung der Preiskurve (siehe Abb. 1.15), müssen aber nicht zwangsläufig eine Preissenkung hervorrufen. Vielmehr führen sie in der Regel zur Steigerung des *Ressourcenkapitalwerts* und der *Grundrente* (siehe unter 2.2). Es sei denn, in den neuen ölproduzierenden Regionen herrschen Bedingungen vor, wie sie zuvor als *Dual-System*

Tabelle 2.1: Historische Entwicklung der Ölproduktion nach Regionen 1860-1985 (Mio. Barrels)

Jahr	Vereinigte Staaten	Entwicklungsländer	übrige Welt	Gesamt
1860	0.5	0	0	0.5
1865	2.5	0	0.2	2.7
1870	5.3	0	0.5	5.8
1875	12.0	0	1.2	13.2
1880	26.3	0	3.7	30.0
1885	21.9	0	13.9	35.8
1890	45.8	0.2	30.6	76.6
1895	52.9	1.8	49.0	103.7
1900	63.6	4.5	81.0	149.1
1905	134.7	13.9	66.5	215.1
1910	209.6	24.1	94.1	327.8
1915	281.1	64.0	86.9	432.0
1920	442.9	206.4	39.6	688.9
1925	763.7	227.4	76.8	1067.9
1930	898.0	335.3	178.6	1411.9
1935	996.6	402.5	255.9	1655.0
1940	1353.2	503.8	292.8	2149.8
1945	1713.7	668.6	212.4	2594.7
1950	1973.6	1461.2	368.2	3803.0
1955	2484.4	2338.4	802.9	5625.7
1960	2574.9	3596.5	1503.1	7674.5
1965	2848.5	5793.3	2420.7	11062.5
1970	3517.5	9728.6	3472.6	16718.7
1975	3056.8	11396.9	5048.6	19502.3
1980	3146.4	11997.9	6616.6	21760.9
1985	3274.6	8960.8	7253.5	19488.9

Quelle: Basic Petroleum Data Book, 1989, Section IV Table 9. Washington D.C.

Abb. 2.5: Historische Entwicklung der Ölproduktion nach Regionen 1900-1985

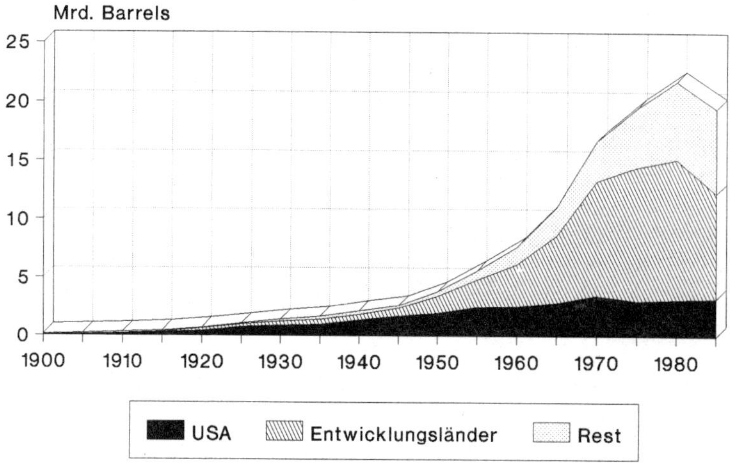

Quelle: Eigene Berechnungen nach Basic Petroleum Data Book 1989: Section IV, Table 9, Washington D.C.

beschrieben worden sind. Tatsächlich fehlten in den Ölregionen Lateinamerikas, des Mittleren Ostens und Nordafrikas elementare Voraussetzungen für funktionierende Ölressourcenmärkte. Vor allen Dingen gelang es den Eigentümerstaaten dieser Regionen über Jahrzehnte nicht, als ökonomisch autonome Rechtssubjekte zu fungieren und eine Ölpreisstrategie anzustreben, die der eigenen Nutzenmaximierung als Ressourceneigentümer dienlich ist.

5.2 Krieg und Öl am Anfang des Jahrhunderts

Bevor sich im globalen Nord-Süd-Verhältnis ein auf die Bedürfnisse des Nordens gerichtetes *Dual System* für die Ausbeutung der Ölressourcen des Südens etablieren konnte, war zwischen der noch herrschenden »Pax Britannica« und der aufsteigenden »Pax America« ein heftiger Kampf um die weltweite Sicherung von Nutzungsrechten von Ölquellen voll entbrannt.

Öl und Krieg waren schon immer auf das engste miteinander verknüpft. Heute wird um das Öl Krieg geführt. Früher wurden mit Öl Kriege gewonnen. »Erdöl ist so notwendig wie Blut in den kommenden Schlachten ... Es geht um die Sicherheit der alliierten Völker«, schrieb der französische Ministerpräsident Clemenceau in einer Note im Dezember 1917 an den US-Präsidenten Wilson (Denny 1930: 15). Als der Erste Weltkrieg gewonnen war, sagte der britische Außenminister Lord Carzon in einer Ansprache an das Inter-Allied Petroleum Council im November 1918:

> »Die Alliierten wurden auf einer Erdölwelle zum Sieg getragen. ... Mit dem Beginn des Krieges wurden das Öl und seine Produkte zu einer der wichtigsten Hilfsmittel, mit denen sie (die Alliierten) ihn führen und gewinnen konnten« (Denny 1930: 15, 27).

Auf die Bedeutung des Öls bei der Kriegsführung hatte der britische Admiral Lord Fisher zum erstenmal 1882 gegenüber der britischen Regierung und damit zu einem Zeitpunkt hingewiesen, als kommende Kriege um Kolonien, Aufteilung und Neuaufteilung der Welt zwischen den aufkommenden imperialistischen Staaten in Europa sich abzeichneten.

> »Die Verwendung von Heizöl erhöht den Wert der Flotte, die es verwendet, um 50 Prozent (...). Der Gebrauch von Heizöl würde die Stärke der britischen Flotte um 33% erhöhen, weil sie zur See, fern den freundlichen Häfen, Heizöl bunkern könnte,« berichtete der Admiral später. »Kohle bedingt die Abwesenheit von ungefähr einem Drittel der Flotte zur Vorratsergänzung bei einer Kohlenstation ... Von zwei gleichen Dreadnoughts würde die Geschwindigkeit des mit Öl betriebenen um 3 Knoten grösser sein – und Geschwindigkeit ist ausschlaggebend. Öl als Betriebsmittel reduziert das Maschinen- und Kesselraumpersonal um über 60%. (Heute behaupten die Ingenieure, daß die gleiche Menge Öl zweimal so viel Dampf erzeugt als Kohle.) (...) Das Schiff, das mit Öl betrieben wird, kann während des Bunkerns ununterbrochen im Kampf stehen – das mit Kohle betriebene kann dies nicht (...) Öl leidet nicht durch lange Lagerung, bei Kohle ist dies der Fall (...) es ist sträflicher Leichtsinn, zu gestatten, daß auch nur ein Pfund Kohle an Bord eines im Kampf befindlichen Schiffes belassen wird«. (Admiral Lord Fisher, zitiert nach Denny 1930: 23f.)

Laut dem oben zitierten und sehr aufschlußreichen Bericht des scharfsinnigen Beobachters und Ölexperten Ludwell Denny, war Lord Fisher an der Gestaltung der britischen Öl- und Kriegspolitik um die Jahrhundertwende maßgeblich beteiligt. Unter seiner Mitwirkung legte Winston Churchill, der damit der erste Lord der Admiralität war, genau ein Jahr vor dem Ausbruch des Ersten Weltkrieges dem britischen Unterhaus die Richtlinien seiner Politik dar, den die Regierung nicht nur damals, sondern auch einige Jahrzehnte später befolgte.

> »Der Endzweck unserer Politik,« sagte Churchill, »ist der, daß die Admiralität unabhängiger Eigentümer und Erzeuger der von ihr benötigten Vorräte an flüssigem Heizmaterial werde. Erstens müssen wir hier im Lande selbst eine Ölreserve schaffen, die genügend groß ist, um uns für Kriegszeiten zu sichern und in Friedenszeiten Preisschwankungen auszuschalten; zweitens müssen wir die Befugnisse erlangen, Rohöl einkaufen zu können, wenn es billig auf den Markt kommt; die dritte Seite dieser Politik ist die, daß wir zumindest bezüglich eines Teils des Rohöls, das wir benötigen, Eigentumsrecht, jedenfalls aber Kontrolle an der Quelle selbst erlangen.« (Denny 1930: 26).

Die konkreten Folgen dieser Politik sind hinlänglich bekannt. Zum einen wurden die Bemühungen um den Erwerb von Nutzungsrechten zur Erdölausbeutung während des Krieges überall in der Welt, wo Ölvorkommen vermutet wurden, intensiviert, zum anderen wurden nach Kriegsende und nach dem Zusammenbruch des Osmanischen Reiches die arabischen Territorien, in denen reichhaltige Ölquellen teilweise entdeckt und teilweise vermutet wurden, unter den alliierten Siegermächten Großbritannien und Frankreich gemäß einem 1916 vereinbarten Geheimabkommen (*Sykers-Picot*) in Protektorate und Mandatsgebiete aufgeteilt. Großbritannien und Frankreich erhofften sich eine rosige Zukunft, als sie sich 1919 anschickten, ihre arabischen Verbündeten im Krieg gegen das Osmanische Reich und Deutschland zu überlisten und die »Ölbeute« Naher Osten unter sich aufzuteilen. Zur gleichen Zeit übermittelte der französische Industrielle und Senator Henri Berenger, der während des Krieges Oil Commissioner war, der französischen Regierung in einem Memorandum die frohe Botschaft:

> »Derjenige, der das Erdöl besitzt, wird die Welt besitzen, denn er wird das Meer durch die Schweröle beherrschen, die Luft durch die feinstraffinierten Öle und das Land durch Benzin und die Leuchtöle. Außerdem wird er seine Mitmenschen wirtschaftlich beherrschen auf Grund des phantastischen Reichtums, den er vom Erdöl herleiten wird – dieser wundervollen Substanz, welche heute gesuchter und wertvoller ist als Gold selbst« (Berenger, zitiert nach Denny 1930: 15).

Berenger sollte Recht behalten, wie es sich während des ganzen 20. Jahrhunderts und bis heute herausgestellt hat. Was aber Berenger nicht wissen konnte, war die Tatsache, daß Frankreich zwar Großsyrien (Syrien und Libanon) und Nord-Mesopotamien (Nord-Irak) als Einflußsphäre zugeschlagen bekam, aber nichts von der »Ölbeute«, da die größten Erdölvorkommen in Süd-Mesopotamien (Süd-Irak und Kuwait) und unter der Wüste Arabiens, also fast alle im Einflußbereichs Großbritanniens gefunden werden sollten. Somit wäre die Vorherrschaft Großbritanniens über die größten Ölvorräte des Erdballs gesichert gewesen, wäre nicht die »Pax America« auf den Plan getreten, um dem »Ölimperialismus Großbritanniens« entgegenzutreten. In diesem Land, das schon damals länger als jedes andere Land der Welt Erfahrungen mit Erschließung, Gewinnung, Verarbeitung und Verbrauch des Öls gesammelt hatte, wurden während der Kriegsjahre Befürchtungen laut, es könnte angesichts der nicht in allzu ferner Zeit liegenden Erschöpfung der eigenen Ölvorräte in die ökonomische und politische Abhängigkeit von Großbritannien geraten. In der hektischen Betriebsamkeit des Kampfes ums Öl, der nach Beendigung des Ersten Weltkrieges erst richtig begonnen wurde, ersuchten die amerikanischen »Ölfürsten« das US-Innenministerium um Unterstützung und bekamen diese auch. Die entsprechende Weisung des Ministeriums an alle diplomatischen Einrichtungen der Vereinigten Staaten vom 16. August 1919 ist selbstredend und soll deshalb auch ausführlich zitiert werden:

> »Meine Herren! Die außerordentliche Wichtigkeit, den Bedarf der Vereinigten Staaten an Mineralölen für Gegenwart und Zukunft zu sichern, hat sich der Aufmerksamkeit des Ministeriums mit aller Gewalt aufgedrängt. Die Entwicklung schon erschlossener Felder und Erforschung neuer Gebiete ist in vielen Teilen der Welt durch Staatsangehörige verschiedener Länder mit Energie

betrieben und die Erwerbung von Konzessionen für Mineralölrechte eifrigst angestrebt worden. Es erscheint uns wünschenswert, erschöpfende und den neuesten Stand berücksichtigende Berichte über derartige Bemühungen amerikanischer Staatsbürger und anderer Staatsangehöriger zu erhalten. Sie erhalten demgemäß die Weisung, Erkundigungen bezüglich angesuchter oder gewährter Erdölkonzessionen, Verkauf oder Übertragung derartiger Konzessionen, Besitzänderungen von Eigentum an Erdöl oder wichtige Änderungen im Besitze oder in der Leitung eingetragener Gesellschaften, die sich mit der Gewinnung oder Verteilung von Erdöl befassen, von Zeit zu Zeit einzuziehen und uns prompt zu übermitteln. Auch Berichte über die Entwicklung neuer Erdölfelder oder über ergiebigere Ausbeutung schon produzierender Gebiete mögen eingesandt werden. Genaue Daten hierüber sind erwünscht und die Berichte sollen sich nicht nur auf die oben erwähnten einzelnen Punkte beschränken, sondern Mitteilungen über alle Angelegenheiten, die von Interesse sein können, sofern sie Erdölindustrie betreffen, enthalten.

Sie erhalten auch die Weisung, jede erdenkliche Unterstützung allen verläßlichen oder vertrauenswürdigen Staatsbürgern der Vereinigten Staaten oder deren Interessen angedeihen zu lassen, wenn sie sich um Erdölkonzessionen oder -Rechte bewerben. Hierbei ist jedoch sorgfältig zu unterscheiden zwischen amerikanischen Staatsangehörigen, die amerikanisches Kapital, und amerikanischen Staatsangehörigen, die fremdes Kapital vertreten, ebenso zwischen Gesellschaften, die in den Vereinigten Staaten registriert sind und mit amerikanischem Kapital arbeiten, und solchen Gesellschaften, die lediglich dem Namen nach den amerikanischen Gesetzen unterstehen, aber durch ausländisches Kapital beherrscht werden,« (zitiert nach Denny 1930: 18f.).

5.3 Gewaltsamer Zugang für »freie« Ölausbeutung

Den Vereinigten Staaten sollte es in den zwanziger und dreißiger Jahren gelingen, den »britischen Öl-Imperialismus« zurückzudrängen, um an dessen Stelle den »anglo-amerikanischen Öl-Imperialismus« zu etablieren. Die Art und Weise, wie die beiden Hauptrivalen in der Weltökonomie und Weltpolitik Nutzungsrechte zur Erschließung und Gewinnung der größten und ergiebigsten Ölquellen der Welt sicherten, um ihren Heißhunger nach Öl zu stillen, kann hier nur angeschnitten werden, zumal die Vorgänge inzwischen hinlänglich bekannt und ausführlich dargestellt worden sind (siehe insbesondere Denny 1930: Mejcher 1980 u. 1990; Yergin 1991). Es geht bei den folgenden Ausführungen darum darzustellen, wie und mit welchen außerökonomischen Hebeln und jenseits der Gesetzmäßigkeiten des *komplexen Marktsystems* das *Dual-System* errichtet worden ist, das den Rahmen für eine Ölpreisentwicklung auf einem möglichst niedrigen Niveau setzte.

Mit Unterstützung der britischen Regierung schließt D'Arcy 1901 mit dem Schah von Persien ein Konzessionsabkommen ab, demzufolge der Schah für 40.000 Pfund Sterling und 16% des jährlichen Nettogewinns die Nutzungsrechte **von drei Vierteln des gesamten Staatsterritoriums für 60 Jahre** an D'Arcy abtrat (Yergin 1991: 177f.). 1933 erwarb Standard Oil of California von Ibn Saud, dem König von Saudi Arabien, **gegen eine einmalige Zahlung von 35.000 Pfund Sterling und einem vernachlässigbaren Anteil am Gewinn ebenfalls für 60 Jahre die Ölnutzungsrechte für eine Fläche von 500.000 qkm** (Yergin 1991: 380). Ein Jahr später erhielt die Kuwait Oil Company (der Zusammenschluß von Gulf und dem Vorläufer der BP Anglo Persian Oil Company) von Scheich Ahmed, dem Emir von Kuwait, **die Ölkonzession für 75 Jahre und verpflichtete sich als Gegenleistung zur Zahlung eines einmaligen Betrages von 35.700 Pfund Sterling und eines jährlichen Minimums von 18.000 Pfund nach der Aufnahme der Produktion** (Yergin 1991: 388; Mejcher 1980: 65f.).

Nicht also die zu produzierende Ölmenge, sondern die Nutzfläche (in allen Fällen bedeutende Teile des Staatsterritoriums) war Gegenstand der Verträge. Damit traten die bis dato archaischen, auf Tribut (aus dem Ackerbau und der Nomadenwirtschaft) gestützten, in Geldnot geratenen und in die Geheimnisse der Marktökonomie kaum eingeweihten Herrscher der Ölstaaten des Mittleren Ostens die Souveränität über die Ölreichtümer ihrer Länder für mehrere Dekaden an ausländische Firmen ab. Sie gaben damit zugleich die Mengenregulierung als entscheidendes Instrument der eigenen Nutzenoptimierung aus der Hand, während die Ölgesellschaften die Macht erlangten, die Ölausbeutung ausschließlich nach eigenen Optimierungspfaden auszurichten. Für die Öleigentümer blieb nur die Option offen, ihre eigenen Geldeinnahmen durch steigende Produktionsmengen zu erhöhen (Dual-System-Effekt; näheres siehe unter 3.4). Dieser Produktionspfad deckte sich weitestgehend mit dem Optimierungspfad der Ölgesellschaften, die darauf bedacht waren, durch sehr hohe Extraktionsraten in möglichst kurzen Zeiträumen möglichst hohe Mengen Öl aus den Lagerstätten des ökonomisch nicht entwickelten Teils des *Dual-Systems* (Mittlerer Osten) herauszuholen und sie als Kapital im ökonomisch entwickelten Teil desselben (Vereinigte Staaten, Europa) anzulegen.

Die Eliten der Ölstaaten hatten keine Chance, gegen die strategische Überlegenheit der erfahrenen und durch die Regierungen ihrer Herkunftsländer politisch – wohl auch militärisch – unterstützten euro-amerikanischen Ölkonzerne, eigene Handlungsspielräume zu schaffen. Versuche einzelner Potentaten, die Konkurrenz der Ölkonzerne untereinander im Interesse günstigerer Vertragsbedingungen zu nutzen, konnten die Ölkonzerne frühzeitig mit Gegenmaßnahmen wirkungslos machen. Als beispielsweise der Emir von Kuwait, Scheich Ahmed, 1933 glaubte, angesichts der sich gegenseitig überbietenden *Anglo Persian (BP)* und *Gulf* die Vertragssumme für die Nutzungsrechte erhöhen zu können, schlossen sich die beiden Konzerne kurzerhand zur *Kuwait Oil Company* zusammen (Yergin 1991: 387), deren Hauptfunktion darin bestand, gegenüber dem Öleigentümerstaat Kuwait jegliche Konkurrenz untereinander zu unterbinden. Diesem bewährten monopolistischen Ölproduzentenmodell folgten alsbald alle übrigen Konzerne, die sich gegenüber Saudi Arabien in der *Arabian-American Oil Company (Aramco)* und gegenüber dem Iran im *Iranian Consortium* und gegenüber Kuwait in der *Kuwait Oil Co* vereinigten und, wie Abb. 2.6 veranschaulicht, eine monopolistische Beziehung gegenüber den Eigentümerstaaten etablierten, die jahrzehntelang eine Partizipation der Öleigentümerstaaten an der Preisbildung und damit einen Ölweltmarkt entsprechend den Gesetzmäßigkeiten des *komplexen Marktsystems* bei erschöpfbaren Ressourcen grundsätzlich unmöglich machten und in der Lage waren, bis Ende 1973 den Ölpreis gegenüber allen Ölstaaten des Südens einseitig und monopolistisch zu diktieren.

Abb. 2.6: Märkte und Marktbeziehungen im Dual-System vor der Energiekrise 1974

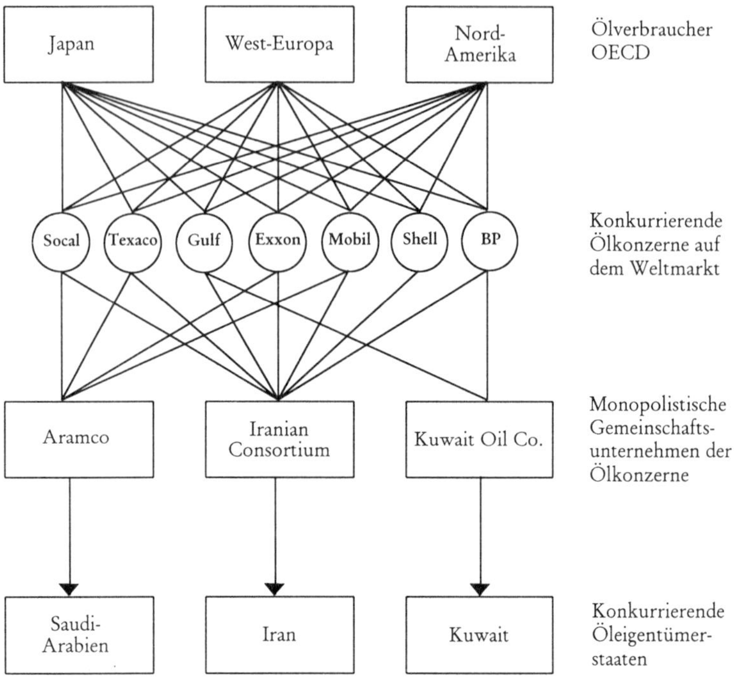

Quelle: Massarrat 1980: 169.

Hätte die Weltökonomie keine dualistische Struktur zwischen Nord und Süd, zwischen Zentrum und Peripherie, wären alle am Weltmarkt beteiligten Staaten gleichberechtigte Partner, so wäre eine derartig die Öleigentümerstaaten benachteiligende Marktstruktur als klarer Verstoß gegen ein hypothetisches internationales Kartellrecht einzuklagen gewesen. So hatte der Ölweltmarkt jedoch eine doppelte, nach der Öleigentümerseite und der Ölverbraucherseite entgegengesetzte Marktstruktur, mit allerdings sich verstärkender Wirkung bei der Preisbildung: Zum einen die *monopolistische Struktur gegenüber den voneinander isolierten Öleigentümerstaaten, und zum anderen ein unerbittlicher Wettbewerb auf den Anbietermärkten in Europa, Amerika und Asien mit der Folge struktureller Überproduktion und latenter Preissenkung.* Denn während die Öleigentümerstaaten zur Steigerung ihrer Deviseneinnahmen keine andere Wahl hatten, als in immer größerem Umfang Nutzungsrechte an die Ölkonzerne zu erteilen, versuchten letztere, durch möglichst hohe Produktionsmengen höhere Marktanteile zu ergattern und durch Umwandlung der Ölressourcen des Südens in immer größere Kapitalsummen, ein Höchstmaß an eigener Nutzenmaximierung zu erreichen. Es dürfte nicht von der Hand zu weisen sein, daß diese Struktur des Ölweltmarktes im *Dual-System* einen wichtigen, wenn nicht sogar den wichtigsten Anstoß zur Entfaltung des *fordistischen Konsummodells* in den Vereinigten Staaten und zur Nachahmung desselben in Europa gab.[27]

5.4 Gegenmacht der Öleigentümer: die OPEC

Der Ölimperialismus des Nordens hat im Süden Gegenkräfte auf den Plan gerufen. Allmählich entstand in den Öleigentümerstaaten des Südens ein Bewußtsein für den wahren Charakter der langfristigen Nutzungsrechte und der aufoktroyierten Vertragsbedingungen. Zunehmend wurde hier von den Vertragspartnern verlangt, die Nutzungsgebühren für die weitere Ausbeutung von Ölressourcen zu erhöhen. Um dem Eigentumsrecht an Ressourcen ökonomisch in

27 Denny, der oben zitierte zeitgenössische Autor, berichtet von der Ölüberproduktion und sinkenden Ölpreisen in den Vereinigten Staaten (Denny 1930: 247) und zunehmenden Schwierigkeiten in Europa, für das Öl einen entsprechend der Produktionssteigerung steigenden Absatz zu finden. »In vielen Ländern finden 'erzieherische' Feldzüge statt, die den Zweck verfolgen, zu beweisen, daß das Automobil – gewöhnlich amerikanisches Erzeugnis – nicht etwa ein Spielzeug oder Luxusartikel, sondern eine wirtschaftliche Maschine sei. Die günstige Lage und die Überlegenheit der amerikanischen Industrie werden in diesen Feldzügen als Folge der aufsteigenden Kurve der Automobilverkäufe dargestellt, mit der Moral, daß andere Länder diesen Prozeß verdoppeln können« (Denny 1930: 210).

vollem Umfang Geltung zu verschaffen, nationalisierte beispielsweise der Iran 1951 die in britischer Hand befindliche *Anglo-Iranian Oil Company (AIOC)*, die Vorgängerin von British Petroleum. Die Nationalisierung der Ölindustrie war das wichtigste Projekt einer traditionsreichen bürgerlichen Bewegung, die nach innen für Demokratisierung und Parlamentarismus und nach außen für die Erlangung voller Souveränität über die nationalen Bodenschätze eintrat.[28] Die Auflösung des britischen AIOC sollte den Iran in die Lage versetzen, nunmehr die Ölfördermengen selbst zu bestimmen, das Öl unter eigener Regie zu fördern und es auf den Verbrauchermärkten frei abzusetzen. Auf diesen iranischen Vorstoß reagierte

28 Das unter starkem britischen Einfluß stehende iranische Parlament gerät im Verlaufe der Nationalisierungskampagne unter politischen Druck der mobilisierten bürgerlichen Schichten und religiösen Strömungen. So gelang es der Parlamentsminderheit, die das Nationalisierungsprojekt mit Engagement verteidigte, unter der Führung des erfahrenen Politikers Dr. Mossadegh im März 1951, das Nationalisierungsgesetz durchzusetzen und die bestehenden Nutzungsrechte Großbritanniens im Iran zu annullieren. Diesem erfolgreichen Vorstoß ging eine mehrmonatige, heftige Debatte im Parlament und in der Öffentlichkeit voraus. Durch die Offenlegung der Verluste, die der Iran durch Beibehaltung der Verträge erleiden würde und die Darlegung der ökonomischen Vorteile durch die Annullierung derselben, konnte die Parlamentsminderheit die außerparlamentarische Bewegung für die Nationalisierung maßgeblich stärken. »Die Wahrheit ist, daß Iran als Folge der Nationalisierung des Öls keinen Schaden erleiden wird« prophezeite ein Abgeordneter während der mehrmonatigen Parlamentsdebatte und fuhr fort: »Nehmen wir an, Iran würde statt 30 Mio. Tonnen, die er 1950 produziert und exportiert hat, nur 10 Mio. Tonnen Öl exportieren. Selbst bei Produktionskosten von 2 £/Tonne statt bisher 1 £/Tonne und bei einem aktuellen Ölpreis von 5 £/Tonne am Persischen Golf würden die Exporteinnahmen Irans 30 Mio. £ betragen. Dagegen exportierte Iran 1950 ca. 30 Mio. Tonnen Öl und erhielt lediglich 25 Mio. £. Selbst unter ungünstigsten Bedingungen würde Iran auf diese Weise also doppelt gewinnen. Zum einen 5 Mio. £ höhere Einnahmen und zum anderen 20 Mio. Tonnen Öl, die nicht aus dem Boden herausgeholt werden und den künftigen Generationen erhalten bleiben« (Entescharat-e Mossadegh 1969: 105).

Großbritannien mit einem Ölembargo gegen den Iran. Fast alle westlichen Industrieländer schlossen sich dem britischen Embargo an. Schließlich scheiterte die Nationalisierungsbewegung des Iran an der Übermacht der westlichen Allianz. Die in der iranischen Geschichte zum ersten Mal frei gewählte Regierung wurde von außen finanziell ausgetrocknet, in eine Finanz-, Wirtschafts- und innenpolitische Krise getrieben und schließlich durch einen vom CIA geplanten Militärputsch im August 1953 gestürzt. Für die westliche Allianz war damit die »Iran-Krise«, die über zwei Jahre in der internationalen Presse Schlagzeilen machte, vorerst beendet. Das durch den mutigen Schritt eines Landes des Südens zerrissene Band im *Dual-System* wurde wieder geflochten, an die Stelle des britischen AIOC trat das aus »Seven Sisters« multinational zusammengesetzte *Iranian Consortium* (siehe Abb. 2.6), das die Ausbeutung iranischer Ölressourcen mit unwesentlich veränderten Vertragsbedingungen, aber mit erheblich größerer Intensität weiterbetrieb.

Der Kampf der Öleigentümerstaaten des Südens um die Erhöhung der Ölrente und die Souveränität über die eigenen Ölressourcen hörte auch nach dem Scheitern des iranischen Vorstoßes nicht auf (näheres dazu vgl. Ghaffari 1989: 66f.). In den meisten arabischen Ölstaaten (Irak, Algerien, Libyen) kam es in den fünfziger und sechziger Jahren zu radikalen politischen Umwälzungen. Im September 1960 wurde die OPEC gegründet, die 1973/74 letztlich innerhalb weniger Monate das für alle Ölstaaten des Südens mit einem Schlag durchsetzen konnte, woran der Iran 20 Jahre zuvor gescheitert war. Tatsächlich gelang es den OPEC-Staaten, durch die einseitige Aufkündigung der Nutzungsverträge der multinationalen Ölgesellschaften die formale und ökonomische Souveränität über die Ölressourcen herzustellen und bis Anfang der achtziger Jahre auch aufrechtzuerhalten. Die OPEC-Strategie der eigenen Nutzenmaximierung durch Ölmengenreduzierung und die Erzielung von höheren Ölrenten bzw. *Ressourcenkapitalkosten* wurde durch den erfolgreichen Versuch verwirklicht, der die Beseitigung der monopolistischen Nachfragestruktur auf dem Ölweltmarkt, damit die Herstellung gleichgewichtiger Marktbeziehungen für Anbieter wie Nachfrager und den Rahmenbedingungen eines funktionierenden *komplexen Marktsystems*, die Herstellung der Konkurrenz zwischen dem Öl und den übrigen Energieträgern weltweit umfaßte und der schließlich zur vollständigen Überwindung des *Dual-Systems* führen sollte. Obgleich heute die formale Souveränität der OPEC über eigene Ressourcen noch fortbesteht, muß aus der gegenwärtigen Sicht auch der zweite Versuch der Öleigentümerstaaten, ihre Nutzenmaximierungsoption durchzusetzen, 20 Jahre nach dem ersten Ölpreissprung als gescheitert angesehen werden. Das *Dual-System* konnte in den achtziger Jahren erneut rekonstruiert werden, und der Weltmarkt wird wieder mit Öl zu Dumpingpreisen überschüttet (näheres dazu siehe unter 6.2).

5.5 Krieg und Öl am Ende des Jahrhunderts

In den fünfziger Jahren waren die wichtigsten Ölquellen des Mittleren Ostens entdeckt und der Umfang, die Qualität und die natürliche Produktivität der Vorräte erforscht. Es war also schon in dieser Zeit bekannt, daß die umfangreichsten Ölvorräte mit der höchsten natürlichen Produktivität bzw. den niedrigsten Produktionskosten in der Region des Persischen Golfes lagern (siehe Tab. 2.3 und Abb. 2.12). Somit wurden die Anfang des Jahrhunderts an Phantasie grenzenden Vermutungen über die Dimension der in dieser Region gelagerten Vorräte bei weitem übertroffen. Um so eindringlicher müssen die Prophezeihungen der Briten Lord Fisher und Winston Churchill und vor allem des Franzosen Berenger aus den zwanziger Jahren in den Ohren anglo-amerikanischer Geostrategen der fünfziger Jahre geklungen haben, daß »derjenige, der das Erdöl besitzt (...), die Welt besitzen (wird)«. Das Interesse der Vereinigten Staaten am Status quo des *Dual-Systems* weitete sich über die Absicherung von günstigen Rahmenbedingungen für den Fortbestand des fordistischen Modells hinaus auch auf die geostrategische Bedeutung der Ölvorräte der Golfregion aus. In den fünfziger und sechziger Jahren waren westeuropäische Staaten und Japan auf dem besten Wege, sich auf allen Wirtschaftssektoren der Welt zu ernsthaften Rivalen der Vereinigten Staaten zu entwickeln. Andererseits wurden die EG-Staaten und Japan in derselben Zeit zu den wichtigsten Ölimporteuren aus der Golfregion, so daß ihre Energieversorgung zunehmend von den reibungslosen, preisgünstigen Öllieferungen aus der Golfregion abhängig wurde. Wachsendes Sicherheitsinteresse dieser Staaten hinsichtlich ihrer Ölversorgung entsprach vollends dem Interesse der Vereinigten Staaten, sich durch die Kontrolle des Öls der Golfregion als unverzichtbare Garantiemacht für eine reibungslose Ölversorgung anzubieten. So erhielten sie auch die Option, ihre militärischen Verbündeten im westlichen Bündnis und die ökonomischen Rivalen in der Weltwirtschaft nicht nur direkt durch ihre militärische Führungsrolle, sondern auch indirekt durch die »Ölwaffe« einzudämmen. Wer die Kontrolle über das Öl hat, der wird, sagte Berenger ferner, »seine Mitmenschen wirtschaftlich beherrschen«, der wird, erkannte nach dem Zweiten Weltkrieg George Kennan, »eine 'Vetomacht' über die Alliierten, über Europa und Japan haben (...), so daß es sehr wichtig wäre, diese nicht aus der Hand zu geben«. Nicht ohne Grund hatte das *State Department* das Mittelost-Öl auch als »gewaltige strategische Reserve, als den größten materiellen Preis der Weltgeschichte« eingestuft (Chomsky 1992: 33).

Folgerichtig leiteten die Vereinigten Staaten ihre Golfpolitik aus einem doppelten Interessengeflecht ab: (a) dem globalen-ökonomischen Interesse an der Unterstützung der hemmungslosen Ölausbeutung durch die US-Ölkonzerne und Aufrechterhaltung eines möglichst niedrigen Energiepreisniveaus; (b) dem geostrategischen Interesse an der Kontrolle des Öls der Golfregion und der dadurch zusätzlich gewonnenen politischen Macht. Trotz der US-Dominanz in der Ölregion des Persischen Golfes bestand der anglo-amerikanische Ölimperialismus der Vorkriegsepoche auch nach dem Zweiten Weltkrieg fort. Einst die führende Weltmacht und die führende Kraft im anglo-amerikanischen Tandem der Ausbeutung von Ölquellen der Golfregion, rutschte Großbritannien unwiderruflich in die Position des kleineren, aber verläßlichsten europäischen Verbündeten herab. Diese Rolle erfüllt es durch alle Turbulenzen der letzten Jahrzehnte im Mittleren Osten hindurch noch bis heute.

Nach dem Scheitern des iranischen Vorstoßes gegen die Hauptsäulen des *Dual-Systems* sind drei Ereignisse hervorzuheben, bei denen die anglo-amerikanische Ölallianz bis jetzt durch Kriegsdrohung, Kriegsförderung und Kriegführung intervenierten, um das *Dual-System* aufrechtzuerhalten: (a) der Sturz der haschemitischen Monarchie im Irak 1958, (b) die Islamische Revolution im Iran 1979 und der iranisch-irakische Krieg (der erste Golfkrieg) in den Jahren

1980-1988 sowie (c) die Besetzung Kuwaits durch den Irak im August 1990, die in den zweiten Golfkrieg einmündete.

Die irakische Revolution

In den fünfziger Jahren begannen die nach dem Ersten Weltkrieg durch britisch-französische Intervention geschaffenen Staatssysteme im Nahen und Mittleren Osten zusammenzubrechen. Nationalistische Armeeoffiziere stürzten 1952 die ägyptische Monarchie und ebneten den Weg für die Entfaltung des arabischen Nationalismus in der arabischen Welt. Die erlangte politische Unabhängigkeit ermöglichte Ägypten 1956 die Nationalisierung des Suezkanals und zum Ärger Großbritanniens die Aufhebung der britischen Nutzungsrechte an dem strategischen Nadelöhr des Öltransports aus dem Persischen Golf nach Europa.[29] 1955 siegte der arabische Nationalismus auch in Syrien. Der Funke dieser Ideologie schwappte auf andere arabische Nachbarstaaten über. So stürzten nationalistische Offiziere der irakischen Armee 1958 die haschemitische Monarchie im ölreichen Irak und machten den Weg für die nationalistische Revolution frei. Für die anglo-amerikanische Ölallianz bedeutet die Beseitigung der irakischen Monarchie den Verlust eines wichtigen Verwalters ihrer Ölinteressen, die Revolution löste daher eine Reihe von bemerkenswerten Reaktionen aus, die Noam Chomsky auf der Basis von US-Dokumenten des »National Security Council«, die der Geheimhaltung nicht mehr unterliegen, dokumentiert hat (Chomsky, Die Tageszeitung v. 9.2.1991). Demnach befahl Präsident Eisenhower die Landung der zum Atomwaffeneinsatz autorisierten US-Marineinfanterie im Libanon, »um unfreundliche Kräfte daran zu hindern, in Kuwait einzufallen«. Großbritannien erwog für Kuwait mehrere Möglichkeiten, darunter auch, wie Außenminister Selwyn Lloyd formulierte, »rücksichtslos zu intervenieren, wenn die Dinge falsch laufen, gleich, wer den Konflikt auslöst«. Lloyd betonte ferner »die vollständige Solidarität der Vereinigten Staaten mit uns

29 Auf die Herstellung der ägyptischen Souveränität über den Suezkanal reagierte Großbritannien zusammen mit Frankreich und Israel im November 1956 mit dem Suezkrieg, der schließlich und unter dem Druck des UN-Sicherheitsrats zugunsten Ägyptens ausging.

in der Frage des Golfs« einschließlich der Notwendigkeit, »zur Unterstützung unserer Position, in Kuwait fest aufzutreten« und der »ähnlichen Entschlossenheit« der USA »in bezug auf die Aramco-Ölfelder« in Saudi Arabien; die Amerikaner »stimmen zu, daß diese Ölfelder (in Kuwait, Saudi Arabien, Bahrain und Quatar) unter allen Umständen in westlichen Händen bleiben müssen«. Die erwähnten Dokumente bestätigen, daß »Großbritannien daran festhält, seine finanzielle Stabilität werde ernsthaft bedroht, wenn Öl aus Kuwait und vom Persischen Golf Großbritannien nicht mehr zu vernünftigen Bedingungen zur Verfügung stünde, wenn Großbritannien der umfangreichen Investitionen der Gewinne aus dieser Region beraubt und die britische Währung nicht mehr durch das Öl aus dem Persischen Golf gestützt würde«. Diese spezifisch britischen Interessen und die Fürsorge für die »Lebensfähigkeit Westeuropas« veranlaßten die Vereinigten Staaten, »den Briten Unterstützung oder wenn nötig Hilfe beim Einsatz von Gewalt zur Bewahrung der Kontrolle über Kuwait und den Persischen Golf zu gewähren«. Im November 1958 empfahl der Nationale Sicherheitsrat, die USA sollten »bereit sein, Gewalt einzusetzen, aber nur als letztes Mittel, entweder allein oder zur Unterstützung Großbritanniens«, sobald diese Interessen bedroht seien (Chomsky, ebda).

Die islamische Revolution im Iran und der erste Golfkrieg

Hatte der arabische Nationalismus die arabische Staatenwelt in den fünfziger Jahren grundlegend verändert, Monarchien, die dank britischer Intervention zwischen den Weltkriegen errichtet worden waren, beseitigt und dem direkten politischen Einfluß des Westens die Basis entzogen, so blieb im Iran diese Aufgabe einer im Mittleren und Nahen Osten tief verwurzelten grenz- und ethnienüberschreitenden islamistischen Strömung vorbehalten, die sich anschickte, in der gesamten arabisch-islamischen Welt den Nationalismus, insbesondere den arabischen Nationalismus, zurückzudrängen. 1979 beseitigte die islamische Revolution die Monarchie im Iran. 18 Monate später befand sich diese Revolution mit dem Irak, dem expansivsten Verfechter des arabischen Nationalismus, auf dem Kriegsschauplatz (Massarrat 1993). Der iranisch-irakische Krieg (der erste Golfkrieg) wurde zu einem der längsten, blutigsten und teuersten Kriege nach dem Zweiten Weltkrieg.

Der erste Golfkrieg hat neben den auf ca. eine Million Menschen geschätzten Kriegsopfern (Toten und Invaliden) und den auf 350 Milliarden US-Dollar geschätzten Kriegsschäden auch dem inneren Zusammenhalt der OPEC den schwersten Schlag seit ihrer Gründung versetzt. Als bedeutende Mitglieder der OPEC haben beide Kriegsparteien, um die Kriegskassen zu füllen, die bis dato als Tabu geltenden OPEC-Quotenbeschlüsse offen, permanent und massiv umgangen, den Ölmengenpreismechanismus der OPEC faktisch außer Kraft gesetzt, die Märkte an der OPEC vorbei mit Öl zu Niedrigstpreisen überschüttet (*Dual-System-Effekt*) und die bereits begonnene Ölpreissenkung beschleunigt (vgl. Abb. 2.3). So gesehen verwandelte sich der erste Golfkrieg zu einem wichtigen Motor der Konjunkturankurbelung der Wirtschaft in den Industrieländern (a) durch umfangreiche Rüstungskäufe und (b) durch sinkende Öl- und Energiepreise (näheres vgl. Massarrat 1988). Je länger der Krieg also andauerte, desto schwächer wurden die OPEC und ihre 1974 und 1979 gewonnene Eigentumsfunktion und desto größer wurde der kurzfristige ökonomische Nutzen der Ölverbraucher im Norden. Nicht nur, aber insbesondere aus diesem Grunde ist die auffallende Gleichgültigkeit von fast allen Industriestaaten des Nordens gegenüber dem zeitweise vergessenen, obgleich blutigsten Krieg der letzten Jahrzehnte sowie die aktive Mitwirkung der Vereinigten Staaten und Großbritanniens nicht etwa an der Beendigung, sondern an der Verlängerung des ersten Golfkrieges zu erklären.[30] Bereits während des Krieges enthüllte die *Washington Post* die kriegsverlängernden Maßnahmen der Vereinigten Staaten (Frankfurter Rundschau vom 16.11./29.11.1985 und 21.1.1986). Inzwischen besteht nach den Enthüllungen im britischen Parlament Ende 1992 kein Zweifel daran, daß auch Großbritannien durch geheime Lieferungen von Waffen

30 Der Krieg und dessen Fortdauer hatten auch den wichtigen Effekt der Eindämmung der islamischen Revolution bei gleichzeitiger Schwächung des arabischen Nationalismus und der Umlenkung der gegen Israel gerichteten arabisch-islamischen Bedrohungspotentiale auf das innerarabisch-islamische Spannungsfeld.

und Informationen an beide Seiten aktiv und gezielt bei der Verlängerung des Krieges mitgewirkt hat.

Ähnlich wie 1958 nach der erfolgreichen Revolution im Irak betrachteten die Vereinigten Staaten die 20 Jahre später stattgefundene islamische Revolution im Iran als eine ernsthafte Bedrohung ihrer »lebenswichtigen« Interessen. Bereits vor dem Beginn des ersten Golfkrieges wurde die Stoßrichtung der US-Politik in der Golfregion an die Adresse der Sowjetunion und des Iran in der sogenannten *Carter-Doktrin* neu formuliert.

> »Der Versuch einer auswärtigen Macht, die Kontrolle des Persischen Golfes zu übernehmen, wird als Angriff auf die vitalen Interessen der USA betrachtet. Sie wird mit allen Mitteln einschließlich militärischer Gewalt zurückgewiesen werden« (Präsident Carters Erklärung »State of the Union«, 23. Januar 1980).

Aufschlußreich und äußerst freizügig formulieren ein Jahr später vier den Regierungen der USA, Großbritanniens, der Bundesrepublik Deutschland und Frankreichs nahestehende und für die Außenpolitik zuständige Institute in einem gemeinsamen Bericht die »sicherheitspolitischen und militärischen Aufgaben des Westens« u.a. auch gegenüber der Golfregion.

> »Im Falle nationaler Rivalitäten, die in der Golfregion zum Krieg führen könnten, dürfte eine westliche Einsatzflotte, die in der Lage ist, die Straße von Hormus offenzuhalten, durchaus erforderlich sein. Im Falle innerer Unruhen, die westliche Interessen gefährden, sollten wir die Fähigkeit haben, auf seiten der befreundeten Macht einzugreifen, die uns um Hilfe bittet. Auch zahlreiche andere Eventualitäten sind denkbar, in denen es auf eine schnelle Dislozierung in der Region zur Verteidigung der Ölfelder ankommen könnte« (Kaiser/Lord/de Montbrial/Watt 1981: 39).

In der Tat befürchteten die Vereinigten Staaten und ihre Verbündeten, daß der Funke der islamischen Revolution auf Saudi Arabien überschwappt, daß die den Vereinigten Staaten wohlgesonnene saudische Herrscherfamilie gestürzt und dort eine radikale Macht errichtet würde, die zusammen mit dem Iran und dem Irak in der Lage wäre, die Ära des anglo-amerikanischen Ölimperialismus und das *Dual-System* insgesamt und endgültig zu beenden und die ölbasierten Ökonomien des Westens durch eine dritte radikale Mengenreduzierung und Preiserhöhung in eine neue und schwerere Krise zu treiben. Insofern war die *Carter-Doktrin* keine leere Drohung, sondern eine ernsthafte und von den europäischen Hauptverbündeten der USA unterstützte Initiative, der alsbald Taten folgten. Es wurde der Aufbau der Rapid Deployment Forces (RDF/Schnelle Eingreiftruppe) mit einer Stärke von inzwischen 400.000 Mann in Angriff genommen, und auf der ägyptischen Sinai-Halbinsel zusammen mit den Armeen der befreundeten arabischen Regierungen Manöver abgehalten, in Saudi Arabien selbst umfangreiche infrastrukturelle und logistische Militäreinrichtungen geschaffen[31] und die befreundeten arabischen Staaten zu einer »kooperativen Sicherheitspolitik« verpflichtet. Der Kern dieser Politik bestand in der militärischen Kooperation zwischen dem finanzschwachen, aber bevölkerungsreichen Ägypten und dem bevölkerungsarmen, aber finanzstarken Saudi Arabien. Das Bündnis dieser beiden arabischen Staaten sollte die Lücke ausfüllen, die der Sturz des Schah-Regimes in der Golfstrategie der Vereinigten Staaten hinterlassen hatte.

Der zweite Golfkrieg

Die »inneren Unruhen«, die von den vier westlichen Instituten prognostiziert worden waren (sprich islamische Revolution in Saudi Arabien) sind ausgeblieben. Statt dessen kam der »Hilferuf einer befreundeten Macht« aus Kuwait, dem Nachbarland Saudi Arabiens, nachdem die irakische Armee über Nacht dieses ölreiche Land be-

31 Die Kosten dieser Einrichtungen wurden freilich Saudi Arabien überlassen, das laut SIPRI in der Zeit zwischen 1980-1988 die Summe von 181,55 Mrd. US-$ für Waffenimporte und Unterhaltung aller Militäreinrichtungen des Landes ausgegeben hat. Daß damit Saudi Arabien in derselben Zeit doppelt so viel für die »Verteidigung« ausgegeben hat wie der Irak, dessen Ausgaben 91,4 Mrd. US-$ betrugen (SIPRI Yearbook 1990, S. 187), ohne im geringsten in der Lage zu sein, selbständig eine mögliche irakische Bedrohung abzuwenden, legt die begründete Vermutung nahe, daß die kostspieligen militärischen Einrichtungen des Landes nur komplementär zu der US-Armee funktionstüchtig sind und wahrscheinlich im wesentlichen die infrastrukturelle und logistische Basis der schnellen Eingreiftruppe der USA bereitstellen.

setzt und die Herrscherfamilie Al-Sabah zur Flucht nach Saudi Arabien getrieben hatte. Die irakische Aktion und der Hilferuf der kuwaitischen Herrscher gehörten zu den von den vier westlichen »Denkfabriken« prognostizierten »Eventualitäten, (...), in denen es auf eine schnelle Dislozierung in der Region zur Verteidigung der Ölfelder ankommen könnte« (Kaiser u.a. 1981: 39).

Die irakische Aktion zielte nicht auf die Lostrennung der Ölressourcen aus dem antiwestlichen Lager in der Golfregion, wie es bei der Besetzung der ölreichen südiranischen Provinz Khusistan seinerzeit bei einem irakischen Sieg im Krieg gegen den Iran der Fall gewesen wäre, sondern sie zielte darauf, beachtliche Ölressourcen aus dem westlich-orienten Lager am Persischen Golf abzutrennen und dem direkten Zugriff des Irak zuzuführen.

Das anglo-amerikanisch orientierte Lager, mit den bedeutendsten Ölreserven der Welt in der Golfregion, setzt sich zusammen aus Saudi Arabien mit 25,2%, Kuwait mit 9,3% und den Vereinigten Arabischen Emiraten mit 10,1% der Weltölreserven. Damit stehen insgesamt 44,6% (60,9 Mrd. Tonnen Öl) der gesamten Ölreserven der Welt und 68% der Ölreserven des Mittleren Ostens unter anglo-amerikanischer Kontrolle (vgl. Tab. 2.2). Mit der Einverleibung Kuwaits hätte der Irak, der selbst 9,9% der Weltölreserven besitzt, schlagartig über 19,2% der Reserven verfügt und den Ölanteil, die Handlungs- und Definitionsmacht des anglo-amerikanischen Lagers innerhalb der OPEC entscheidend geschwächt und das Gewicht des antiwestlichen Lagers, mit Irak, Iran, Libyen und Algerien, erheblich gestärkt. Aus anglo-amerikanischer Sicht wären außerdem die Vereinigten Arabischen Emirate und Saudi Arabien selbst bedroht gewesen, ein ähnliches Schicksal zu erleiden wie Kuwait.

Durch die irakische Besetzung des ölreichen Kuwait im Sommer 1991 war jener in der *Carter-Doktrin* beschriebene Interventionsfall anläßlich eines »Angriffs auf die vitalen Interessen der USA« in der Golfregion eingetreten und der »Hilferuf« der befreundeten kuwaitischen Herrscherfamilie schaffte seinerseits die moralische Legitimation, um Kuwait »mit allen Mitteln, einschließlich militärischer Gewalt« zurückzuerobern. Damit hatte der Irak – wie übrigens mit der Besetzung der südiranischen Provinz Khusistan im Herbst 1980 den ersten Golfkrieg – nunmehr auch den zweiten Golfkrieg eingeleitet. Die anglo-amerikanische Allianz war für eine militärische

Reaktion, insbesondere seit der Ankündigung der *Carter-Doktrin* gut vorbereitet. Diese Allianz reicht, darauf wurde bereits früher hingewiesen (vgl. unter 5.2), bis in die dreißiger Jahre dieses Jahrhunderts zurück, hielt allen Krisen und antiwestlichen Entwicklungen der Nachkriegsära stand und wurde ideologisch, strategisch, militärisch und ökonomisch unter der US-Dominanz immer enger verzahnt. Die Allianz reagierte auf die irakische »Provokation« in einer aus europäischen und arabischen Staaten zusammengesetzten anti-irakischen Kriegskoalition, mit umfangreicher finanzieller Unterstützung Saudi Arabiens, der Bundesrepublik Deutschland und Japans und legitimiert durch die Vereinten Nationen mit dem »wirksamsten Vernichtungsfeldzug in der Geschichte, der jemals durch Streitkräfte geführt wurde« (Schmähling 1992: 83). Der zweite Golfkrieg hatte viele Dimensionen, Facetten und Botschaften.[32] Er wurde geführt, um angeblich Kuwait zu befreien, die Demokratisierung in diesem Land einzuleiten und Saddam Hussein im Irak zu stürzen. Angesichts der irakischen Aggression und der vermeintlichen irakischen Bedrohung für die Existenz Israels wurde der Golfkrieg durch die Vereinten Nationen legitimiert. Millionen Menschen haben die offiziellen Kriegsziele ernstgenommen und ihnen Glauben geschenkt. Heute, über zwei Jahre nach dem Ende des zweiten Golfkrieges, dürfte kein Zweifel mehr darüber bestehen, daß das entscheidende Kriegsziel in Wahrheit das war, was tatsächlich auch verwirklicht worden ist: die Rückführung der kuwaitischen Ölreserven in das westliche Lager, die Wiederherstellung der anglo-amerikanischen Kontrolle über die umfangreichsten Ölreserven der Welt, die Aufrechterhaltung des *Dual-Systems* und die Sicherstellung des Öl-

32 Die Ereignisse, die verschiedenen ökonomischen, ökologischen, politischen, kulturellen, ethnischen, völkerrechtlichen, regionalen und internationalen Dimensionen und Folgen des zweiten Golfkrieges wurden inzwischen in zahlreichen Beiträgen und Monographien gründlich und kritisch aufgearbeitet. Vergleiche dazu Salinger/Laurent 1991; Ruf (Hrsg.), 1991; Nirumand 1991; Chomsky/Beinin u.a. 1992; Schönberger/Koestler 1992 und vor allem die Beiträge von Johan Galtung, Elmar Schmähling, Reinhard Schulze, Michael Müller, Ekkehart Krippendorf und Mohssen Massarrat in dem von Georg Stein 1991 herausgegebenen Sammelband »Nachgedanken zum Golfkrieg«.

angebots im Überfluß und zu Niedrigstpreisen, damit die verschwenderischen Konsumgewohnheiten im Norden, insbesondere in den Vereinigten Staaten, unangetastet bleiben. Die Voraussage des Franzosen Berenger aus den zwanziger Jahren, daß »derjenige, der das Erdöl besitzt (...), die Welt besitzen (wird)«, behält auch gegen Ende dieses Jahrhunderts seine Gültigkeit.

> »Welche Großmacht auch immer die Kontrolle über die Energieressourcen in der Golfregion erringt, sie wird dadurch im großen Ausmaß auch die Entwicklung der Welt beherrschen. Ein dritter Weltkrieg, sollte er stattfinden, würde wahrscheinlich um die Energiequellen in der Golfregion geführt werden« (zitiert nach Michael Müller, Die Tageszeitung vom 13. August 1991).

Dies sagte der amerikanische Energieminister James Schlesinger während der Carter Administration, ein Jahr vor der Besetzung Kuwaits durch den Irak im September 1989 auf der Weltenergiekonferenz in Montreal. Lee Hamilton, Vorsitzender des Unterausschusses für Europa und den Nahen Osten im US-Repräsentantenhaus, gestand vor dem Beginn des Krieges: »Der Grund für unseren Einsatz am Golf ist viel alltäglicher: Geld und Öl – und wer die Kontrolle darüber ausübt. Wir wollen natürlich auch einen Aggressor in die Schranken weisen«, (Der Spiegel 34/1990: 119f.). Und über ein Jahr nach Beendigung des Krieges ergänzte derselbe James Schlesinger auf dem 15. Kongreß des Weltenergierates im September 1992 in Madrid den von Hamilton genannten Kriegsgrund um einen weiteren besonders aufschlußreichen Aspekt, der selten zuvor von offizieller Seite so klar benannt worden ist:

> »Das, was das amerikanische Volk aus dem Golfkrieg gelernt hat, ist, daß es wesentlich leichter und wesentlich lustiger ist, den Leuten im Vorderen Orient in den Hintern zu treten, als Opfer zu bringen und die Abhängigkeit Amerikas im Hinblick auf das importierte Öl zu begrenzen.« Schlesinger legte dabei Wert auf die Feststellung: »Diejenigen, die mich gut kennen, werden verstehen, daß ich es niemals wagen würde, einen Ausdruck zu verwenden, wie eben von mir getan, wenn dieser nicht auch auf höchster Regierungsebene so akzeptiert würde,« (zitiert nach Sarkis 1993).

6. Kapitel

Öldumpingpreise: Die ökonomischen und ökologischen Folgen

6.1 Öldumpingpreise 1915-1974

Ausgehend von der Analyse der Preisbildung bei erschöpfbaren Ressourcen im *Dual-System* (siehe unter 3.5) handelt es sich bei dem Ölpreis in der *zweiten Etappe* der Ölpreisentwicklung im Zeitraum von 1915-1974 (also vom Beginn der massenhaften Ölförderung am Persischen Golf bis zum ersten Ölpreissprung) eindeutig um einen *Dumpingpreis*. Die Art und Weise, wie das *komplexe Marktsystem* auf dem Weltenergiemarkt in diesem Zeitraum untergraben worden ist, wurde im vorausgegangenen Kapitel dargestellt. In diesem Prozeß wurde anstelle des *komplexen Marktsystems* das *Dual-System* für den Weltenergiemarkt etabliert. Die Eigentums- und Kapitalfunktion der Öleigentümerstaaten wurde dabei stark beeinträchtigt, so daß diese nicht maximale, sondern minimale Nutzen aus der Ausbeutung ihrer Ressourcen ziehen konnten, während gleichzeitig die Ölkonzerne freie Hand erhielte, ihre Nutzen ausschließlich nach ihren Vorstellungen zu maximieren und zwar ohne Rücksicht auf den Schaden für die Natur und die Staaten im Süden. Nicht der Markt, sondern die politische und militärische Intervention regulierte den Austausch zwischen den Ölkonzernen des Nordens und den Öleigentümern des Südens. Die Folgen dieses einseitig auf die Interessen des Nordens zugeschnittenen Rahmens waren die strukturelle Ölüberproduktion, die Ölpreissenkung. Anstatt daß der Ölpreis langfristig als Folge steigender *Ressourcenkapitalkosten* exponentiell stieg, sank er, da verhindert werden konnte, daß die *Ölrenten* bzw. *Öl-Ressour-*

cenkapitalkosten in vollem Umfang in den Ölpreis Eingang fanden. Der aktuelle Ölpreis bewegte sich stets weit unterhalb von hypothetischen Gleichgewichtspreisen (vgl. Gleichungen 6 und 8), die sich im *komplexen Marktsystem* bei Abwesenheit des *Dual-Systems* und der außerökonomischen Manipulation herausgebildet hätten (siehe dazu ausführlich unter 6.3).

Die Tatsache, daß die in den Ölstaaten des Südens tätigen Ölkonzerne überdurchschnittliche Profite erzielen konnten und die Tatsache, daß auch die Öleigentümerstaaten als Gegenleistung für die vertraglich vereinbarten Nutzungsrechte *Royalties* (*Renten, Ressourcenkapitalkosten*) in teilweise beträchtlichem Umfang erhielten, widerspricht nicht der *Öldumpingpreisthese.* Denn die Rente einer erschöpfbaren Ressource kann sehr hoch sein, obwohl der aktuelle Marktpreis derselben weit unterhalb der den Gleichgewichtspreis regulierenden *Grenzkosten* liegt (siehe unter 3.2). *Die Rente ist eine Funktion der natürlichen Produktivität und der Ressourcenpreis eine Funktion der Grenzkosten.*

Abb. 2.7: Rendite* der US-Ölkonzerne nach Regionen

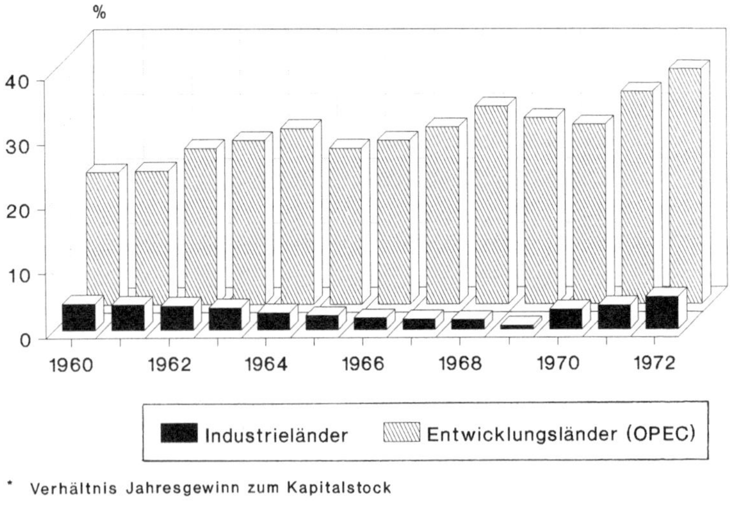

* Verhältnis Jahresgewinn zum Kapitalstock

Quelle: Massarrat 1980: 115.

Abb. 2.8: Preisniveau fossiler Energieträger in unterschiedlichen Regionen (1969 in US-$/Tonne Öläquivalent)

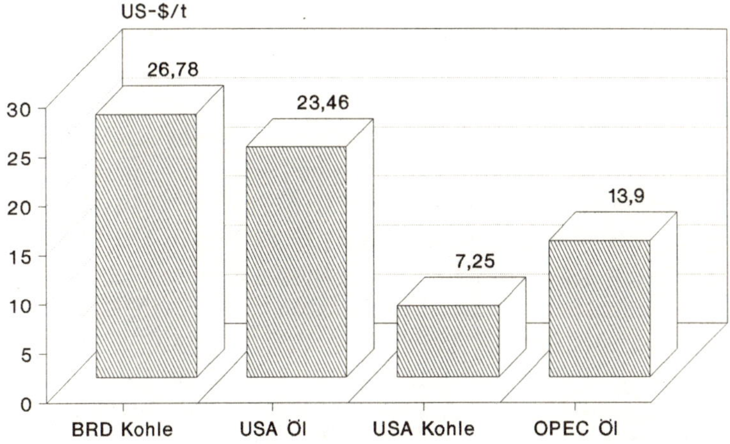

Quelle: Massarrat 1980: 125.

Die schwache ökonomische Position der Öleigentümerstaaten des Südens und die Beeinträchtigung der Eigentumsfunktion der Ölressourcen spiegelte sich im Preisdiktat der Ölkonzerne gegenüber den Eigentümerstaaten wider, mit der Folge, daß der für die Berechnung von Konzerngewinnen und Eigentümer-Royalties gültige OPEC-Ölpreis (fob) bis 1970 stets unter 2 US-$/Barrel lag (Abb. 2.3). Dieser Preis lag jedoch erheblich unter den subventionierten fossilen Grenzkosten in Westeuropa und deutlich unter den Ölgrenzkosten in den Vereinigten Staaten (Abb. 2.8). Das *OPEC-Öl zu Dumpingpreisen* wirkte sich auch auf die Eigentumsfunktion in den Industrieländern aus. Die Renteneinnahmen vieler us-amerikanischer Ölquellen bzw. Kohlebergwerke tendierten nach Null oder sie verschwanden gänzlich. In Europa konnte die fossile Energieproduktion nur noch durch staatliche Subventionierung aufrechterhalten werden.

6.2 Öldumpingpreise trotz OPEC

Die historische Aufgabe, das *Dual-System* auf dem Weltenergiesektor zu überwinden und den Öldumpingpreis drastisch anzuheben, fiel der OPEC zu. Tatsächlich leitete dieser Zusammenschluß der Ölproduzenten des Südens seit 1974 auch ohne Zweifel eine neue und *dritte Etappe* der Ölpreisentwicklung und eine qualitativ neue Entwicklung in den Beziehungen zwischen den Ölkonzernen des industrialisierten Nordens und den Ölstaaten des Südens ein: Die Nutzungsverträge der Ölkonzerne wurden annulliert, die Nutzungsrechte sind in den siebziger Jahren vollständig auf die OPEC-Staaten übergegangen (Massarrat 1980: 196f.). Und die OPEC verwandelte sich in eine Agentur der Ölstaaten des Südens, die begannen, die Produktionsmenge und den Preis gemäß der Nutzenmaximierungsoption der Anbieter selbst zu bestimmen.

Die Ölpreissprünge von 1973/74 und 1980 und die Bereitschaft der meisten OPEC-Mitglieder, höhere Preise durch die Reduzierung von Produktionsmengen und Extraktionsraten zu erzielen, unterstreicht den Wandel innerhalb des *Dual-Systems*, der stattgefunden hatte. Tatsächlich war die durch die OPEC eingeschlagene Politik auch auf dem richtigen Wege, die Rahmenbedingungen für das *komplexe Marktsystem* und die Eigentums- und Kapitalfunktion der Ölressourcen herzustellen. Diese Politik hatte allerdings nur in den siebziger Jahren Erfolg und erreichte 1979/80 im Zuge der Islamischen Revolution im Iran mit einer erneuten drastischen Anhebung des realen Ölpreises auf ca. 48 US-$/Barrel ihren Höhepunkt. Seitdem sank der reale Ölpreis kontinuierlich und erreichte 1988 mit 12,12 US-$/Barrel einen neuen Tiefpunkt (siehe Abb. 2.3); er bewegt sich zur Zeit unterhalb der 20 US-$/Barrel-Marke. Der gegenwärtige Ölpreis orientiert sich nicht an den Produktionskosten von Grenzressourcen, den synthetischen Ölen, die zwischen 34-109 US-$/Barrel betragen, auch nicht an den Grenzkosten des Nordsee-Öls und der europäischen Kohle, sondern eindeutig an den niedrigeren Kostenkategorien von Energieressourcen (siehe Abb. 2.9).

Berücksichtigt man den Kaufkraftverlust des US-Dollars, der gegenüber der DM nur noch 57,5% des Wertes von 1974 beträgt, so

Abb. 2.9: Produktionskosten fossiler Energieträger 1985 (geschätzt)

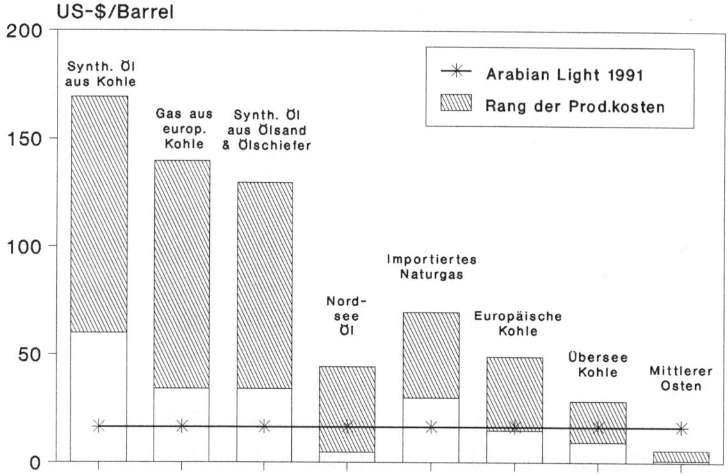

Quelle: Eigene Berechnungen nach Shell Briefing Service, World Energy Data and Facts Nov. 1985.

betrüge der abwertungsbereinigte Ölpreis von 1990 tatsächlich nur 11,8 (57% von 20,50) US-$/Barrel.

Die drastischen Ölpreissteigerungen lösten teilweise ökonomisch, im wesentlichen aber politisch begründete Gegenkräfte aus, die gepaart mit politischen Ereignissen und strukturellen Gegensätze die Dynamik weiterer Ölpreiserhöhungen stoppen, den begonnenen Prozeß sogar umkehren und schließlich auch das *Dual-System* de facto wiederherstellen konnten. Die Ursache der erneuten Ölpreissenkung seit dem Beginn der achtziger Jahre sollen im folgenden untersucht werden:

Gegenkräfte des Nordens

Die steigenden Ölpreise bewirkten bei den Konsumenten von Öl und den übrigen Energien nennenswerte Energieeinsparungen, was ökologisch als positiver Effekt der Ölpreissteigerung zu bewerten ist. Das neue OPEC-Preisniveau erhöhte freilich die Rentabilität von Ölressourcen außerhalb der OPEC, die nun mit Gewinn produziert wurden und das Ölangebot erhöhen konnten. Doch dies geschah mit kräftiger Unterstützung der OECD-Staaten durch Gewährung von günstigen bilateralen bzw. multilateralen Krediten. Durch den Ausbau eines flächendeckenden Energieangebots außerhalb des Einflußbereichs der OPEC setzten diese Staaten schrittweise eine Strategie um, die sie mit der Gründung der *International Energy Agency (IEA)* 1975 als Reaktion auf den OPEC-Ölpreissprung entwickelt hatten.[33]

Zu der Defensivstrategie der OECD-Staaten kommt die offensive Wirkung des *Zinsraten-Ressourcenpreis-Mechanismus* hinzu, dessen Bedeutung für die Ölpreisbildung in den achtziger Jahren nicht unterschätzt werden dürfte. Die US-Hochzinspolitik nach der Amtsübernahme Ronald Reagans als Folge der drastischen Verschuldung zur Finanzierung des umfangreichen Rüstungsprogramms hatte in doppelter Weise den Druck auf die weltweiten Rohstoffpreise merklich erhöht und den *Dual-System-Effekt* (vgl. unter 3.4) hervorgerufen: zum einen dadurch, daß die Auslandsverschuldung nahezu aller monostrukturellen – also von Rohstoffexporten abhängigen – Staaten des Südens ebenso drastisch stieg und diese Staaten dazu zwang, ihre Rohstoffangebotsmenge zu erhöhen. Und zum anderen zusätzlich durch den *Zinsraten-Rohstoffpreis-Mechanismus*, dessen Funktionsweise früher beschrieben worden ist (siehe unter 2.3). Die Hochzinspolitik treibt alle Rohstoffanbieter im Süden wie im Norden dazu, die Extraktionsrate zu erhöhen und die Geldeinnahmen auf dem Kapitalmarkt anzulegen. Abb. 2.10 veranschaulicht diesen Zusammenhang. Unabhängig davon, ob nun die spürbare Senkung von Rohstoffpreisen ein Nebeneffekt der Aufrüstungs- und Hochzinspolitik der Vereinigten Staaten war, oder ob dies mit in das eigene strategische Kalkül einbezogen worden ist, unterstreicht dieser

33 Die IAE sollte durch die Koordination von nationalen Energiepolitiken der OECD-Mitgliedsstaaten gewährleisten, daß folgende Ziele verwirklicht werden: *erstens*: Sicherung von ausreichenden Energie- und Ölvorräten in den Mitgliedsstaaten für Krisen- und Konfliktfälle; *zweitens*: Verringerung der Abhängigkeit von Energieimporten, vor allem aus der OPEC; *drittens*: Maßnahmen zur Stabilisierung des Ölpreises auf dem Preisniveau nach 1974 oder gar unterhalb dieses Preises.

Sachverhalt die Fähigkeit der USA, durch Zinspolitik neben einem Sog von Kapitalströmen in die US-Ökonomie die internen Konjunktur- und Wachstumsbedingungen auch zusätzlich durch Verbilligung von Rohstoffen steuern zu können, freilich zu Lasten aller Rohstoffanbieter.

Abb. 2.10: Entwicklung der Rohstoffpreise und der US-Zinsrate

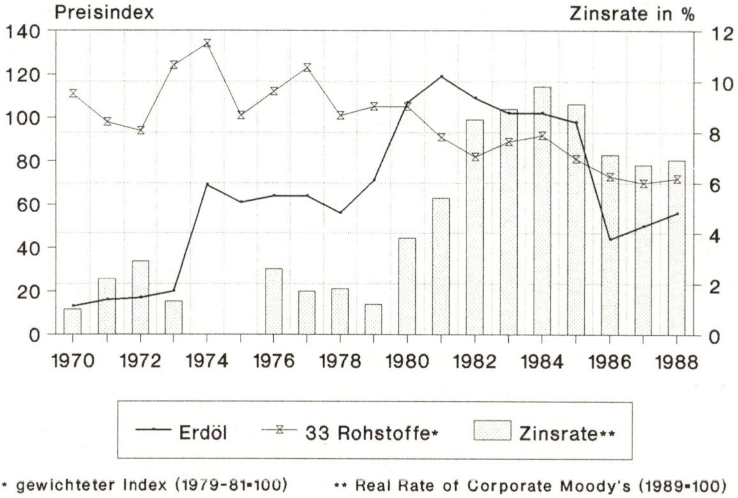

Quelle: Für Rohstoffpreise World Bank 1986: Price Prospects, Table 17; für Zinsrate Tabelle 2.8 in diesem Buch.

Spaltung und Konkurrenz innerhalb der OPEC

Der Krieg zwischen Iran und Irak (erster Golfkrieg) konterkarierte die Normalisierung der Energiemärkte und die Überwindung des *Dual-Systems* in doppelter Weise. Die laufenden Kriegskosten zwangen beide Staaten zur Erhöhung der Ölfördermengen und zur Verletzung der eigenen Nutzenmaximierungsoption. Die Beseitigung der Kriegsschäden unterlag naturgemäß denselben Zwängen. Noch dramatischer für die Ölpolitik der OPEC sind die Folgen des zweiten Golfkrieges. Der dadurch gestiegene Bedarf an Finanzmitteln bei einigen OPEC-Staaten erschwert einen gemeinsamen Konsens und eine darauf beruhende Ölpolitik, die dem Nutzenmaximierungsprinzip der gesamten OPEC entspricht. So gesehen entpuppt sich das bereits in den siebziger Jahren verstärkte Wettrüsten und die Spirale: Öleinnahmen, Waffenimporte, Krieg im Mittleren und Nahen Osten nicht nur als ein Fundament der politischen Instabilität in der Region, sondern auch als ein Destabilisierungsinstrument der OPEC und der Energiemärkte insgesamt (siehe auch Abb. 2.19). Im Wettrüsten und Krieg kulminieren eine Reihe von ökonomischen und ökologischen Folgen der Ölausbeutung in der Golfregion. Daher wird auf diesen Aspekt am Ende dieses Kapitels gesondert eingegangen.

Unabhängig von Ereignissen wie die beiden Golfkriege und ihren nachhaltig negativen Auswirkungen auf den inneren Zusammenhalt war und bleibt die strukturelle Schwäche der OPEC zur Überwindung des *Dual-Systems*, die einzigartige Konzentration der Ölressourcen in den drei Golfstaaten *Saudi Arabien*, *Kuwait* und *Vereinigte Arabische Emirate (VAE)*, die aufgrund der Gleichartigkeit ihrer innenpolitischen Strukturen und außenpolitischen Orientierung sowie beinahe identischer Interessen eine insgesamt abgestimmte Politik innerhalb der OPEC verfolgen. Ca. 45% der Weltölressourcen und 68% der Ölressourcen des gesamten Mittleren Ostens lagern im Souveränitätsbereich dieser drei Staaten mit einer Bevölkerung von 17,48 Mio. (Tab. 2.2).

Angesichts der weltweiten Knappheit der Ölressourcen legt das Nutzenmaximierungsprinzip allen Ölanbietern innerhalb und außerhalb der OPEC eigentlich nur die Option nahe, die Ölextraktionsraten auf einem möglichst niedrigen Niveau zu halten und so die Lebensdauer der Ressourcen zu verlängern und durch höhere Ölpreise die Einnahmen zu sichern oder sogar zu steigern. Eine solche *Ölknappheitsoption* entspricht auch gänzlich den Interessen der Staaten mit vergleichsweise geringerer Ressourcenausstattung, zumal bei den von Ölexporten existentiell abhängigen OPEC-Mitgliedern Indonesien, Nigeria, Venezuela, Iran, Irak, Algerien und Libyen. Verfolgen diese Staaten nämlich nicht die skizzierte Option, indem sie durch Erhöhung der Extraktionsraten ihre Öleinnahmen kurzfristig zu steigern suchen, so riskieren sie dabei eine baldige Erschöpfung ihrer Ressourcen und den Verlust ihrer darauf beruhenden ökonomischen Basis.

Tabelle 2.2: Ölproduktion und Reserven für ausgewählte Regionen 1990

Ausgewählte Regionen	Saudi Arabien, Kuwait + VAE	Mittl. Osten	OPEC	USA	Welt
Reserven (R) in Mrd. t	60,9	89,5	105,1	4,3	136,5
Anteil %	44,6	65,6	77,0	3,1	100
Produkt. (P) in Mio. t	489	843,3	1205,4	417,6	3148,9
Anteil %	15,6	26,9	38,3	13,3	100
P/R ratio %	0,008	0,0094	0,0115	0,097	0,018
R/P ratio in Jahren	124	106	87	10,3	43,4
Bevölkerung in Mio.	18,7	94,8	469,8	249	5201
Pro-Kopf-Reserven in 1000 Tonnen	3256,7	944,1	223,7	17,3	26,2

Quelle: BP Statistical Review of World Energy 1991; OPEC Annual Statistical Bulletin 1990.

Die außergewöhnliche Konzentration der Ölressourcen in der Hand der drei Staaten *Saudi Arabien, Kuwait* und der *VAE* macht die Durchsetzung der Nutzenmaximierungsoption im Interesse aller Ölanbieter allerdings von Gedeih und Verderb eben dieser Staaten mit einer faktischen Monopolposition abhängig. Die unvergleichlich starke Position und Definitionsmacht der eben genannten drei Ölstaaten veranschaulicht Abb. 2.11.

Die drei genannten Staaten können der *Ölknappheitsoption* folgen und so sowohl ihren eigenen kurz- und langfristigen Interessen, wie denjenigen der übrigen Ölstaaten Rechnung tragen. Sie können aber auch davon abweichen und sich für die Option einer kurzfristigen Einnahmensteigerung durch Erhöhung der Fördermengen entscheiden, ohne dabei – wie die übrigen Staaten – das Risiko einzugehen, in absehbarer Zeit als Ölanbieter gänzlich auszuscheiden. Trotz absolut höherer Fördermengen (ca. 40% der OPEC-Förderung) bleibt ihre Extraktionsrate mit 0,008% unter und die statische

Abb. 2.11: Pro-Kopf-Ölreserven für ausgewählte Regionen

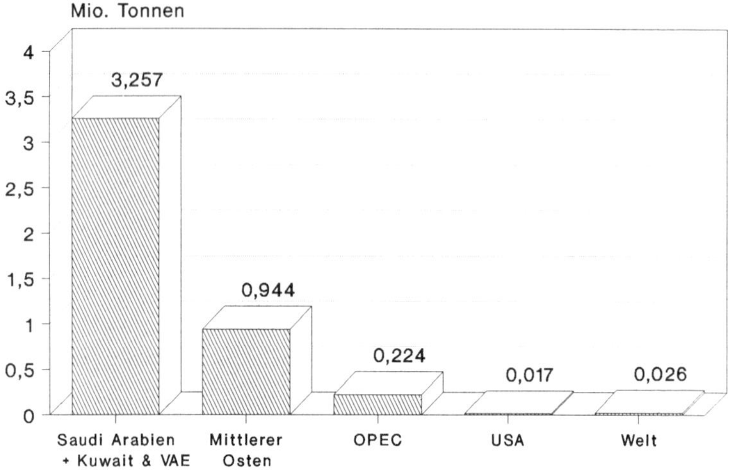

Quelle: Eigene Berechungen nach BP Statistical Review 1991; OPEC Annual Statistical Bulletin 1990.

Lebensdauer ihrer Reserven mit 124 Jahren über dem OPEC-Durchschnitt, der 0,01% bzw. 87 Jahre beträgt (s. Tab. 2.2). Diese Staaten verfügen zusammen mit den anderen Golfstaaten Iran und Irak gleichzeitig über die Ressourcenbestände mit der höchsten natürlichen Produktivität und den niedrigsten Produktionskosten in der Welt (siehe Tab. 2.3 und Abb. 2.12).

Tatsächlich folgten *Saudi Arabien*, *Kuwait* und die *VAE* in den siebziger Jahren innerhalb der OPEC zunächst, allerdings nur widerwillig, dem eigenen langfristigen Nutzenmaximierungsprinzip (der *Ölknappheitsoption*), um dann allmählich davon abzuweichen und seit Mitte der achtziger Jahre immer offener innerhalb der OPEC die Strategie der Einnahmensteigerung durch höhere Fördermengen und -anteile zu verfolgen, die den eigenen, allerdings nur kurzfristigen Interessen Rechnung trägt, den kurz- und langfristigen Interessen aller übrigen Öleigentümerstaaten jedoch zuwiderläuft. Diese Strategie hat entscheidenden Anteil an den sinkenden Ölpreisen der achtziger Jahre und der *vierten Etappe* der Ölpreisentwicklung, die bis heute andauert und als eine Etappe der erneuten *Öl-*

Tabelle 2.3: Produktionskosten der sicheren Ölvorräte der Welt nach Regionen und Kostengruppen (geschätzt)

Produktions-kosten $ (1983)/Barrel	0-4	4-12	12-20	20-30	< 30	Gesamt Mrd. Tonnen
Mittlerer Osten	54,5	19,6	11,6	3,6	–	89,3
Lateinamerika	2,9	5,9	5,9	2,9	–	17,6
Nordamerika	–	1,8	1,8	0,8	0,9	5,3
Asien, Pazifik	–	1,5	3,2	1,5	–	6,2
Afrika	2,2	2,2	1,2	1,1	1,1	7,8
Übrige Welt	0,7	3,6	3,2	2,3	0,8	10,6
Gesamt Mrd. Tonnen	60,3	34,6	26,9	12,2	2,8	136,8

Quelle: Eigene Berechnungen nach: P.C. Desprairies, X. Boy de la Tour and J.J. Lacour, 1985: 522. BP Statistical Review of World Energy, 1990.

dumpingpreise zu charakterisieren ist. Die US-Hochzinspolitik verstärkt die hier skizzierte Strategie der drei OPEC-Staaten maßgeblich. Weshalb die genannten drei Staaten eine solche, offensichtlich widersinnige Ölpolitik verfolgen, soll im folgenden näher erläutert werden:

Dilemma der Doppelfunktion: Öleigentümer im Süden und Kapitalbesitzer im Norden

Aufgrund von sehr hoher Pro-Kopf-Ölausstattung bzw. -produktion erwirtschafteten die drei Ölstaaten *Saudi Arabien, Kuwait* und die *VAE* schon immer aus den Öleinnahmen einen Überschuß, den sie auf den internationalen Finanzmärkten investierten. Nach dem ersten Ölpreissprung stiegen ihre Einnahmenüberschüsse und damit auch ihre Auslandsinvestitionen. Diese sind in den westlichen Industrieländern angelegt und werden auf ca. 200-300 Mrd. US-Dollar geschätzt. Die Einnahmen Kuwaits aus den Auslandsinvestitionen waren beispielsweise in den achtziger Jahren teilweise höher als die

Abb. 2.12: Verteilung der sicheren Ölvorräte der Welt nach Regionen und Kostengruppen

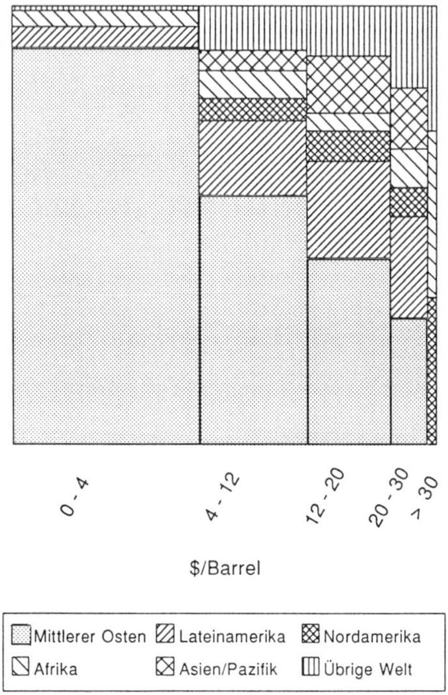

jährlich erzielten Öleinnahmen (siehe Abb. 2.13). Die drei Ölstaaten sind mit ihren umfangreichen Investitionen im Norden nicht nur Eigentümer von Ölressourcen im Süden, sondern gleichzeitig auch Kapitaleigner im Norden. In ihrer Doppelfunktion verkörpern sie gegensätzliche Interessen: die der Öleigentümer des Südens und die der Ölverbraucher des Nordens. Die Nutzenmaximierungsoption als Öleigentümer verlangt eine Strategie steigender Ölpreise, die gleichzeitig ihrer Nutzenmaximierungsoption als Kapitaleigner im Norden kurzfristig zuwiderläuft, da steigende Energiepreise die Verwertungsbedingungen ihres Kapitals im Norden verschlechtern. Somit kommt bei diesen drei Staaten zu dem Effekt des Zinsrate-Ölpreis-Mechanismus noch ein zusätzlicher Grund hinzu, langfristige Öleigentümerinteressen zu verletzen. Umgekehrt verfügen die Industriestaaten, insbesondere die USA, außer der Möglichkeit, durch eine Hochzinspolitik den Ölpreis der OPEC zu beeinflussen, auch noch über zuverlässige Verbündete mit teilweise identischen ökonomischen Interessen.

Abb. 2.13: Einnahmen Kuwaits aus Ölexport und Auslandsinvestitionen

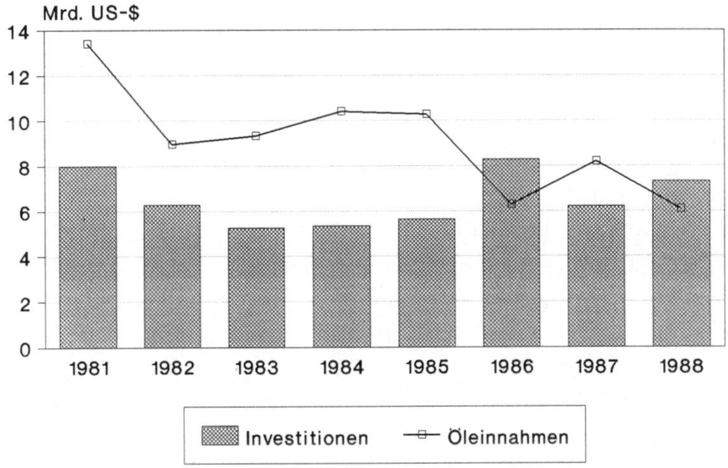

Quelle: Stork/Lesch, 1990: 15.

Das Nutzenmaximierungsprinzip zwingt die Ölanbieter dazu, die zu erwartende Ölpreisentwicklung und die antizipierten Renditen auf den Kapitalmärkten in das eigene Marktverhalten einzubeziehen. Während bei einer zu erwartenden Ölpreissteigerungsrate, die höher als die Zinsrate auf den internationalen Finanzmärkten ist, die Ölanbieter ihren Nutzen maximieren, indem sie das Öl im Boden belassen und ihren Finanzbedarf durch Kreditaufnahme befriedigen, neigen die drei Anbieter *Saudi Arabien, Kuwait* und *VAE* dazu, im Interesse der Stabilität der Renditen ihres Auslandskapitals der zu erwartenden Ölpreissteigerung durch Erhöhung ihrer Fördermengen entgegenzuwirken. In ihrer Doppelfunktion als Ölanbieter im Süden und Kapitalbesitzer im Norden mögen diese Staaten ihren eigenen kurzfristigen Nutzenmaximierungskriterien Rechnung tragen, sie verletzen aber die Nutzenmaximierungskriterien aller übrigen Ölanbieter über die OPEC hinaus.

Diese Staaten verfügen ferner, dank ihrer Monopolposition bei der Beurteilung der Marktlage, über eine Definitionsmacht. Eine als pessimistisch eingeschätzte Ölpreiserwartung können sie durch die Erhöhung der Fördermenge genauso herbeiführen wie eine optimistische Preiserwartung durch Herabsetzung der Fördermenge. Eine Beurteilung der tatsächlichen Ölpreisentwicklung in der Zukunft kann sich so den strengen ökonomischen Nutzenmaximierungskriterien entziehen. Der Manipulation der Zukunftsbeurteilung des Ölmarktes ist also Tür und Tor geöffnet.

Die Stärke der drei Anbieter-Staaten mit relativ kleiner Bevölkerung und den größten Reserven der Welt, die sich auch in ihrer Definitions- und Manipulationsmacht des Ölpreises widerspiegelt, ist zugleich auch ihre Schwäche. Sie sind erpreßbar und den mächtigen Nachbarstaaten, wie die Besetzung Kuwaits durch den Irak gezeigt hat, hoffnungslos ausgeliefert. Die herrschenden Eliten dieser Staaten, die Petro-Dollar-Oligarchien, standen seit der Entdeckung der Ölreichtümer in ihrem Souveränitätsgebiet vor der Alternative, irgendwann dem Öldurst der mächtigen Nachbarstaaten zum Opfer zu fallen oder aber ihre Verfügungsgewalt über diese bedeutenden Ressourcen durch eine politisch-militärische Allianz mit den westlichen Staaten, allen voran der alten Kolonialmacht Großbritannien und der neuen militärischen Supermacht USA, abzusichern. *Der Preis, den die Petro-Dollar-Oligarchien der drei Ölstaaten für den Schutz ihrer Herrschaft zahlen besteht darin, ihre Definitions- und Manipulationsmacht in den Dienst eines stabilen Ölpreises zu stellen, der sowohl den kurzfristigen ökonomischen Interessen aller OECD-Staaten, wie den ökonomischen und strategischen Sonderinteressen der USA entspricht. Die OECD-Staaten erzielen in dieser Allianz mit den Petro-Dollar-Oligarchien den doppelten Vorteil: zum einen halten sie die Öl- und Energiekosten insgesamt auf einem möglichst niedrigen Niveau und zum anderen den Zustrom des überschüssigen Kapitals der Petro-Dollar-Oligarchien zu ihren Ökonomien und damit einen gigantischen Transfer von Kapital in den Norden weiterhin aufrecht.*

Tatsächlich haben die drei Ölstaaten *Saudi Arabien*, *Kuwait* und *VAE* innerhalb der OPEC ihre Definitions- und Manipulationsmacht des Ölpreises schon immer – je nach ökonomischen und politischen Rahmenbedingungen – mal defensiv und mal offensiv erfolgreich eingesetzt. Und sie tun dies heute noch. Der Optimierungspfad dieser Staaten unterscheidet sich substantiell kaum vom oben dargestellten Optimierungspfad der ausländischen Ölkonzerne in den Ölstaaten vor ihrer Enteignung (vgl. unter 6.1). Dieser besteht darin, schon heute soviel Öl wie möglich aus dem Boden herauszuholen, um es in den OECD-Staaten als Kapital anzulegen. Ein solcher Optimierungspfad zwingt alle anderen Anbieter der Welt zur Steigerung von Produktionsmengen und Extraktionsraten, zur Überausbeutung der Ölreserven. Er führt zu Überproduktion und Ölschwemme und verhindert eine notwendige Steigerung der Ölpreise. *Diese Strategie ruft kurzfristig den Überfluß von an sich äußerst knappen Ölressourcen hervor und steht in einem diametralen Widerspruch zu einer im komplexen Marktsystem gebotenen Nutzenmaximierungsoption aller Ölanbieter der Welt (OPEC, Anbieter in den Vereinigten Staaten und den Staaten der GUS-Staaten). Eine derartige Nutzenmaximierungsoption legt allen Anbietern angesichts weltweiter Ölknappheit nahe, eine Strategie der sinkenden Angebotsmengen und steigenden Preise zu verfolgen.*

Die obigen Ausführungen heben jene herausragende Bedeutung hervor, die den drei Ölanbieterstaaten *Saudi Arabien*, *Kuwait* und *VAE* und deren Oligarchien in der Weltökonomie zukommt. Die ausschließlich dem einzigartigen Wechselspiel zwischen der Laune der Natur und der Menschheitsgeschichte zuzuschreibende Konzentration von fast 45% aller bekannten Weltölressourcen in wenigen Händen sorgt für die Restauration aller energiepolitischen Relikte des kolonialistischen *Dual-Systems*. Die Monopolposition und die Politik dieser Ölstaaten verursachen nachhaltig den erneuten *Öldumpingpreis*, begünstigen die Beibehaltung der gespaltenen Energiemärkte und des Ungleichgewichts der fossilen Ressourcenbestände. Und sie tragen auch zur Entwertung des Kapitalwertes der Ölressourcen und zur Beschleunigung der baldigen Erschöpfung aller Ölvorräte bei. Kurz, dieser Umstand ist der wichtigste Faktor der energiepolitischen Instabilität in der Gegenwart, hat energiepolitisch eine schicksalhafte Bedeutung für die gesamte Menschheit, die mit der Herrschaft der Ölkonzerne des Nordens in den Ölstaaten des Südens in den ersten sechs Jahrzehnten dieses Jahrhunderts vergleichbar ist.

6.3 Hypothetischer Öl-(Gleichgewichts-)Preis in der komplexen Marktökonomie. Gigantischer Einkommenstransfer von Süd nach Nord

Hätte die Ölpreisbildung statt im Rahmen des *Dual-Systems* unter den Bedingungen *komplexer Marktökonomie* für erschöpfbare Ressourcen stattgefunden, so hätte die Entwicklung des Ölpreises langfristig aller Wahrscheinlichkeit nach einen anderen Verlauf genommen. Bei voller Wirksamkeit der Eigentumsfunktion, d.h. der Möglichkeit der Eigentümer, ihrer eigenen Nutzenmaximierungsoption Geltung zu verschaffen und sich die *Ressourcenkapitalkosten* in der gesamten Höhe anzueignen, hätten die Ölpreise in der *zweiten Etappe* (1915-1974) auf jeden Fall weit über den aktuellen Ölpreisen gelegen. Um den langfristigen realen Preistrend dem langfristigen Trend der hypothetischen Ölgleichgewichtspreise gegenübergzustellen, wurde unter vereinfachenden und teilweise relativierenden Annahmen in einem aufwendigen Verfahren ein hypothetischer Pfad für Ölgleichgewichtspreise simuliert, dem die Gleichung 6 der Preisentwicklung bei erschöpfbaren Ressourcen im *komplexen Marktsystem* zugrunde liegt (siehe Abb. 2.14).

Die Berechnungsmethode und die Datenbasis sind detailliert im Anhang dargestellt (Kapitel 8). Der Vergleich von Preispfaden veranschaulicht, wie sehr im Unterschied zum hypothetischen, langsam ansteigenden, die künftigen Erschöpfungstendenzen auf die Gegenwart projizierenden Gleichgewichtspfad die *Öldumpingpreise* ein instabiles Preissystem hervorbrachten, das mit oder auch ohne die OPEC schockartig und in politischen Krisenzeiten (1973 Jom Kippur-Krieg, 1980 Iranische Revolution, 1990 der 2. Golfkrieg) durch Preissprünge immer wieder auseinanderbricht und auseinanderbrechen muß.

Abb. 2.14: Entwicklung des realen, nominalen und hypothetischen Ölpreises* 1930-1988

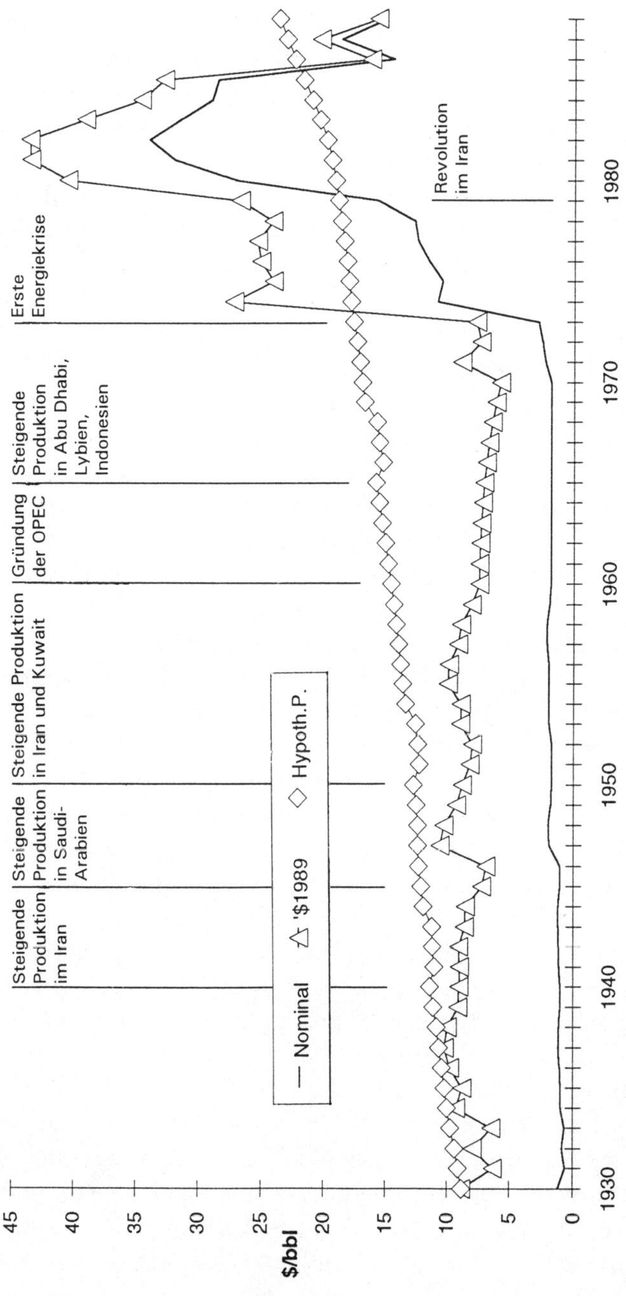

*) Für den Ölpreis von 1944 gilt der US-Öldurchschnitts-preis, für den Zeitraum nach 1945 Arabisch Leicht.

Quelle: Für reale und nominale Preise: British Petroleum, London; für den hypothetischen Ölpreis vgl. die Tabelle 2.8 (Anhang).

Dabei führen einige bei dem Modell gemachte Annahmen dazu, daß der hypothetische Preispfad in Wahrheit als untertriebene Darstellung der historischen Knappheitspreise bezeichnet werden muß. Beispielsweise wurden als Grenzkosten für den globalen Ölmarkt und den gesamten Untersuchungszeitraum die mittleren Ölproduktionskosten des Jahres 1930 in den Vereinigten Staaten zugrunde gelegt und als konstant für den gesamten Zeitraum unterstellt (s. Anhang). *Erstens* dürfte die Annahme steigender Grenzkosten in der Zeit der Realität näherliegen, als die Annahme konstanter Grenzkosten für über 40 Jahre, so daß der hypothetische Ölpreis als ein periodisch sich stufenartig nach oben verlagerter Trend über dem simulierten Preispfad anzusiedeln ist. *Zweitens* gilt der zugrundegelegte Grenzpreis für den nordamerikanischen Energiemarkt. In der Realität wurde das Energiepreisniveau schon immer zumindest durch zwei voneinander deutlich unterscheidbare Grenzpreise reguliert. (a) Der nordamerikanische und (b) der europäische Grenzpreis. Letzterer liegt vor allem wegen der geringeren natürlichen Produktivität deutlich über dem Niveau des ersteren Grenzpreises (vgl. Abb. 2.8 und 2.9).

Bei Berücksichtigung der regionalen Energiekosten- und Preisunterschiede müßte auch die Dollarabwertung gegenüber den europäischen Währungen mit entsprechenden Umrechnungskoeffizienten sich im hypothetischen Ölpreispfad widerspiegeln. Dieser würde dann oberhalb des ermittelten Preistrends zu verorten sein.

Die ökonomischen Folgen des Öldumpingpreises sind vielfältig. Auf ihre Wirkung des verschwenderischen Energiekonsums und der Etablierung des fordistischen Industrie- und Konsummodells im Norden wurde bereits hingewiesen (vgl. Kapitel 3.6).

Für den Süden bedeuten die langfristigen Öldumpingpreise nicht nur schnellere Erschöpfung ihrer Ölressourcen, sondern gleichzeitig auch gigantische Einnahmeverluste zugunsten des Nordens. Der dadurch verursachte langfristige Einkommenstransfer von Süd nach Nord kann annähernd auf verschiedene Weise ermittelt werden. (a) Durch die Differenz zwischen den hypothetischen und den jeweils aktuellen Ölpreisen. Dies setzt allerdings genauere Berechnung der hypothetischen Ölpreise voraus. (b) Durch die Differenz zwischen den Endverbraucherpreisen für Öl und Ölprodukte und den Ölweltmarktpreisen zuzüglich Transport- und Verarbeitungskosten.

Denn gerade angesichts von Öldumpingpreisen erhalten die ölimportierenden Staaten die Möglichkeit, die Differenz zu den inländischen Grenzpreisen teilweise oder ganz abzuschöpfen.[34] Die westeuropäischen Staaten verfolgen diese Wertabschöpfungspolitik konsequent durch die Erhebung von Mineralölsteuern, die US-Regierungen ließen die Vorteile von Öldumpingpreisen den Endverbrauchern zukommen, um den US-Energiepreis auf einem möglichst niedrigen Niveau zu halten. Angesichts eines ohnehin hohen inländischen Energiegrenzkosten- und Preisniveaus belasten Mineralölsteuern auf das importierte Dumpingpreisöl die inländischen Verbraucher nicht. Vielmehr schützt die Besteuerungspolitik gleichzeitig die inländischen Energiezweige (Kohle, Atomenergie) vor der Konkurrenz des ausländischen Öls, ist also auch eine protektionistische Energiepolitik. Das Instrument der Mineralölsteuern erweist sich also in Wahrheit als ökonomischer Hebel einer klammheimlichen Wertschöpfung aus dem *Dumpingpreisöl* bei gleichzeitiger Handelsdiskriminierung der OPEC-Exporteure (näheres dazu vgl. Kapitel 7.2). Auf der Basis der angeeigneten Mineralölsteuern läßt sich danach der Süd-Nord-Einkommenstransfer annähernd berechnen. Hinzu kommen die ebenfalls transferierten Gewinne der im Süden tätigen Ölkonzerne, die für den Zeitraum zwischen 1945 bis 1975 bereits an einer anderen Stelle ermittelt worden waren (Massarrat 1980, siehe Abb. 2.15).

---

34 Der Grenzpreis der inländischen fossilen Energieträger wie der Steinkohle in Europa (in Öläquivalent umgerechnet) gibt bei einer genaueren Betrachtung nur einen groben Anhaltspunkt für die tatsächliche Höhe des Ölpreises, da die Verarbeitungskosten der fossilen Endprodukte auf der Ölbasis erheblich unter denjenigen Kosten auf der Kohlebasis liegen. Der richtige Ölpreis muß somit eine der natürlichen Beschaffenheit des Öls entsprechende Qualitätsrente enthalten. Mit anderen Worten würden die Verbraucher bei ihrer Kaufentscheidung dem Öl den Vorzug geben, selbst wenn für eine Einheit Öläquivalent ein höherer Preis bezahlt werden sollte, als für eine Einheit Öläquivalent in Form von Steinkohle. In der ökonomischen Praxis in Westeuropa ist jedoch genau umgekehrt der Ölweltmarktpreis ein Bruchteil des Kohlepreises (vgl. hierzu die Abb. 2.8 und 2.9). Zu einem ersten Versuch, der Berechnung des Ölpreises auf der Basis der Grenzkosten der Ölsubstitute vgl. Massarrat 1980: 142f.

Abb. 2.15: Aufteilung der Ölrente 1945-1975 (in Mrd. US-$)

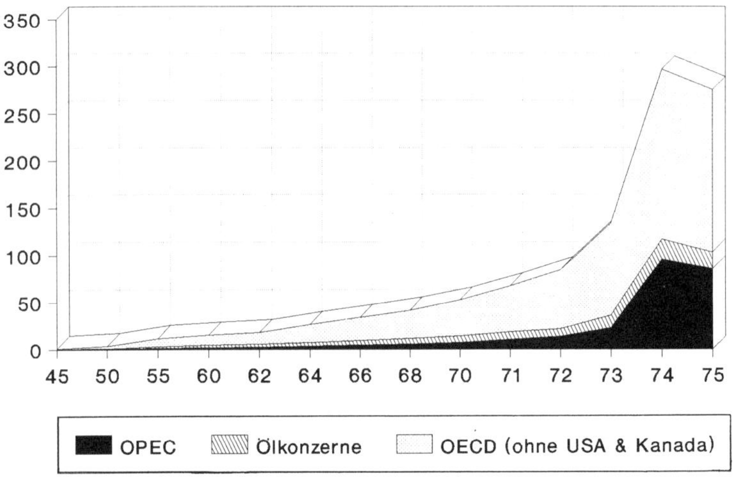

Quelle: Massarrat, 1980: 194, Tabelle 36.

Die der Abb. 2.15 zugrunde gelegten Daten belegen, daß der in den Norden transferierte Ölrentenanteil in allen Jahren des Untersuchungszeitraums (mit Ausnahme von 1974/75) beträchtlich größer war als der Rentenanteil der Öleigentümer. Die kumulierten Renteneinnahmen der Öleigentümer des Südens hat zwischen 1945-1975 insgesamt 257,051 Mrd. US-$ betragen, während die Ölkonzerne und die ölimportierenden Staaten des Nordens im gleichen Zeitraum Renteneinnahmen im Umfang von 98,180 Mrd. bzw. 348, 447 Mrd. US-$ verbuchen konnten (Massarrat 1980: 195, Tab. 36).

Nur um eine Vorstellung von der tatsächlichen Dimension des Einkommenstransfers in den Norden für den Untersuchungszeitraum zu gewinnen, wird hinzugefügt, daß der gesamte kumulierte Nettobestand der US-Direktinvestitionen im Ausland, d.h. also sowohl im Süden wie im Norden, 1973 insgesamt 107,270 Mrd. US-$ betrug (Massarrat 1980: 111, Tab. 9). Dieser Betrag war damit nur geringfügig höher als die Rente, die sich die multinationalen Konzerne des Nordens allein im Ölsektor angeeignet haben. Dieser Vergleich mag auch einen Eindruck von der Wirkung vermitteln, die durch die Ölimportstaaten des Nordens eingenommene Ölrentensumme von 348,447 Mrd. US-$ (mehr als die dreifache Summe des Nettobestandes aller US-Direktinvestitionen im Ausland) auf den eigenen ökonomischen Wachstumsprozeß der Nachkriegsjahre erzielt worden ist. Auch in den siebziger und achtziger Jahren haben die ölimportierenden OECD-Staaten nicht darauf verzichtet, über den Hebel der Mineralölsteuer weiterhin den rigorosen Süd-Nord-Einkommenstransfer in Gang zu halten (vgl. Kapitel 7.2).

Zu dem quantitativen Umfang des einseitigen Einkommenstransfers von Süd nach Nord muß noch die qualitative Wirkung der importierten Güter der Öleigentümerstaaten berücksichtigt werden, die diese gegen die Ölrenteneinnahmen erhalten. Die Ölstaaten, importieren gegen ihre Petrodollars keine produktiven Techniken und Know-how, die sie in die Lage versetzen, sich allmählich von der monostrukturellen Abhängigkeit der Öleinnahmen und dem Zwang, die knappen Ölressourcen zu Schleuderpreisen zu verheizen, unabhängig zu machen, sondern zu einem beträchtlichen Teil Rüstungsgüter und verwenden die Deviseneinnahmen für den Ausbau von Militärapparaten, die selbst wiederum eine Eigendynamik entwickeln, so auch, wie stattgefunden, Kriege und Kreigsschäden hervorrufen. Der Schaden der beiden Golfkriege für die Ölstaaten wird im Zeitraum zwischen 1980-1991 sowohl durch westliche Staaten als auch durch die OPEC übereinstimmend auf 800 Mrd. US Dollar geschätzt. Hiervon entfallen 350 Mrd. US Dollar auf den ersten und 450 Mrd. US Dollar auf den zweiten Golfkrieg. Diese Verluste der Ölstaaten der Golfregion waren fast so hoch, wie die im gleichen Zeitraum erzielten Öleinnahmen (Sarkis 1993). Die Verquickung von geostrategischen Interessen des Nordens und Herrschaftsinteressen der Eliten, insbesondere in den Ölstaaten am Persischen Golf, führt dazu, daß die verbliebenen Petrodollars dieser Staaten einerseits für von den Eliten konsumierte Luxusgüter und andererseits auch für die Existenzsicherung großer Bevölkerungsteile durch die Subventionierung von Grundnahrungsmitteln ausgegeben werden, um weiter regieren zu können und mit der Plünderung von Ölressourcen solange fortzufahren, bis diese erschöpft sind. Versuche, wenigstens Renteneinnahmen für produktive Zukunftsinvestitionen zu verwenden, sind nirgendwo zu beobachten. Haben sich die Ölressourcen erschöpft, so werden diese Staaten nicht nur ihre Einnahmen, sondern auch ihre geostrategische Bedeutung verlieren und so in die Situation gelangen, in die zahlreiche afrikanische Staaten nach dem Zusammenbruch des Ost-West-Gegensatzes gekommen sind: Wirtschafts-, Haushalts- und Staatskrisen, steigende Massenarmut, da die Subventionsmittel weggefallen sind, und genug angehäufte Waffenarsenale, um für lange Zeiten Bürgerkriege in Gang zu halten.

6.4 Ökologische Folgen der Öldumpingpreise: Fehlallokation von Ressourcen

Dauerhafte *Dumpingpreise* sind Ausdruck von fehlerhafter Allokation und Nutzung von Produktionsfaktoren. Eine Firma, die sich auf eine längerfristige Dumpingpreispolitik einläßt und beispielsweise die real anfallenden Kapitalzinsen bei der Kalkulation unberücksichtigt läßt, zehrt von der Substanz und muß über kurz oder lang bankrott gehen. Wohin falsche Preissysteme langfristig führen, exerzierten die Planwirtschaften eindrucksvoll vor. Genauso verheerend sind die Folgen bei erschöpfbaren Ressourcen wie dem Öl, wenn sie dauerhaft etwa dadurch mit Dumpingpreisen vermarktet werden, daß die *Ressourcenkapitalkosten* künstlich, d.h. wider die Marktgesetze und aufgrund von interventionistischen Rahmenbedingungen eliminiert werden und in den Preis nicht eingehen. Zum einen sind die Öleigentümer der Gegenwart die Verlierer, da sie die Zinsen ihres Ressourcenkapitals nicht in vollem Umfang ersetzt bekommen, und zum anderen sind aber auch die künftigen Generationen und die gesamte Menschheit die Verlierer, da diese die Überausbeutung der Ölressourcen in der Gegenwart unvermeidlich durch sehr hohe Preise in der Zukunft um ein Vielfaches zurückzahlen müssen. Die künftigen Generationen subventionieren nicht nur in ökologischer Hinsicht, sondern tatsächlich auch ökonomisch die Öl- und Energiekonsumenten von heute. Ökonomisch richtige Preise für Öl in einem *komplexen Marktsystem* garantieren zwar keineswegs die Verfügbarkeit dieses Rohstoffes für alle Ewigkeit, sie setzen aber der hemmungslosen Ausbeutung und baldigen Erschöpfung der Ölreserven Schranken und verlängern deren Lebensdauer.

Die *Öldumpingpreise* führten auch zu besonders energieintensivem Verbraucherverhalten und Industrialisierungsmustern. Kraftstoffsparende Automobilmotoren rentieren sich bei *Öldumpingpreisen* einfach nicht. Der durch Benzineinsparung erzielte Gewinn ist niedriger als der zusätzliche Aufwand für Motoren mit geringerem Verbrauch. Das Beispiel Auto ist symptomatisch für das gesamte Verkehrs- und Transportsystem, für alle energieverbrauchenden Haushaltsgeräte und Industriemaschinen, für das gesamte Industriesystem überhaupt (siehe auch Kapitel 3.6). So wurde hoher Energieverbrauch zum Symbol des Wohlstandes. Nicht Energieeinsparung, sondern hohes Energieangebot wurde zum Ziel der nationalen Sicherheit in allen Industrieländern erklärt. Nationale und internationale Institutionen unternahmen und unternehmen immer noch hohe Anstrengungen, um das Energieangebot weltweit zu erhöhen. Energiepolitik wurde mit Energieangebotspolitik gleichgesetzt. Verzerrte Energiepreise führten zur falschen Allokation von Ressourcen in allen Sektoren. Eine über kurz oder lang unvermeidliche Reform der weltweiten Industrie- und Energieversorgungssysteme, die zur Anpassung dieser an echte Energiepreise führen müßte, dürfte erhebliche Ressourcen verschlingen. Die durch Wärme und Schadstoffe entstandenen globalen Umweltbelastungen sind zu einer irreversiblen Konstanten geworden.

Steigende Extraktionsraten, sinkende Lebensdauer

Die Extraktionsrate bei Rohstoffen ist das Verhältnis der Jahresproduktion zur aktuellen (ökonomisch rentablen) Ressourcenbestandsgröße (P: R ratio %) und spiegelt die Ausbeutungsintensität der Ressource wider. Die Lebensdauer einer Ressource ist dagegen das umgekehrte Verhältnis von Ressourcenbestandsgröße zur Jahresproduktion (R:P in Jahren). Hierbei wird unterschieden zwischen der *statischen Lebensdauer*, wenn die gegenwärtige Produktion als gleichbleibend auf die Zukunft extrapoliert wird, und der *dynamischen Lebensdauer*, wenn eine für die Zukunft steigende Jahresproduktion zugrunde gelegt wird (Bossel 1990: 105).

In den folgenden Grafiken (Abb. 2.16 und 2.17) sind langfristige Entwicklungen der Extraktionsraten bzw. der statischen Lebensdauer des Öls veranschaulicht.

Abb. 2.16: Entwicklung der Öl-Extraktionsraten in ausgewählten Ländern

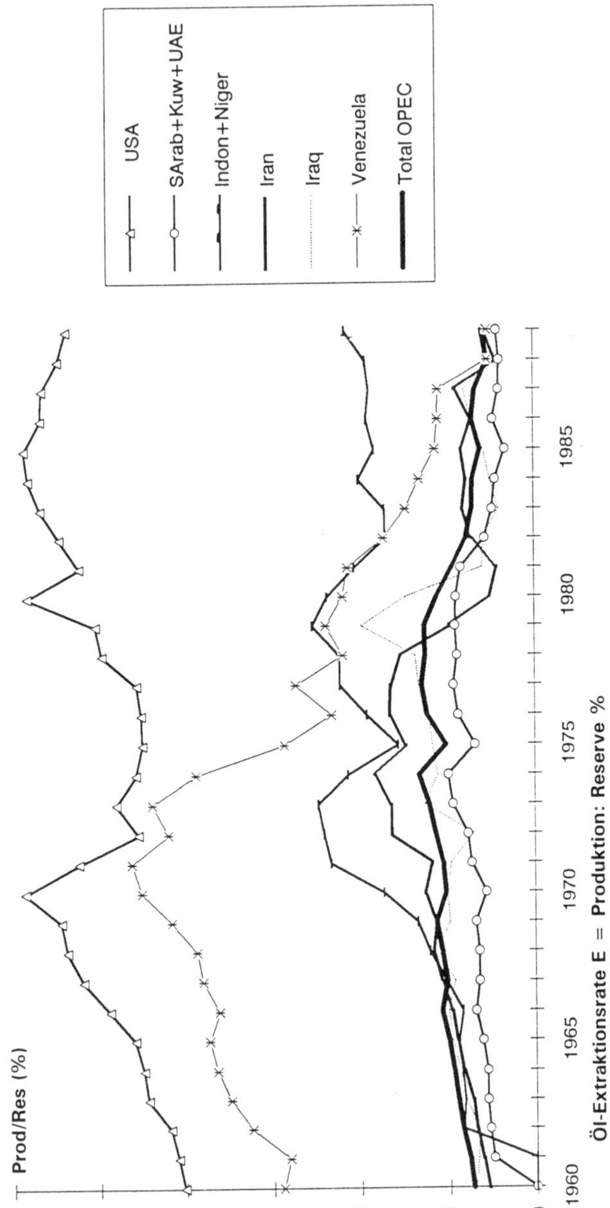

Quelle: Eigene Berechnung nach Basic Petroleum Data Book 1989, Section XIV, Tabelle 1 und 2, Section IV, Tabelle 9; Oil & Gas Journal 1990, Energy Statistics Sourcebook (Fifth Edition).

Abb. 2.17: Entwicklung der statischen Lebensdauer des Öls in ausgewählten Ländern

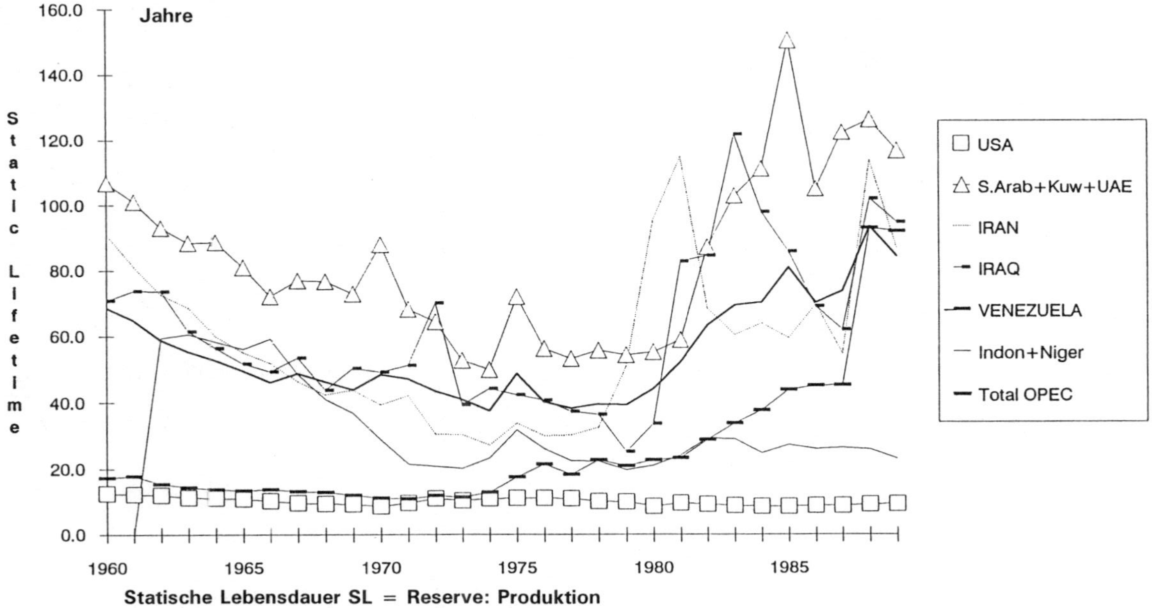

Quelle: Eigene Berechnung nach Basic Petroleum Data Book 1989, Section XIV, Tabelle 1 und 2, Section IV, Tabelle 9; Oil & Gas Journal 1990, Energy Statistics Sourcebook (Fifth Edition).

Die aktuelle Extraktionsrate und die statische Lebensdauer werden sowohl durch den aktuellen Jahresverbrauch als auch durch die aktuelle Bestandsgröße des Ressourcenvorrates beeinflußt. Letztere kann abnehmen oder als Folge neuer Entdeckungen oder aber steigender Ressourcenpreise zunehmen. Die von 1986 auf 1987 spürbar sinkende Extraktionsrate bzw. steigende statische Lebensdauer des Öls für die OPEC ergibt sich schließlich daraus, daß die Ölvorräte des Mittleren Ostens rechnerisch nach oben korrigiert werden mußten (BP 1992: 3). Unabhängig hiervon lassen die langfristigen, in den obigen Grafiken veranschaulichten Entwicklungen zwei wichtige Sachverhalte erkennen: (a) Die Extraktionsraten verschiedener Regionen korrespondieren miteinander. Die *OPEC-Öldumpingpreise* der sechziger Jahre und die dadurch induzierte Nachfrage beschleunigen nicht nur den Anstieg der Extraktionsraten in den OPEC-Ländern, sondern auch in den Vereinigten Staaten, obwohl hier der Ressourcenbestand abnimmt. Ebenso scheint die sinkende Extraktionsrate in den USA zu Beginn der siebziger Jahre als Folge von Erschöpfungstendenzen wichtiger US-Ölquellen die Fähigkeit der OPEC zusätzlich gestärkt zu haben, den Ölpreissprung von 1974 durchzusetzen und anschließend die eigenen Extraktionsraten zu reduzieren. Auf die weitere Senkung der Extraktionsraten der OPEC Ende der siebziger Jahre reagieren die US-Ölproduzenten zwar zunächst mit einer Steigerung der eigenen Extraktionsraten, die sie aber alsbald wieder herabsenken. (b) Im *Dual-System* besteht ceteris paribus ein umgekehrtes Verhältnis zwischen dem *Souveränitätsgrad der Öleigentümer* und der Ölextraktionsrate und ein direktes Verhältnis zwischen dem Souveränitätsgrad der Öleigentümer und der statischen Lebensdauer des Ölvorrates im *dualen System*. Je stärker die Eigentumsfunktion und je souveräner die Eigentümer eigene Nutzenmaximierungsoptionen durchsetzen, desto niedriger die Ölextraktionsrate. Dies ist eindeutig für das OPEC-Verhalten (beispielsweise in den Jahren 1974 und 1980) wie für das Verhalten der einzelnen Ölstaaten in beiden graphischen Darstellungen erkennbar.

Bestands-Ungleichgewicht und räumliche Entkoppelung fossiler Teilmärkte

Öldumpingpreise stören auch das Gleichgewicht zwischen den verschiedenen karbonhaltigen Ressourcenbeständen. Hohe Extraktionsraten des *Dumpingpreisöls* bewirken eine verlangsamte Ausbeutung anderer fossiler Energieressourcen wie Kohle. Während der Ölanteil an der Energieversorgung von 35% 1950 auf 44% im Jahre 1980 rapide anstieg, sank der Kohleanteil von 46% 1950 auf 24% im Jahre 1980 drastisch ab (siehe Abb. 2.1). So entkoppelte sich auch die Verbraucherstruktur der fossilen Energieträger von der von der Natur vorgegebenen Bestandsstruktur. Die unterschiedlichen Extraktionsraten bzw. die statische Lebensdauer von Kohle und Öl spiegeln tatsächlich das Ungleichgewicht von fossilen Ressourcenbeständen wider. Für Öl betrug im Jahre 1989 die Extraktionsrate weltweit 0,022% und die statische Lebensdauer 44,4 Jahre, während für die vergleichbaren Kennziffern für Kohle 0,004% bzw. 230 Jahre ermittelt wurden (British Petroleum 1990). *Öldumpingpreise* führen ferner eine künstliche Spaltung der fossilen Ressourcenmärkte herbei. Der Ölpreis kann sich dann nicht an die Produktionskosten der Grenzressourcen, den *marginal costs* – in diesem Fall des synthetischen Öls – richten, sondern es orientiert sich im günstigsten Fall, wie die Abb. 2.9 zeigt, an den *marginal costs* des Rohöls der Nordsee bzw. in den Vereinigten Staaten.

Die Folge der Entkopplung der fossilen Ressourcenmärkte ist eine künstliche Entwertung des Kapitalwerts der Öl-Ressourcenbestände, da der aktuelle Kapitalwert der Ölressourcen nicht, wie es hätte sein sollen, durch den Kapitalwert der Grenzressourcen, sondern durch den erheblich niedrigeren Kapitalwert des Nordsee- bzw. des US-Öls bestimmt wird.

Die durch *Öldumpingpreise* hervorgerufene Spaltung der fossilen Energiemärkte schuf auch in den ölimportierenden Industriestaaten historisch die Grundlage für die Einführung von sehr hohen Mineralölsteuern, die inzwischen als lukrative Finanzierungsquelle der Staatshaushalte der Verbraucherstaaten unentbehrlich geworden sind. Nur die Tatsache von *Dumpingpreisen* befähigt die ölimportierenden, insbesondere europäischen Industriestaaten, die selbst über nennenswerte fossile Energien mit deutlich höheren *marginal costs* verfügen, das importierte Öl mit beachtlichen Steuern zu belasten. Die Mineralölsteuerpolitik dieser Staaten verwandelte sich gleichzeitig zu einem wirksamen politischen Instrument, das die Spaltung von fossilen Energieteilmärkten zementiert.

Der Ist-Zustand der fossilen Energieversorgung, der durch ungleichgewichtige Ressourcennutzung und Entkopplung der Rohstoffmärkte gekennzeichnete ist, birgt erhebliche Gefahren und Instabilitäten für die Zukunft in sich. Die Dramatik dieser Gefahren kann angesichts der quantitativen Relation und der regionalen Verteilung der nachgewiesenen Ressourcenbestände von Kohle, Öl und Naturgas (Abb. 2.18) nicht deutlich genug unterstrichen werden:

Die unvermeidlichen Erschöpfungstendenzen von wertvollen, aber vergleichsweise erheblich knapperen Ölressourcen werden sich in absehbarer Zeit durch sinkende Extraktionsraten bemerkbar machen, so daß der Übergang zur Nutzung von anderen fossilen

Abb. 2.18: Sichere fossile Energievorräte der Welt (geschätzt in Mrd. Tonnen Öläquivalent)

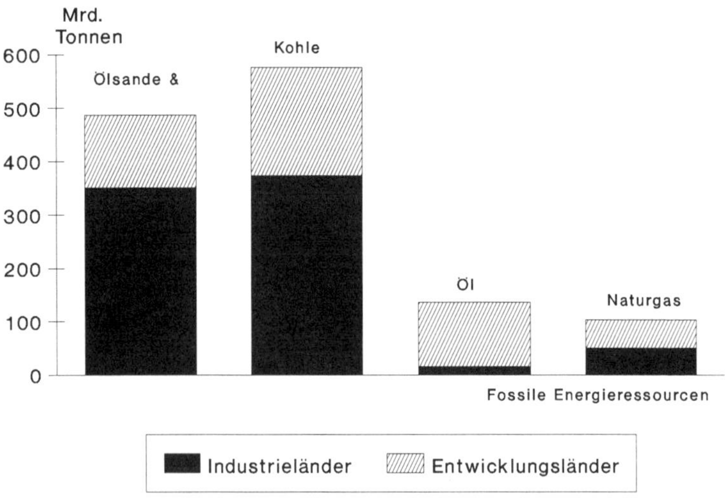

Quelle: Eigene Berechnungen nach: für Naturgas, Öl und Kohle British Petroleum 1990; für Ölsande und Ölschiefer M. King 1969.

Energieträgern von höheren *marginal costs* mit schockartigen Energiepreissprüngen einhergehen dürfte. Auch hinsichtlich der regionalen Verteilung der Energieressourcen würden folgenschwere Ungleichgewichte unvermeidlich sein. Die Ölstaaten des Mittleren Ostens würden nach baldiger Erschöpfung der Öl- und Gasreserven die wichtigste Grundlage ihrer Ökonomien verlieren, während die Industrieländer für Jahrhunderte die Möglichkeit erhalten, über eine sichere fossile Energiebasis zu verfügen.

Im *komplexen Marktsystem* und bei voller Wirksamkeit der Eigentumsfunktion zwingt das Optimierungsprinzip die Ölanbieter angesichts der im Vergleich zu anderen fossilen Energien geringeren Ölressourcenbestände zur Senkung der Extraktionsraten, was steigende Preise zur Folge hätte. Damit würde der umgekehrte Prozeß der Angleichung von Extraktionsraten und der Herstellung des Bestands-Gleichgewichts aller fossilen Energieträger eingeleitet und auch ein einheitlicher Energiemarkt für konkurrierende fossile Energieträger wiederhergestellt werden können. Der Ölpreis würde sich dann nicht länger nach den *marginal costs* der Nordsee bzw. des US-Öls richten, sondern sich vielmehr an den *marginal costs* der Grenzressource (der *backstop technology*), d.h. des synthetischen Öls orientieren. Bei voll funktionsfähigen und einheitlichen fossilen Energiemärkten werden also die Ölanbieter nicht nur der OPEC, sondern weltweit alle die Möglichkeit erhalten, den beispielsweise für 1991 gültigen Ölpreis von 16,56 $/Barrel um ein Vielfaches, und zwar auf das Niveau der *marginal costs* der synthetischen Öle, das sich zwischen 34 und 109 $/Tonne bewegt, anzuheben (siehe Abb. 2.9). Die Überwindung der Spaltung von fossilen Teilmärkten und der Öldumpingpreise dürfte freilich auch die künstlichen Hindernisse für die Konkurrenzfähigkeit regenerativer Energieformen beseitigen.

Treibhauseffekt

Die übermäßige Ausbeutung der fossilen Energieträger durch *Dumpingpreise* beschleunigte zusätzlich deren wachsenden Verbrauch und folglich auch einen zusätzlichen Ausstoß von verschiedenen Schadstoffen, die auf unterschiedliche Weise die Umwelt – teilweise sogar dramatisch – belasten. Die ausgestoßenen Schadstoffe in Form von *Schwefeldioxid (SO_2)* und *Stickstoffoxide (NO_x)*, die durch die Verbrennung von fossilen Energieträgern entstehen, tragen als Hauptbestandteile des *sauren Regens* zum Waldsterben, zur Versauerung von Gewässern und Böden, zur Zerstörung von Gebäuden bei. Im Verbrennungsvorgang von fossilen Energien entstehen auch *Kohlendioxid (CO_2)*-Emissionen, die das natürliche Klima-Gleichgewicht zerstören und zu ökologisch folgenreichen Klimaveränderungen durch die Erhöhung der durchschnittlichen Temperatur der Erdatmosphäre führen.

> »Der Kohlendioxidpegel ist seit 1860 von einem Wert von etwa 280 ppm auf einen Wert von etwa 350 ppm heute angestiegen (...). Mit dem CO_2-Anstieg ist wegen der Veränderung der wärmedämmenden Eigenschaft der Atmosphäre ein Temperaturanstieg verbunden, der bisher etwa 1 Grad Celsius ausmacht und zu einem Anstieg des Meeresspiegels von 14 ± 5 cm geführt hat. Bei weiterem Anstieg des CO_2-Spiegels ist in 50-100 Jahren mit einer Erhöhung der globalen Mitteltemperatur von 1,5-4,5 K und einem Anstieg des Meeresspiegels um 25-165 cm zu rechnen« (Bossel, 1990: 130).

6.5 Öldumpingpreise durch Wettrüsten und Kriege im Mittleren Osten

Im Wettrüsten und in den Kriegen im Mittleren Osten kulminieren auf vielfache Weise die ökonomischen und ökologischen Folgen einer realen Entwicklung, die das *Dual-System* und den Zustand der fortdauernden Versorgung des Nordens mit *Öl zu Dumpingpreisen* auf fatale Weise zementiert. Durch das Wettrüsten wird ein bedeutender Teil der Petro-Dollars der Golfstaaten für destruktive Zwecke ausgegeben und in den Norden »recycelt«. Die zahlreichen Kriege im Nahen Osten und die beiden großen Golfkriege verursachten nicht nur unermeßliche Schäden an Menschen, an den von Menschen geschaffenen materiellen Gütern und an der Umwelt auf der Erdoberfläche, sondern sie führten auch zur beschleunigten Ausbeutung von knappen Ölressourcen und damit zur ökologischen Zerstörung unter der Erdoberfläche, zur Verschärfung der *Ölüberproduktion und folglich zu Dumpingpreisen.* Man kann mit Fug und

Recht von einer Spirale der ökonomischen und ökologischen Zerstörung sprechen, in der sich die Staaten des Mittleren und Nahen Ostens seit über vier Jahrzehnten bewegen (vgl. Abb. 2.19). Den kaum quantifizierbaren menschlichen, materiellen und kulturellen Schäden in dieser Region des Südens stehen kurzfristige ökonomische Vorteile für die Industriestaaten und den militärisch-industriellen Komplex des Nordens in Form von *Öl zu Dumpingpreisen und Waffenexporten* gegenüber, auf die diese offenbar nicht bereit sind, freiwillig zu verzichten. *Im Mittleren und Nahen Osten werden Kriege gegen Menschen und Natur geführt, damit der Norden auch weiterhin seinen ungehemmten Krieg gegen die Natur in Form von verschwenderischem Konsum, Energieverbrauch und Schadstoffemissionen führen kann.*

Die Region des Mittleren und Nahen Ostens hebt sich in der Tat nicht nur durch ihre Ölreichtümer von allen anderen Regionen des Südens ab, sondern auch durch die Intensität der in dieser Region geführten Kriege und angehäuften Waffen, während sie in der Bilanz der Kriege hinsichtlich der Anzahl an zweiter Stelle nach Asien placiert wird (Kende 1982: 22f.; Gantzel/Schwinghammer/Siegelberg 1992: 7f.). Es besteht jedoch kein Zweifel darüber, daß der Mittlere und Nahe Osten hinsichtlich der Dauer und der Zerstörungsintensität allein durch die zwei Golfkriege mit Abstand an der Spitze aller von Kriegen heimgesuchten Regionen der südlichen Halbkugel geführt werden müßte.

Von den im Zeitraum 1982-1989 mit den Staaten des Südens geschlossenen Waffenlieferungsabkommen im Umfang von 301,600 Mrd. US-$ entfallen 213,076 (70,6%) auf die Region Nahost/Südasien (Lock 1990: 84). Allein der Irak erhielt im selben Zeitraum Waffenlieferungen im Umfang von 45,73 Mrd. US-$. Die gesamten Militärausgaben des Irak für Waffenimporte und den Militärapparat hatten im Zeitraum 1980-1988 mit 91,4 Mrd. US-$ den doppelten Umfang wie die Ausgaben für Waffenimporte. Dieselben Ausgaben waren für Saudi Arabien mit 181,55 Mrd. US-$ wiederum doppelt so hoch wie die des Irak (SIPRI Yearbook 1990: 187). Der Trend der Waffenlieferungen in die Staaten des Persischen Golfes ist auch nach dem 2. Golfkrieg und der Dezimierung der irakischen Militär- und Waffenpotentiale ungebrochen. Vielmehr ist die Golfregion im Begriff, sich in eine offene Börse für Waffenkäufe zu verwandeln. Anfang 1993

Abb. 2.19: Spirale der ökonomischen und ökologischen Zerstörung in der Golfregion

Zeit	Ursache	Wirkung
t_1	Wettrüsten durch Waffenimporte	▪ Öleinnahmen gegen Waffen ▪ Steigende Nachfrage nach Devisen, steigende Verschuldung ▪ Ölüberproduktion durch wachsenden Druck auf das Ölangebot
		▪ Sinkende Ölpreise ▪ Einnahmeverluste bei steigender Exploitationsrate der Ölressourcen
t_2	Krieg	▪ Öleinnahmen im Dienste der Kriegführung ▪ Steigende Nachfrage nach Devisen, steigende Verschuldung ▪ Ölüberproduktion durch wachsenden Druck auf das Ölangebot
		▪ Sinkende Ölpreise ▪ Einnahmeverluste bei steigender Exploitationsrate der Ölressourcen
t_3	Wiederaufbau	▪ Öleinnahmen gegen zivile Produkte und Anlagen ▪ Öleinnahmen für den Wiederaufbau ▪ Steigende Nachfrage nach Devisen, steigende Verschuldung ▪ Ölüberproduktion durch wachsenden Druck auf das Ölangebot
		▪ Sinkende Ölpreise ▪ Einnahmeverluste bei steigender Exploitationsrate der Ölressourcen

wurde in Abu Dhabi nach Angaben einer iranischen Zeitung (Keyhan Hawai vom 24.2.1993) die erste Waffenmesse in der Golfregion, die »Index 93«, eröffnet, in der mehr als 350 Rüstungsfirmen aus 34 Ländern ihre Produkte zum Verkauf anboten. Zu den wichtigsten Waffenimporteuren der Region gehören Ägypten, Israel, die Türkei und alle Golfstaaten. Die umfangreichsten Bestellungen wurden allerdings von Saudi Arabien im Umfangs von 25,6 Mrd. US-$, Kuwait mit 15 und den Vereinigten Arabischen Emiraten mit 10 Mrd. US-$ erteilt. Mehr als zwei Drittel dieser Waffen wurden bei den US-Rüstungsfirmen, der Rest vor allem bei britischen und französischen Rüstungsfirmen, also bei den wichtigsten Staaten der anti-irakischen Kriegskoalition, bestellt. Der Iran beteiligt sich an diesem erneuten Wettrüsten in der Golfregion durch umfangreiche Waffenkäufe in Rußland, in der VR China und in anderen Staaten. Versuche der Staaten der Region, in den Besitz von chemischen und atomaren Massenvernichtungsmitteln zu gelangen, halten weiterhin an.

Das Wettrüsten und die bisher im Mittleren und Nahen Osten geführten Kriege erhalten ihre politische und ideologische Legitimation durch vielschichtige regionale und internationale Konflikte. Die Geschichte des Wettrüstens in der Region beginnt mit der Gründung des Staates Israel und der Vertreibung der Palästinenser aus ihrer Heimat. Die arabischen Staaten, insbesondere Ägypten, Syrien und später auch der Irak, beginnen vor dem Hintergrund des Feindbildes Israel, militärisch aufzurüsten. Das Aufflammen des Panarabismus wird von Israel als eine neue Qualität der arabischen Bedrohung wahrgenommen. Auf diese »Bedrohung« reagiert der Westen mit der massiven Aufrüstung seiner militärischen Hauptverbündeten in der Region, Israel und Iran. Israel erhält die schlagkräftigste Luftwaffe, steigt durch den Besitz von Raketen und 300 atomaren Sprengköpfen klammheimlich in den exklusiven Club der Atommächte auf. Der Iran wird mit den teuersten und modernsten Waffen aufgerüstet. Der Panarabismus bleibt nicht untätig und wendet sich an den Feind des Feindes, an die Sowjetunion und erhält auch großzügig ein umfangreiches Waffenarsenal. Das regionale Wettrüsten fügt sich so in den Ost-West-Gegensatz und das darauf beruhende internationale Wettrüsten.

Mit dem Sturz des Schah-Regimes im Iran verändern sich die Fronten schlagartig. Der neue Feind im Mittleren und Nahen Osten ist nicht mehr der Panarabismus, sondern der Islam, der dem Westen, dem Staat Israel und dem Panarabismus gleichermaßen als einzudämmende Bedrohung erscheint. Der in der Rivalität mit dem Schah-Regime durch die Sowjetunion aufgerüstete Irak leitet den ersten Golfkrieg ein und wird gegen den islamischen Feind zum militärischen Verübndeten des Westens und der konservativen arabischen Golfstaaten. Der Irak geht aus dem Golfkrieg dank großzügiger Lieferungen neuer Waffen aus Frankreich, Großbritannien, den USA und der Bundesrepublik, die auch Komponenten zur Herstellung von Massenvernichtungswaffen einschließen, gestärkt hervor und stürzt die Golfregion in ein neues ökonomisches und ökologisches Desaster. Trotz der Zerstörung der irakischen Armee, sorgt die Tatsache, daß Saddam Hussein nach wie vor im Irak an der Macht ist, bei den übrigen Golfstaaten für Bedrohungsängste, denen mit hektischen Waffenkäufen begegnet wird.

Zu den alten Rivalen in der Region ist ein neuer hinzugekommen: die Türkei. Zwischen diesem Land und dem Iran wurde eine hektische Konkurrenz um die Gunst der islamischen Republiken der ehemaligen Sowjetunion entfacht. Der Norden rüstet die Türkei, Saudi Arabien und Ägypten gegen den Iran, gegen das »Zentrum des islamischen Fundamentalismus« auf. Und der Iran besorgt sich Waffen überall dort, wo dies möglich ist. In dieser Region fehlt es keineswegs an Ereignissen und Anlässen, die zu neuen militärischen Auseinandersetzungen führen könnten. Die Nahost-Gespräche sind ins Stocken geraten, Algerien, Ägypten und die Türkei machen den Iran für die Anschläge der Islamisten in ihren Ländern verantwortlich und bezichtigen den Iran der Einmischung in ihre politischen Angelegenheiten. Im Persischen Golf wird zwischen dem Iran und den arabischen Golfanrainerstaaten ein neuer Konflikt um drei strategische Inseln heraufbeschworen, der bisher auf beiden Seiten zu heftigen, bisher allerdings nur verbalen Reaktionen geführt hat. Die Zeichen stehen offenbar wieder auf Sturm. Das gegenwärtige Wettrüsten in der Region, eingebettet in reale oder vermeintliche zwischenstaatliche, ideologische und ethnische Konflikte, fügt sich nahtlos in die oben dargestellte Spirale der ökonomischen und ökologischen Zerstörung in der Region ein. Ein neuer Krieg, so steht zu befürchten, scheint vorprogrammiert zu sein.

7. Kapitel

Energiepolitik der Zukunft: Neoklassische Konzepte, Energiesteuer und die radikale Alternative

Der gegenwärtige *Überfluß* an Kohle, Gas und Öl auf den Weltmärkten steht in diametralem Gegensatz zu der Tatsache, daß alle diese fossilen Energieträger erschöpfbar sind. Die Öl- und Gasvorräte der Welt werden sogar nur noch einigen wenigen Generationen zur Verfügung stehen. Alle bisherigen Visionen für großtechnologische Erschließung von quasi nicht erschöpfbaren Energiequellen haben sich als Trugschluß erwiesen. Dies gilt insbesondere für die Atomenergie, die inzwischen zu einer Quelle von ernsthaften Bedrohungen geworden ist und selbst von deren Befürwortern als eine Technologie der »Übergangszeit« angesehen wird. Ob in der Zukunft umweltfreundliche *backstop technologies* gefunden werden können – niemand kann heute behaupten, daß die Kernfusion eine solche sein könnte –, bleibt ein verständlicher Wunsch, nicht mehr und nicht weniger. Wir können und dürfen uns jedenfalls nicht auf technologische Optionen verlassen, die sich in der Praxis nicht bewährt haben. Erst recht dürfen wir unseren heutigen Energieverbrauch nicht auf solch hypothetische Zukunftsoptionen gründen. Indem wir gegenwärtig dieses Prinzip nachhaltig verletzen, vergehen wir uns an allen künftigen Generationen.

Ungeachtet dessen, ob ein technologischer Durchbruch zur Nutzung umweltfreundlicher Energiequellen unerschöpflichen Ausmaßes erzielbar sein wird oder nicht, muß der gegenwärtige Energieverbrauch, um die Interessen künftiger Generationen so wenig wie möglich zu verletzen, danach ausgerichtet sein, daß ein solcher technologischer Durchbruch in der Zukunft nicht eintritt. Die

Logik eines derartigen *worse case*-Szenarios zwingt uns, davon auszugehen, daß alle erschöpfbaren Ressourcen, insbesondere fossile Energien, die Lebensgrundlage von unendlich vielen Generationen in der Zukunft darstellen. Eine solche Bedingung, in mathematischem Sinne wörtlich genommen, würde die Menschheit dazu zwingen, den Verbrauch von fossilen Energien auf Null zu reduzieren. Diese Bedingung bleibt zwar unerfüllbar, offenbart aber die Dramatik des Problems. Selbst wenn wir diese Dramatik halbwegs ernst nähmen, müßten wir unmittelbar alles unternehmen, damit die Extraktionsraten fossiler Energieträger auf ein Minimum herabgesenkt, der Verbrauch durch höhere Effizienz stärker als bisher reduziert und der Anteil des schon heute technologisch realisierbaren regenerativen Energieangebots soweit wie möglich erhöht wird. Dieses Ziel ist nicht nur im Interesse von Generationen der nächsten Jahrhunderte und Jahrtausende unerläßlich, sondern angesichts der ökologischen Folgen des gegenwärtigen Energieverbrauchs wie der drohenden Klimakatastrophe auch im Interesse der gegenwärtigen und der unmittelbar nächsten Generationen.

Von dem globalen *Dual-System* und von den Dumpingpreisen bei natürlichen Ressourcen hat der Norden in diesem Jahrhundert entscheidend profitiert. Die Dynamik des Wirtschaftswachstums und die Anhebung des verschwenderischen eigenen Konsumniveaus verdankt der Norden diesem den Süden in jeder Hinsicht benachteiligenden globalen System. Bei nicht-fossilen Ressourcen befindet sich der Norden in der Positon der ökonomischen Nutznießer, ohne selbst die ökologischen Folgen des Raubbaus von Ressourcen sonderlich zu spüren. Anders verhält es sich bei fossilen Rohstoffen, wie Öl. Bei diesem erschöpfbaren Rohstoff wurde und wird der Süden zwar ausgeplündert, die bei dessen Verbrauch freiwerdenden Emissionen – insbesondere CO_2, CH_4 und N_2O – belasten ökologisch aber die gesamte Erdatmosphäre, also auch den Norden. Der Norden droht bei anhaltendem Verbrauch von fossilen Rohstoffen im bisherigen Umfang, in nicht allzu entfernter Zukunft im eigenen Mief zu ersticken. Durch keine noch so dichte und noch so hohe Mauer wird es in diesem Falle möglich sein, die Folgen des verschwenderischen Industrie- und Konsummodells des Nordens auf die südliche Halbkugel abzuwälzen. Durch kein anderes Problem ist auch in der Tat das Bewußtsein für die *Eine Welt* im Norden so geschärft worden, wie eben durch den globalen Treibhauseffekt. Die wissenschaftlichen Untersuchungen und Diskussionen zu diesem Problem haben eine beachtliche Konjunktur. Es fehlt auch nicht an intellektuellen Anstrengungen bei der Suche nach Auswegen. Es ist absehbar, daß nur die radikale Reduzierung des Verbrauchs von fossilen Energien und der konsequente Ausbau von umweltfreundlichen regenerativen Energien, insbesondere der Sonnenenergie, helfen kann, die drohende Katastrophe zu verhindern, wenn es nicht bereits schon zu spät ist. Elmar Altvater plädiert für eine *solare Revolution* (Altvater 1992), Hermann Scheer hält die *Sonnen-Strategie* für eine »Politik ohne Alternative« (Scheer 1993).

Wesentlich komplizierter als *Entwürfe über die ökologisch und sozial vernünftigen Perspektiven* ist die Erarbeitung von konsensfähigen ökonomischen und politischen Konzepten, die geeignet sind, die *solare Revolution, die Sonnen-Strategie etc.* einzuleiten, wohlwissend, daß sowohl die Wirtschaft als auch die Mehrheit der politischen Entscheidungsträger nach wie vor vehement am Status quo festhalten.

Wird die Marktökonomie in der Lage sein, den dringenden Reformprozeß durch die Mobilisierung von Marktkräften und die Entwicklung von ökologischen Marktinstrumenten einzuleiten, oder wird es unvermeidlich sein, regulative Eingriffe in den Markt im globalen Menschheitsinteresse als einen Segen zu betrachten statt sie als ein Verhängnis zu verdammen? Welche Marktinstrumente und welche Regulierungsmaßnahmen kommen in Betracht? Im folgenden werden die neoklassischen und die keynesianischen Konzepte hinsichtlich ihrer Wirksamkeit kritisch untersucht, um anschließend eine Alternative zu diesen Konzepten vorzustellen.

7.1 Die Neoklassik und ihre umwelttheoretischen Grenzen

Die neoklassische Schule hat sich vor allem in den letzten zwei Jahrzehnten den Umweltfolgen der Ökonomie geöffnet und dabei die Grundlagen einer »ökologischen Marktwirtschaft« entwickelt. Sie bestreitet auch durchaus nicht das bisherige Versagen marktwirtschaftlicher Modelle in der Umweltökonomie. Die Hauptursache dieses Versagens, führt sie jedoch nicht darauf zurück, »daß der Marktmechanismus in seiner abstrakten Form für die Verarbeitung ökologischer Probleme untauglich ist«, sondern darauf,

> »daß sich nicht alle Bereiche mit ökologischen Defiziten dem Markt öffnen. Erst die vollständige Allokation über Marktpreise bietet die Gewähr, daß der größte gesamtwirtschaftliche Nutzen sich aus der Summe der einzelwirtschaftlichen Nutzenmaximierungen ergibt. Dieser Satz der Neoklassik gilt auch für den Umgang mit den natürlichen Grundlagen des Lebens. Nach ihm ist sichergestellt, daß die größte ökonomische Effizienz mit dem geringsten Verzehr an Umwelt erreicht wird« (Hobbensiefken 1991: 168f.).

Auch die Neoklassik anerkennt inzwischen, daß die realen Kosten von Umweltressourcen in die Endverbraucherpreise nicht eingehen. Dies hat zwei Ursachen:

> »Einmal wird für viele Güter, welche die Umwelt zur Verfügung stellt, weder ein Preis gefordert noch gezahlt. Nicht immer ist ein konkreter Eigentümer erkennbar. Die Natur gehört oft niemandem und kann daher kostenlos in Anspruch genommen werden« (ebda.: 169).

Um das Dilemma des Nicht-Erscheinens von Kosten der Umweltressourcen in den Verbraucherpreisen zu beseitigen, sollen die bisher kostenlosen Umweltressourcen privatisiert, dafür Eigentums- und Verfügungsrechte eingeführt und die Eigentumstitel dem ökonomischen Tauschprozeß zugeführt werden.

> »Ein Marktsystem kann seine Eignung, sparsamen Umgang mit knappen Gütern und Ressourcen zu gewährleisten, nur dann auch bei neu entstandenen Verknappungen erweisen, wenn an den neu verknappten Gütern und Ressourcen Eigentumstitel in Form exklusiver Verfügungsrechte institutionalisiert werden, die tauschbar sind. Die Weiterentwicklung und Vereinfachung des Marktsystems setzt also die Weiterentwicklung und Verfeinerung des Rechtssystems voraus« (Wegehenkel 1983: 210; zitiert nach Hobbensiefken 1991: 170).

Die Institutionalisierung und Verrechtlichung der privaten Verfügung an den Umweltressourcen zwecks *Internalisierung von externen*

Kosten geschieht durch die Anwendung des von R. Coase, dem Nobelpreisträger für Wirtschaftswissenschaften 1992, entwickelten *Coase-Theorem* (Coase 1960). Danach soll Nutzenoptimierung bei allen Marktbeteiligten durch Verhandlungen und freie Entscheidung den Prozeß der Internalisierung von externen Effekten im Interesse aller steuern, ohne daß eine staatliche Intervention erforderlich wird. Die Operationalisierung des *Coase-Theorems* und die inzwischen auf Mikroebene entwickelten Methoden verbinden sich in der *ökologischen Buchhaltung*, die der Neoklassik die Grundlage liefert, die sogenannten *Umweltzertifikate* und *Umweltlizenzen* einzuführen.

> »Gemeint ist der Verkauf von bestimmten Verschmutzungsrechten durch den Staat an private Eigentümer. Eine maximal zu tolerierende Verschmutzungsmenge wird zu einem festgesetzten 'Marktpreis' als Recht zur Inanspruchnahme der Umwelt den Wirtschaftssubjekten angeboten« (Hobbensiefken 1991: 176).

Der Autor dieses Buches stellt eine große Übereinstimmung mit der durch die Neoklassik formulierten und durchaus nicht originären Erkenntnis fest, daß die realen ökonomischen und ökologischen Kosten von natürlichen Ressourcen sich in den Preisen nicht niederschlagen. Übereinstimmung besteht auch über die Erweiterung des Marktsystems um den *Produktionsfaktor Natur* und die Integration des entsprechenden Rechtssystems mit tauschbaren Verfügungsrechten. Hierzu schlägt der Autor in diesem Buch in Abgrenzung vom *einfachen, auf den Produktionsfaktoren Kapital und Arbeit beruhenden Marktsystem die Kategorie des komplexen Marktsystems vor, das neben den beiden Produktionsfaktoren Kapital und Arbeit auch den Produktionsfaktor Natur umfaßt* (vgl. Kapitel 2). Trotz der prinzipiellen Übereinstimmung mit der neoklassischen Einschätzung der umweltpolitischen Defizite der Marktökonomie kommt der Autor, wie in diesem Kapitel noch zu zeigen sein wird, zu gegenteiligen Schlußfolgerungen. Er hält es auch angesichts des umwelttheoretischen Anspruchs, den die Neoklassik erhebt, für angebracht, ihre Glaubwürdigkeit in der ökonomischen Praxis ideologiekritisch zu beleuchten:

(a) Die Neoklassik übersieht, daß der Produktionsfaktor Natur samt den Verfügungsrechten über diese bereits integraler Bestandteil der klassischen politischen Ökonomie und der ökonomischen Praxis des letzten Jahrhunderts war. Ihr bleibt der Vorwurf der *Geschichts-*

losigkeit nicht erspart, weil sie an den geschichtlichen Ursprüngen der eigenen Theorie vorbei, und ohne die Ursachen des Verlustes der Natur als Produktionsfaktor sowohl in der ökonomischen Praxis als auch in der Theorie zu reflektieren, glaubt, »neue Erkenntnisse« mit umweltökonomischer Relevanz präsentiert zu haben. Die zu Recht beklagte *Naturvergessenheit* auch der Neoklassik entspricht der gerade von dieser Schule ausgehenden Illusion, daß die sinkenden Rohstoffpreise ausschließlich der technisch bedingten Leistungssteigerung und der hohe Lebensstandard westlicher Industrienationen ausschließlich der Leistungsfähigkeit der Marktökonomie zuzuschreiben sind, obgleich in Wahrheit diese »Errungenschaften«, wie in diesem Buch gezeigt worden ist, zu einem beachtlichen Teil aus der maßlosen und übermäßigen Ausbeutung, ja der Plünderung der Umweltressourcen resultieren.

(b) Aus ihrer Erkenntnis in der Theorie heraus, daß nicht der Markt, sondern der Mangel an vollständiger Allokation von Ressourcen über die Marktpreise die ökologischen Defizite verursacht und daß dies wiederum auf die Abstinenz von Eigentum an den Umweltressourcen zurückzuführen ist, hätte die Neoklassik schon längst die Jahrzehnte anhaltende Praxis der multinationalen Rohstoff- und Ölkonzerne im Süden kritisieren müssen, da die Politik dieser Unternehmen im Süden, wie in diesem Buch dargelegt, gerade und ausgerechnet darin bestand, die existierenden Eigentumsrechte und Funktionen an natürlichen Ressourcen im ökonomischen Sinne auszuschalten und die Eigentümer letztendlich zu expropriieren. Es gibt bis heute keinen einzigen Neoklassiker von Rang, der diese Praxis der Rohstoffkonzerne und diese politisch teilweise sogar gewaltsam unterstützenden Staaten des Nordens deshalb kritisert hätte. Es gibt jedoch sehr wohl viele namhafte Vertreter dieser Schule, die die auf den Weltmärkten durchgesetzten *Dumpingpreise* für Rohstoffe als Ergebnis unternehmerischer Freiheit und Flexibilität der Marktökonomie feierten und Versuche der Rohstoffstaaten des Südens, durch gemeinsame Anstrengung die Eigentumsfunktion an den Schätzen der Natur (z.B. durch die OPEC) wiederherzustellen und Preise durchzusetzen, die auch *Rohstoffkapitalkosten* einschließen, sogleich als Versuch der in das Marktgeschehen »manipulativ eingreifenden Kartelleinrichtungen« anprangerten und die Wirtschaft und Politik zu deren Zurückdrängung aufforderten. Vor dem

Hintergrund der (welt-)ökonomischen Praxis in diesem Jahrhundert erscheint die Schlußfolgerung der Neoklassik aus der prinzipiell richtigen Feststellung, »daß der Marktmechanismus in seiner abstrakten Form für die Verarbeitung von ökologischen Problemen nicht verantwortlich ist«, geradezu grotesk, nämlich daß der Ausschluß von »Bereichen mit ökologischen Defiziten vom Markt« die eigentliche Ursache für die ökologischen Probleme der Gegenwart sein soll. Dem Marktmechanismus kann unter den Bedingungen des *komplexen Marktsystems* in der Tat die Regulierungsfähigkeit zuerkannt werden, die Allokation von Ressourcen auch ökologisch zu organisieren, indem er selbst mit dafür sorgt, die Ausbeutung von natürlichen Ressourcen teilweise von der Gegenwart in die Zukunft zu verlagern. Das Problem bestand jedoch bisher darin, daß diese beschränkte Fähigkeit des Marktmechanismus, die Allokation ökologisch zu beeinflussen, in der (welt-)ökonomischen Praxis als Wachstumshindernis empfunden und durch politische Intervention wirkungslos gemacht wurde. Die Neoklassik würde daher dem eigenen Anspruch eher gerecht, wenn sie zumindest für die Wiedererlangung dieser verlorengegangenen Fähigkeiten des Marktmechanismus einträte, anstatt mit ihrer Forderung der schrankenlosen Integration aller anderen Bereiche in den Markt die schrankenlose Ausbeutung von natürlichen Ressourcen in der Vergangenheit auch noch nachträglich zu legitimieren.

(c) Umweltzertifikate und Umweltlizenzen sind von der Neoklassik bevorzugte Instrumente der Internalisierung von externen Kosten, da sie dem Markt ökologisch defizitäre Bereiche öffnen und interventionistische Maßnahmen erübrigen sollen. Das *Coase-Theorem* (Coase 1960) liefert in Verbindung mit der *Property Rights-Theorie* die Grundlage für dieses Konzept. Es handelt sich im Kern um *Nutzungsrechte*, also um staatlich geschaffene und verkaufte Rechtstitel, deren Erwerb zur Nutzung von Umweltressourcen legitimiert. Das Konzept mißt also dem Eigentumsrecht an Umweltressourcen eine erhebliche ökologische Allokationsfunktion zu. Verbraucher erlangen demnach die Möglichkeit, in der Zukunft für den Nutzungsverzicht in der Gegenwart belohnt zu werden.

Umweltzertifikate bei den Verbrauchern haben also eine identische Allokationsfunktion wie die Eigentumsrechte der Ressourceneigentümer im *komplexen Marktsystem* (vgl. unter Kapitel 2), die allerdings im *Dual-System* nicht wirksam werden, da hier den Ressourceneigentümern des Südens verwehrt ist, ihre Nutzen durch alternative Optionen zu maximieren. Somit würde die Einführung von Umweltzertifikaten für Weltmarktprodukte auf der Verbraucherseite das bestehende *Dual-System* sanktionieren, die Nutzenmaximierungsfunktionen von der Anbieterseite (die hauptsächlich der Süden ist) auf die Verbraucherseite (die hauptsächlich der Norden ist) verlagern, die Ressourceneigentümer in ihrer Rolle belassen, die Industrieländer weiterhin mit *Ressourcen zu Dumpingpreisen* zu versorgen, während letztere die Möglichkeit erhalten, von der Internalisierung externer Kosten ökonomisch ganz allein zu profitieren.

Mit anderen Worten wird auf diese Weise weiterhin verhindert, daß der Süden die eigenen erschöpfbaren Ressourcen kapitalisieren und eine Strategie der Nutzemaximierung verfolgen kann, während sich der Norden durch Schaffung und Veräußerung von *fiktiven Rechtstiteln* neue und lukrative Einnahmequellen erschließt. Dieses *neoklassische Konzept dürfte sich im Ergebnis aller Wahrscheinlichkeit nach als ein modernes Marktinstrument zur weiteren Umverteilung der Einnahmen von Süd nach Nord herausstellen, unabhängig davon, ob dies eine in diesem Sinne geplante Strategie ist oder nicht.*

(d) Die unter (b) dargelegten Unzulänglichkeiten der Neoklassik, global ökologische Spielräume der Marktökonomie zu konstatieren, die durch politische Intervention des Nordens zunichte gemacht worden sind *(Dual-System)*, muß darauf zurückgeführt werden, daß sie *Macht als ökonomische Kategorie* aus ihrer Betrachtung gänzlich ausschließt. Gerade deshalb eignet sie sich in idealer Weise dazu, sich nicht nur sozialpolitisch, sondern auch umweltpolitisch von den mächtigen Marktakteuren für ihre Partikularinteressen instrumentalisieren zu lassen. *In der Tat hat sich die Neoklassik zu einer ökonomischen Schule degradiert, die die wissenschaftliche Legitimation einerseits für die real existierenden Marktökonomien im Norden und andererseits für die Wirtschaftsaktivitäten der mächtigen Marktakteure* liefert, da sie in beiden Fällen die akkumulierten Reichtümer in keiner Weise auf ihre Machtposition, sondern ausschließlich auf ihre Leistung und die Fähigkeiten zurückführt, ihren Nutzen rein ökonomisch am wirksamsten optimieren zu können.

(e) Die von der Neoklassik geforderte *Privatisierung der Umweltressourcen* als ordnungspolitische Voraussetzung einer marktökonomischen Umweltpolitik ist logisch nicht zwingend, um so die realen Umwelt- bzw. die *Ressourcenkapitalkosten* den Ressourcenpreisen zuzuführen. Diese Schlußfolgerung scheint eher dem Dogma des Privateigentums zu entspringen, als aus der umweltökonomischen Praxis gewonnen worden zu sein. Gerade natürliche Ressourcen, wie die Luft, die Weltmeere, die fossilen Energieressourcen und andere lebenswichtige Ressourcen, eignen sich am wenigsten dazu, privater Verfügung zugeführt zu werden. Im übrigen offenbart die Neoklassik mit ihrer Forderung nach Privatisierung ihre Parteilichkeit zugunsten der Macht, da die Schaffung privater Verfügungsgewalt über die natürlichen Ressourcen zuallererst die Macht bedeutet, andere von der Nutzung auszuschließen. Die Alternative zur Einführung von Privateigentum an Umweltressourcen ist nicht deren kostenlose Nutzung. Entscheidend für einen die Natur schonenden Umgang in der ökonomischen Praxis ist, daß natürliche Ressourcen Kapitalcharakter annehmen und daß die Eigentumsfunktion in Form von Rente und steigenden Ressourcenpreisen ökonomisch wirksam wird. Dies kann im Prinzip durch das Privateigentum genauso erreicht werden wie durch das kollektive Eigentum. *Mit Hinblick auf öffentliche nationale bzw. universale Güter ist dem kollektiven Eigentum allemal der Vorrang zu geben, das zum einen auf den Weltmärkten genauso rational nach der Nutzenoptimierung des eigenen (kollektiven) Eigentums an den Umweltressourcen trachtet wie die Privateigentümer, das zum anderen aber die durch Naturnutzung erzielten Gewinne der Gemeinschaft statt der privaten Verfügung zuführt.*

(f) Es ist insgesamt äußerst zweifelhaft, ob marktökonomische Steuerungsinstrumente allein ausreichen werden, die drohende ökologische Katastrophe abzuwenden und grundlegende ökologische Reformen im globalen Maßstab durchzusetzen, nachdem zahlreiche Binnenmeere in biologisch »tote Ressourcen« verwandelt, die Flüsse vergiftet und die Erdatmosphäre zur Müllhalde von allerlei Emissionen mit Treibhauseffekt umfunktioniert worden sind und nachdem die hemmungslose Nutzung von erschöpfbaren Ressourcen einen irreversiblen Zuwachs an Entropie heraufbeschworen, räumliche und physische Verwerfungen und Ungleichgewichte sowie Verzerrungen im Preisgefüge beispielsweise bei fossilen Energieträgern (siehe unter 6.4) hervorgerufen hat. Die Neoklassik beginnt nach jahrzehntelanger Hinnahme der Naturzerstörung über marktökonomische Instrumente der Umweltpolitik nachzudenken, nachdem das Kind bereits in den Brunnen gefallen ist und radikale Regulierungseingriffe in das Marktgeschehen unvermeidlich geworden sind. Es muß befürchtet werden, daß dem neoklassichen Konzept der Privatisierung der Umweltressourcen in der gesellschaftlichen Praxis die Bremserfunktion zukommt, die dringend erforderlichen regulativen Interventionen zu verhindern oder möglichst hinauszuschieben.

(g) Die Umsetzung des *Coase-Theorems* in Gestalt von *Umweltzertifikaten bzw. Umweltlizenzen* als Instrumentarium ökologischer Unternehmerpolitik unter der ordnungspolitischen Rahmenbedingung der Privatisierung von Umweltressourcen bei gleichzeitiger Ablehnung der mengenmäßigen Festlegung von Obergrenzen bestärkt den Zweifel darüber, ob die Neoklassik den Grad der erreichten ökologischen Zerstörung überhaupt zur Kenntnis nimmt, über den unter den anerkannten Fachwissenschaftlern verschiedener Disziplinen Konsens besteht. Denn *Umweltzertifikate* können nur einmal geschaffen und ausgegeben werden.

7.2 Keynesianische Konzepte: Ökologische Steuerreform, Energiesteuer

Keynesianische Konzepte gehen im Gegensatz zur Neoklassik davon aus, daß die Bedingungen der freien Konkurrenz auf den Märkten nicht dazu führen, die *externen Effekte* über den Preismechanismus zu erfassen. Dieser Sachverhalt verleitet zu der Annahme, daß staatsinterventionistische Maßnahmen zur Herstellung eines ökologischen Saldenausgleichs unvermeidlich sind. Auf den britischen Ökonomien Arthur Pigou gehen die ersten bereits 1920 formulierten Überlegungen zurück, durch gezielte Steuern gegenüber Verursachern von Umweltschäden den ökologischen Saldenausgleich herzustellen (Pigou 1920: 224). Ernsthafter und intensiver werden staatsinterventionistische Maßnahmen vorgeschlagen, um die marktökonomischen Defizite in umweltpolitischer Hinsicht zu beheben, seit die bedrohliche Zunahme von Schadstoffemissionen in der Erdatmosphäre erkannt worden ist. In der Bundesrepublik legte Dieter

Teufel die erste durchdachte Konzeption für Umweltsteuern vor (Teufel 1988). Ernst Ulrich von Weizsäcker fordert in seinem Buch *Erdpolitik* eine *ökologische Steuerreform* (v. Weizsäcker 1990: 159ff.). Hiervon verspricht man sich eine *ökologische Lenkung* von Ressourcen, die allerdings voraussetzt, daß die Einführung von ökologisch zweckgebundenen Steuern »die durchschnittliche Gesamtbelastung der Wirtschaft« nicht erhöht (ebda.: 161). Ökosteuern müssen demnach mit Steuersenkungen in anderen Bereichen ausgeglichen werden.

Die Idee der Umweltsteuern ist vor allem seitens der Gegner von ökologischen Reformen der Marktökonomie heftiger Kritik ausgesetzt. Die Befürworter von radikalen ökologischen Reformen hegen dagegen Zweifel, ob rein marktwirtschaftliche Instrumente überhaupt ausreichen, die drohenden Umweltkatastrophen zu verhindern. Eine andere Frage ist, ob Ökosteuern die erwünschten Ziele überhaupt erreichen. Eine generelle Antwort auf diese Frage dürfte nicht möglich, zumindest vermessen sein. Vielmehr bedarf es dazu einer wohlüberlegten Differenzierung. Zweifel bestehen an der ökologischen Wirksamkeit von Steuern bei natürlichen Ressourcen – wie beispielsweise Öl –, die unter den Bedingungen des *Dual-Systems* produziert werden. Im folgenden wird die Frage untersucht, ob die Besteuerung des Energieverbrauchs, um sogleich auf den gegenwärtig am intensivsten diskutierten Fall Bezug zu nehmen, tatsächlich jener umweltpolitische Hebel ist, der geeignet ist, den Energieverbrauch zu reduzieren und den Treibhauseffekt zu verringern?

Energieressourcen und andere erschöpfbare Ressourcen werden sowohl im Norden wie im Süden produziert. Wurden dabei die Implikationen der Energiesteuer für die Anbieter, wurden die Folgen der ökologischen Steuerreform, insbesondere für die Ressourcenanbieter des Südens, hinreichend berücksichtigt oder bisher überhaupt untersucht? Solche und ähnliche Fragen bedürfen einer ernsthaften Überprüfung, zumal mit dem Energiesteuerkonzept oft sehr hohe Erwartungen verbunden werden. Manche versprechen sich davon – geradezu euphorisch – sogar eine ökologische Wende. Zu den gravierenden Defiziten der bisher vorgelegten Konzepte ökologischer Steuerreformen gehört, daß solche Fragen nicht gestellt und erst recht nicht beantwortet worden sind.

Die Komplexität des Problems gebietet jedoch größte Skepsis vor einfachen Lösungen. Auf den ersten Blick scheint die Energiesteuer ökologisch positiv zu wirken. Je höher die Verbraucher besteuert werden, desto stärker ist die Energieeinsparung und desto geringer der CO_2-Ausstoß. Bei einer näheren Untersuchung stellt sich jedoch heraus, daß die Interdependenzen wesentlich komplexer sind. In der Tat tangiert die Frage der Energiebesteuerung das Verhältnis von Anbietern verschiedener Energieträger, das Verhältnis von Verbrauchern und Produzenten – und nicht zuletzt auch das Verhältnis des Nordens zum Süden. Die Energiesteuer – wie jedes andere umweltpolitische Instrument – setzt einen Prozeß mit teilweise entgegenwirkenden Auswirkungen in Gang, die berücksichtigt werden müssen. Im folgenden werden zunächst Probleme und Folgen der Energiesteuer analysiert, um dann Alternativen dazu zu diskutieren. Im einzelnen geht es um die Bewertung folgender Fragen:

- Welche Ziele verbinden diverse Interessengruppen mit der Energiesteuer?
- Welche Auswirkungen hat die Energiesteuer auf das Nord-Süd-Verhältnis?
- Wird die Energiesteuer mittel- und langfristig zu einer drastischen Verbrauchsreduzierung führen?
- Und schließlich: sind andere umweltpolitische Alternativen zur Energiesteuer denkbar?

Über den Konsens der Interessengruppen

Die Vorstellungen über Art und Umfang der Besteuerung des Energieverbrauchs sind zunächst einmal sehr unterschiedlich. Sie reichen von der Besteuerung des importierten Mineralöls über einen CO_2-Aufschlag bis hin zu einem Preisaufschlag auf alle nicht erneuerbaren Energien einschließlich des Atomstroms.

Für eine drastische Steuererhöhung auf das importierte Öl besteht in den Industriestaaten des Nordens der allergrößte Konsens. Denn diese Maßnahme würde ausschließlich die OPEC, d.h. also die Ölproduzenten des Südens treffen und die OPEC gegenüber allen anderen Energieanbietern diskriminieren. Eine Mineralölsteuer kommt tatsächlich den Interessen unterschiedlichster Gruppen in den Staaten des Nordens entgegen. Denkbar wäre für diese Steuerform sogar eine Koalition von Kräften mit teilweise gegensätzlichen Motiven: Umweltverbände, die sich von dieser Maßnahme einen sinkenden Energieverbrauch versprechen, die heimische Kohleindustrie und die Anbieter der Atomenergie, die mit höherer Rentabilität für die Kohle bzw. die Atomenergie rechnen, die Umweltminister, die diese Maßnahme als ihren Erfolg verbuchen können und die Finanzminister, die sich ohne ihr Zutun über Milliarden zusätzlicher Einnahmen freuen können.

Schwieriger gestaltet sich eine weltweite Koalition für die Einführung einer CO_2-Steuer. Während diese Form der Energiebesteuerung der Behauptung der Atomindustrie, der Atomstrom sei die umweltfreundlichste Energieform, Vorschub leistet, befürchten zum einen die Anbieter von fossilen Energieträgern eine Wettbewerbsverzerrung zugunsten von Atomenergie und zum anderen die Gegner der Atomindustrie eine wirkungsvolle Rettungshilfe für eine aus umweltpolitischen Gründen grundsätzlich abzulehnende Energieform.

Noch schmaler wird der Konsens für eine Besteuerung des Verbrauchs aller konventionellen Energieformen, also auch der Atomenergie. Hier reduziert sich der Konsens im wesentlichen auf diejenigen Kräfte, die mit der Energiebesteuerung keine anderen als ausschließlich umweltpolitische Ziele verfolgen: Umweltverbände und -parteien.

Es wird deutlich, daß sich hinter verschiedenen Konzepten der Energiebesteuerung nicht nur umweltpolitische Ziele, sondern auch spezifische Interessen von Energieanbietern und gegensätzliche Interessen von Staaten mit verschiedenen regionalen Energiepreisen (Problemfeld EG, USA) und mit unterschiedlichen Anteilen an Atomenergie und fossilen Energien (Problemfeld innerhalb der EG) verbergen. Vor dem Hintergrund gegensätzlicher Interessen der Industriestaaten ist auch die Einführung einer globalen Energiesteuer bei der UN-Umweltkonferenz in Rio de Janeiro am Widerstand vieler Staaten, insbesondere der USA und Saudi Arabiens, gescheitert. Die Kommission der Europäischen Gemeinschaft hat unter Berücksichtigung von divergierenden Interessen einen Vorschlag »zur Einführung einer Steuer auf Kohlendioxydemissionen und Energie« (Kommission der EG 1992) vorgelegt, der EG-weit verbindlich sein soll. Die nach Energiegehalt und CO_2-Ausstoß gestaffelte Steuer soll alle nicht erneuerbaren Energien durchschnittlich zunächst mit 3 Dollar und bis zum Jahre 2000 mit 10 Dollar pro Faß Öläquivalent belasten. Auf den Liter Benzin umgerechnet beträgt die Steuerlast 1,9 bzw. 6,3 US-Cents. So wird der Vorschlag der EG-Kommission auch überwiegend als unzureichend aber dennoch als »ein Schritt in die richtige Richtung« (E.U. v. Weizsäcker)[35] interpretiert.

Angesichts des anhaltend steigenden Energieverbrauchs, der Verstärkung des Treibhauseffekts und anderer durch Energieverbrauch verursachte Umweltschäden liegt es nahe, daß die Industriestaaten des Nordens sich zu einer der möglichen Alternativen von Energiebesteuerung entschließen werden. Dabei werden sie vermutlich ein Besteuerungskonzept bevorzugen, bei dem der nationale Konsens am wirkungsvollsten hergestellt werden kann, nämlich bei dem hauptsächlich aus dem Süden importierten Mineralöl.[36] Das Beispiel Mineralölsteuer offenbart aber drastisch die Unzulänglichkeit der bisher um die ökonomischen und ökologischen Auswirkungen der Energiesteuer geführten Diskussionen. Sowohl bei den Theoriemodellen (Teufel 1988; v. Weizsäcker 1990), wie bei problemorientierten Analysen (Benkert/Bunde/Hansjürgens 1990: 166ff.) werden zwar relevante Sachverhalte auf der *Verbraucherseite* differenziert und ausführlich untersucht, die konkreten Folgen der Energiesteuer auf der *Anbieterseite* jedoch weitgehend ausgeblendet. Bei der Untersuchung der ökonomischen und ökologischen Folgen der Mineralölsteuer kommt es aber gerade darauf an, die keynesianische Fixierung der Nachfrageseite bei den Verbrauchern (hauptsächlich Industrieländer des Nordens) zu überwinden und zusätzlich auch das Verhalten der Ölanbieter (hauptsächlich Länder des Südens) zu berücksichtigen.

35 Offensichtlich wird die Signalwirkung positiv bewertet, die der Vorschlag der EG-Kommission für weitere Erhöhungen der Enrgiesteuer innerhalb der EG und darüber hinaus auslösen könnte.

36 So belegt beispielsweise die gegenwärtig in der Bundesrepublik geführte Diskussion über die steuerliche Belastung des Autoverkehrs, um die Defizite der Bundesbahn von 8 Mrd. DM auszugleichen, wie schnell sich alle Fraktionen auf die Erhöhung von Mineralölsteuern einigen konnten, während die Einführung einer Autobahn-Vignette höchst kontrovers geführt wurde.

Nord-Süd-Verteilungskonflikt durch Mineralölsteuer

Die Einführung von Mineralölsteuern wird den Endverbraucherpreis anheben und den Verbrauch auch sicherlich in Abhängigkeit von der Nachfrageelastizität reduzieren. Im folgenden sollen die dadurch ausgelösten Folgen für die Ölanbieter an einem einfachen Gleichgewichtsmodell der Marktsteuerung demonstriert werden. Wird eine Mineralölsteuer in Höhe von 10 Dollar/Barrel bei einem Weltmarkt- bzw. Einfuhrpreis von 20 Dollar/Barrel erhoben, so verschiebt sich im Modell (Abb. 2.20) die Angebotskurve S entlang der Nachfragekurve D um 10 Dollar. Der neue Endverbraucherpreis, der durch die Verschiebung von Gleichgewichtspreis P auf P' gebildet wird, beträgt bei einer Nachfrageelastizität von 1 nun 25 US Dollar und der neue Einfuhrpreis für Öl sinkt bei einer Angebotselastizität von ebenfalls 1 und sinkender Nachfrage um Q Q' (am Schnittpunkt E'' der Angebotskurve S und Q'E') auf 15 Dollar/Barrel.

Abb. 2.20: Wirkung von Mineralölsteuern auf den Öl-Weltmarktpreis

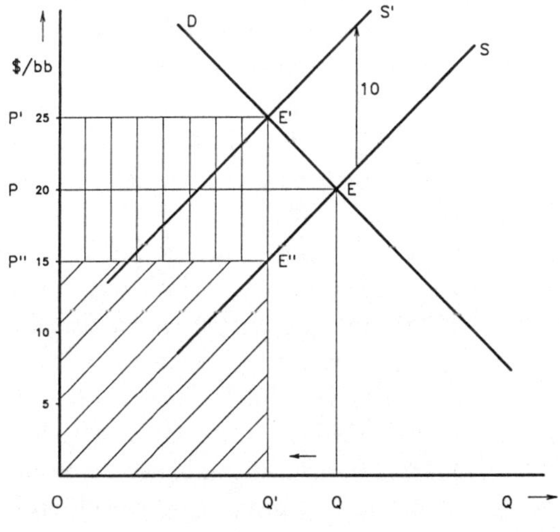

Die eingeführte Steuer wird demnach in diesem Modell zu je einer Hälfte von den Verbrauchern und den Anbietern aufgebracht. Wäre die Nachfrage vollkommen unelastisch und reagierten die Nachfrager auf die Anhebung der Endverbraucherpreise nicht mit einer Verbrauchssenkung, so würde sich die Nachfragekurve D entlang der QE-Linie um 10 Dollar nach oben verschieben, der Endverbraucherpreis würde 30 Dollar/Barrel betragen und die Mineralölsteuer würde in vollem Umfang von den Verbrauchern getragen. Wäre dagegen das Angebot vollkommen elastisch und würden die Anbieter bei einer Preissenkung ihr Angebot massiv erhöhen, so würde der Endverbraucherpreis für Öl trotz einer Mineralölsteuer unverändert bei 20 Dollar/Barrel liegen, wobei die erhobenen Steuern in vollem Umfang zu Lasten der Anbieter gingen.

Bereits an dieser Stelle wird deutlich, daß es einen gravierenden Unterschied gibt, ob ein innerhalb der eigenen Volkswirtschaft produziertes Produkt oder ein importiertes Produkt besteuert wird. Während im ersten Fall volkswirtschaftlich dem durch den Fiskus erzielten Plus ein Minus an Einnahmeverlusten durch Produktionssenkung im Inland gegenübersteht, Gewinner und Verlierer sich also innerhalb ein und derselben Volkswirtschaft gegenüberstehen, befinden sich im zweiten Fall die Verlierer nicht innerhalb, sondern außerhalb der importierenden Volkswirtschaft. Wird also das besteuerte Produkt importiert, so gewinnt das importierende Land als Folge der Besteuerung, während das exportierende Ausland die Last der Einnahmeverluste tragen muß. Die Einnahmen der ölexportierenden OPEC-Staaten schrumpfen also in dem dargestellten Modell nach der Einführung von Mineralölsteuern drastisch, und zwar entsprechend der Reduktion der Fläche OQEP zu OQ'E''P'' (Abb. 2.20).

Wie würden aber die OPEC-Staaten auf die im Modell dargestellte Anhebung der Mineralölsteuern und Nachfragesenkung reagieren? Die OPEC hätte im Prinzip die Alternative, die Ölproduktion einzuschränken und das Preisniveau zu halten bzw. wieder anzuheben; sie kann aber auch die Ölproduktion trotz sinkender Nachfrage steigern, anstatt zu reduzieren. Welche der beiden Alternativen die OPEC in der Praxis verwirklicht, hängt davon ab, ob sie die innere Stärke besitzt, durch die günstigste Mengen-Preis-Kombination ihre Einnahmen zu maximieren. Das Einnahmemaximierungsprinzip legt jedoch nahe, bei einer angenommenen Nachfragereduzierung die Ölproduktion einzuschränken. Daß die OPEC längst nicht über die Stärke verfügt, die sie in den siebziger Jahren gewonnen hatte, wurde oben (vor allem in Kapitel 6.2) ausführlich dargelegt. Um Einnahmeverluste wieder wettzumachen, versucht gegenwärtig jeder OPEC-Mitgliedsstaat, die Produktion und den Export auszuweiten. Das Ergebnis war und ist in der Realität überwiegend ein Verhaltensmuster, das von gängigen Reaktionen in der Marktökonomie abweicht. Statt die Ölproduktion bei sinkender Nachfrage einzuschränken, weiten die OPEC-Staaten das Ölangebot aus, und überschütten so den Weltmarkt noch stärker als bisher mit Öl und bewirken, daß der Weltmarktpreis auf ein noch niedrigeres Niveau herabsinkt (*Dual-System-Effekt*, vgl. unter 3.4).

Unter diesen Bedingungen entspricht das Anbieterverhalten der OPEC einer nach vorne geknickten und in der Preistheorie als *vorwärtsgekrümmt* bezeichneten Angebotskurve (Friedman 1977: 132f.).

Abb. 2.21: Wirkung von Mineralölsteuern auf OPEC-Einnahmen

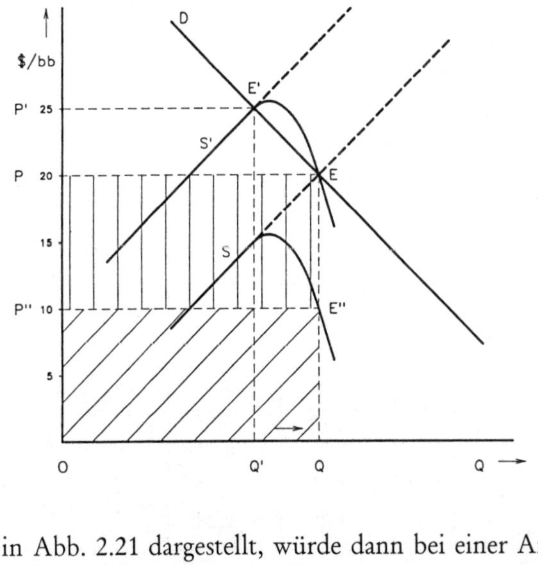

Wie in Abb. 2.21 dargestellt, würde dann bei einer Angebotssteigerung um Q'Q der Weltmarkt- bzw. Einfuhrpreis, folglich auch der Endverbraucherpreis des Mineralöls, entlang der *vorwärtsgekrümmten* Angebotskurve S bzw. S' auf P'' = 10 Dollar/Barrel, bzw. P =

20 Dollar/Barrel herabsinken. Das Ergebnis eines durch die Einführung von Mineralölsteuern ausgelösten Prozesses ist nach dem hier demonstrierten Modell die Steigerung des Mineralölverbrauchs auf die ursprüngliche Menge Q und die Senkung des Endverbraucherpreises ebenfalls auf den alten Stand von P = 20 Dollar/Barrel. Der einzige Unterschied zwischen dem Endzustand (Abb. 2.21) und Anfangszustand (Abb. 2.20) besteht darin, daß die OPEC-Staaten die Hälfte ihrer Exporteinnahmen (die Fläche P''E''EP, Abb. 2.21) einbüßen, während die gleiche Summe über den Hebel der Mineralölsteuer den Verbraucherstaaten zugeführt worden ist. Die als umweltpolitische Maßnahme deklarierte Steuer stellt sich demnach als ein Hebel des Einkommenstransfers von Süd nach Nord heraus, ohne den Ölverbrauch und die erzeugte Schadstoffmenge im geringsten zu reduzieren. Dieses Resultat mag verblüffen, entspricht jedoch der Realität und wird unten empirisch belegt. Die Wirkung einer Mineralölsteuer für die Ölanbieter im Rahmen des *Dual-Systems* ist dieselbe, auch wenn diese Energiesteuer im Weizsäckerschen Sinne steueraufkommensneutral ist.

In der obigen Analyse wurde der OPEC ein elastisches und abweichendes Anbieterverhalten unterstellt, das in der Regel nur kurz-

Tabelle 2.4: Steuereinnahmen ausgewählter OECD-Länder (zu laufenden Preisen)

	1980	1984	1985	1986	1987
Frankreich	15,93	11,47	13,37	17,43	21,20
Bundesrep. Deutschland	15,46	11,42	11,31	14,69	17,86
Italien	10,10	10,25	9,79	15,96	20,50
Japan	7,10	7,22	6,96	9,69	11,90
Niederlande	2,45	1,75	1,65	2,16	3,06
Spanien	2,40	2,25	2,28	3,04	4,81
Total	53,45	44,36	45,36	62,97	79,33

Quelle: Oxford Institute for Energy Studies, 1991: 61-66.

fristig möglich ist. Warum die OPEC-Staaten auch mittel- und langfristig einem solchen abweichenden Anbieterverhalten folgen, solange das globale *Dual-System* mit allen, den Norden begünstigenden ökonomischen und politischen Implikationen bestehen bleibt, wurde in den Kapiteln 5 und 6 dieses Buches ausführlich begründet.

Das *Dual- und das Öldumpingspreissystem* sind letztlich dafür verantwortlich, daß die Energie- und die Mineralölsteuer umweltpolitisch nicht greifen und statt dessen zu einem wirksamen Hebel der Einkommensverteilung von Süd nach Nord instrumentalisiert werden. Die oben dargestellte Analyse kann empirisch durchaus untermauert werden, zumal die meisten OECD- bzw. EG-Staaten seit längerem auf das importierte Öl Steuern erheben und diese auch in nennenswertem Umfang erhöht haben.

Die Tabelle 2.4 zeigt den Umfang der Mineralölsteuereinnahmen der wichtigsten ölimportierenden OECD- und vor allem EG-Staaten, die innerhalb von wenigen Jahren von 53 auf über 79 Milliarden Dollar gestiegen sind. Gleichzeitig sind die Einnahmen der OPEC-Staaten zu laufenden Preisen als Folge sinkender Ölweltmarktpreise drastisch gesunken, und zwar von 284,5 auf 93 Mrd. US-$ (Tab. 2.5 und Abb. 2.22). Was bei den OECD-Staaten in Form von Mineralölsteuern als Plus zu Buche schlägt, müssen die OPEC-

Tabelle 2.5: Ölexporteinnahmen der OPEC-Länder (Mrd. US-Dollar)

	1980	1984	1985	1986	1987
Saudi Arabien	105,8	34,2	24,2	16,9	19,2
Iran	13,3	12,2	13,1	7,2	10,5
Irak	26,3	9,3	10,7	6,9	11,4
Kuwait	17,7	10,7	9,8	6,4	7,5
VAE	19,6	12,9	11,8	7,4	8,6
Nigeria	25,3	11,7	12,3	6,2	7,0
Venezuela	18,2	12,1	10,3	6,7	6,9
OPEC gesamt	284,5	143,6	127,2	77,3	93,0

Quelle: OPEC Annual Statistical Bulletin, 1988.

Staaten als ihre Verluste registrieren. Dies ist eine unleugbare Umverteilung der Einnahmen von Süd nach Nord. Die Tatsache, daß beispielsweise Frankreich in den Jahren 1986 und 1987 höhere Einnahmen durch Mineralölsteuern erzielt hat als der größte Ölexporteur Saudi Arabien, zeigt die Dimension dieser Umverteilung mittels Mineralölsteuern.[37]

Abb. 2.22: Entwicklung der Öleinnahmen der OPEC und der Mineralölsteuereinnahmen ausgewählter OECD-Staaten

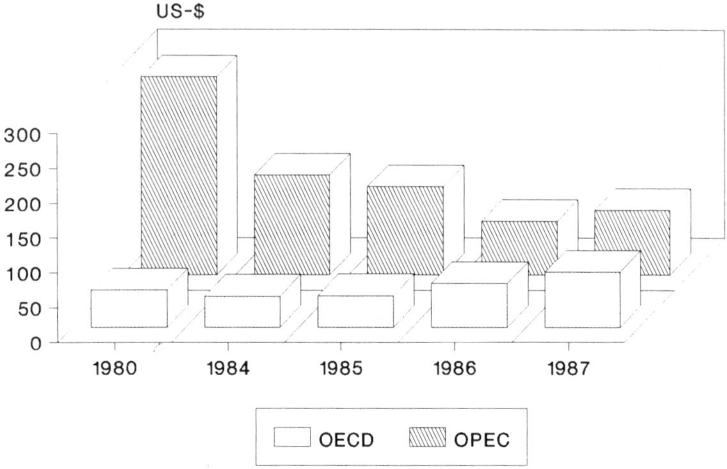

Quelle: Tabellen 2.4 und 2.5.

37 Es mag sonderbar erscheinen, daß hier die Einnahmenverluste von einem Land wie ausgerechnet Saudi Arabien beklagt werden, das zu den reichsten Ländern der Welt gehört. Der Sonderfall Saudi Arabien – man muß Kuwait und die Vereinigten Arabischen Emirate hinzuzählen – ist in Wahrheit Teil des Problems von sinkenden Ölpreisen. Richtig ist, daß die drei Golfstaaten dank ihres sehr hohen Pro-Kopf-Ölreichtums trotz sinkender Ölpreise gerade nicht unter Armut leiden. Dies darf jedoch nicht darüber hinwegtäuschen, daß sinkende Ölweltmarktpreise erstens die bevölkerungsreichen aber ölarmen OPEC-Staaten sehr hart treffen, und daß sie zweitens den Teufelskreis der Einnahmensenkung, der Ölüberproduktion und der Überausbeutung der Natur in Gang halten. Das Problem sinkender Ener-

Nicolas Sarkis, Direktor des *Zentrums für Studien des arabischen Öls*, kommt hinsichtlich der Einkommenstransferfunktion der Mineralölsteuer in einem bemerkenswerten Beitrag in *le monde diplomatique* zu einer ähnlichen Bewertung (Sarkis 1993). Wie er belegt, ist der Anteil der Mineralölsteuer am Endverbraucherpreis von einem Barrel Mineralölproduktion im EG-Durchschnitt von 35% im Jahre 1984 auf 56% im Jahre 1991 gestiegen, während im selben Zeitraum der Anteil der OPEC von 48% auf 21% gesunken ist (vgl. Abb. 2.23).

Abb. 2.23: Preisentwicklung in den Industrieländern (in Dollar pro Barrel Ölprodukte)

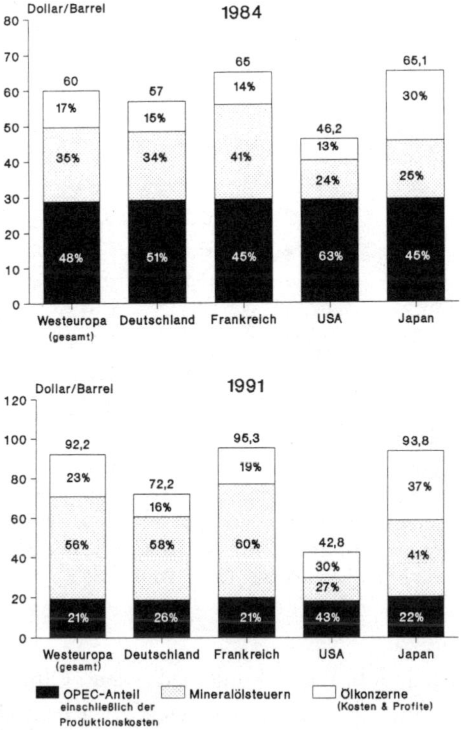

Quelle: Sarkis 1993.

giepreise und die Notwendigkeit höherer Ölweltmarktpreise aus ökologischen Gründen müssen zunächst unabhängig von dem Umstand gelöst bzw. entschieden werden, daß die reichen Staaten des Südens, wie z.B. Saudi Arabien, noch reicher werden.

Die Zunahme der Mineralölsteuer in den OECD-Staaten hat also zweifelsohne mit zu den sinkenden Ölweltmarktpreisen beigetragen. Sie hat jedoch, wie die Daten der Tabelle 2.6 für das wichtigste Mineralölprodukt Benzin über 12 Jahre belegen (siehe auch Abb. 2.24), weder zu einer nennenswerten Steigerung der Endverbraucherpreise noch zur Reduzierung des Ölverbrauchs geführt. Ganz im Gegenteil ist der Ölverbrauch in der EG seit 1984 trotz des steigenden Steueranteils am Endverbraucherpreis kontinuierlich gestiegen, da gleichzeitig der Ölweltmarktpreis gesunken ist.

Tabelle 2.6: Preise, Steuern und Ölverbrauch in OECD-Europa

	Rohöl Arabian Light $/Liter	Transport- + Raffineriekosten	Mineralölsteuern % Benzinpreise	Mineralölsteuern $/Liter	Benzinpreise $/Liter	Ölverbrauch Mio. t
1978	0,082	0,108	59,7	0,282	0,472	700,0
1980	0,225	0,114	52,8	0,379	0,718	664,8
1982	0,200	0,119	50,8	0,330	0,649	601,6
1984	0,177	0,075	55,3	0,312	0,564	588,3
1986	0,082	0,172	58,2	0,354	0,608	600,5
1987	0,106	0,112	68,9	0,482	0,700	599,8
1988	0,083	0,135	69,7	0,500	0,718	608,1
1989	0,099	0,128	68,9	0,504	0,731	610,2
1990	0,129	0,139	67,5	0,557	0,825	621,9

Quelle: Eigene Berechnungen und BP Statistical Review of World Energy; eurostat 1991: Energy Prices, Luxemburg; International Energy Agency 1990: Energy Prices and Taxes, Paris.

Die drastische Ölpreissenkung nach dem Ölpreissprung 1979/80 hatte nicht nur die eine, sondern viele Ursachen. Die Sonderinteressen von Saudi Arabien, Kuwait und den Vereinigten Arabischen Emiraten, das Wettrüsten der Golfstaaten, steigende Zinsen auf den Finanzmärkten und steigende Auslandsverschuldung einer Reihe von OPEC-Staaten trugen zu sinkenden Ölpreisen mit bei (vgl. unter 6.2). Die Erhöhung von Mineralölsteuern in den Verbraucherstaaten verstärkte die Tendenz der Ölpreissenkung. Der kausale Zusammenhang zwischen Mineralölsteuern in den Verbraucherstaaten und sinkenden Öleinfuhrpreisen läßt jedenfalls folgende Schlußfolgerung zu: *Ein umweltpolitisches Konzept, in diesem Fall ein Klimaschutzkonzept, das ausschließlich auf die Erhöhung von Endverbraucherpreisen durch Energie- bzw. Mineralölsteuern abzielt und dabei beachtliche Einkommensverluste der Ölanbieter einkalkuliert, verwirkt seine umweltpolitische Wirkung. Eine Anhebung der Energie- bzw. der Mineralölsteuern durch die EG um 10 Dollar/Barrel dürfte aller Wahrscheinlichkeit nach dazu führen, daß der Ölweltmarktpreis um einige Dollar/Barrel zurückgeht. Ob aber der aus ökologischen Gründen erwünschte Öl- und Energieverbrauch dadurch reduziert wird, bleibt allerdings dahingestellt.*

Abb. 2.24: Benzinpreise, Steuern und Ölverbrauch in OECD Europa

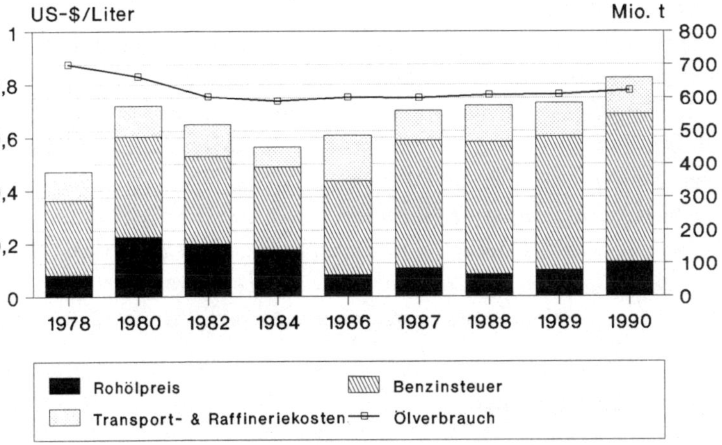

Quelle: Tabelle 2.6.

Um den Energieverbrauch in nennenswertem Umfang zu reduzieren – so könnte argumentiert werden –, muß jedoch die Besteuerung des Mineralöls konsequenter und drastischer ausfallen. Beispielsweise müßte bei einer weiteren Senkung des Ölweltmarktpreises die Mineralölsteuer entsprechend erhöht bzw. der Steuersatz derart angehoben werden, daß der Liter Benzin 3 statt nur 1 Dollar kostet. Eine dadurch erzielte Verbrauchsreduzierung würde allerdings zu einem weiteren Verfall des Ölweltmarktpreises und zunächst auch zu zunehmender Überproduktion auf der Anbieterseite führen. Diesen Überlegungen kann wiederum entgegengehalten werden, daß die Ölanbieter irgendwann, und zwar wenn der Ölweltmarktpreis die *Grenzkosten* am Persischen Golf unterschreitet, sehr wohl gezwungen sein werden, die Produktionsmenge zu reduzieren.

Eine solche Entwicklung ist durchaus denkbar. Sie verschärft allerdings erstens die Einkommensumverteilung von Süd nach Nord in dramatischer Weise, und sie kann zweitens nicht verhindern, daß das Öl zu Niedrigpreisen den Verbrauch in den mineralölsteuerfreien Regionen erheblich steigert und sie bewirkt, daß die in Höchstpreisregionen erzielten Energieeinsparungen global wieder wettgemacht werden. Hinzu kommt die Notwendigkeit von umfangreichen Grenzkontrollen zur Verhinderung von Schmuggel und Schwarzmärkten für Ölprodukte. *Die unvermeidlichen Folgen der bisher vorgelegten Energiekonzepte hinsichtlich ihrer ökologischen Wirksamkeit und der sozialen Disparitäten im Nord-Süd-Verhältnis, wie sie oben dargelegt worden sind, lassen die Schlußfolgerung zu, daß ihre Nachteile den möglichen Vorteilen einer kurzfristigen Energieverbrauchssenkung bei weitem überwiegen und daß diese Konzepte daher weit davon entfernt sind, die globale Energieversorgung nach Kriterien des Nachhaltigkeitsprinzips zu steuern und zu gestalten.*

Globale Energiesteuer

Die Probleme der isolierten Einführung von Mineralölsteuern in den einzelnen Staaten bzw. Regionen, wie sie oben skizziert worden sind, werfen die Frage auf, ob eine globale Energiesteuer zu wirksameren globalen Energieeinsparungen führen könnte, ohne in anderen Feldern der Weltgesellschaft unlösbare Probleme hervorzurufen. Tatsächlich ermöglicht eine solche Art der Energiebesteuerung wesentlich günstigere Voraussetzungen. Die erzielten Einnahmen wären dem Zugriff von Einzelstaaten entzogen, ihre Verwendung für die Finanzierung beispielsweise von Technologien zur Nutzung von regenerierbaren Energien und Ausgleichszahlungen an finanzschwache Staaten des Südens der Kontrolle von globalen Institutionen unterstellt.

Dieses Energiebesteuerungskonzept setzt allerdings ein Höchstmaß an weltweitem Konsens voraus. Vor allen Dingen müßten auch die Ölanbieter des Südens einem solchen Konsens zustimmen und freiwillig darauf verzichten, das Modell durch eine Niedrigpreispolitik und Ölexporte in Schwarzmärkte zu konterkarieren. Eine Zustimmung seitens der Ölanbieter wäre nur dann realistisch, wenn ihnen im Falle einer freiwilligen Verpflichtung zur Produktionseinschränkung für entgangene Einnahmeverluste Ausgleichszahlungen zugesichert würden. Damit mündet das Konzept der globalen Energiesteuer in letzter Konsequenz in ein Konzept der *globalen Regulierung der Energieproduktionsmenge*. Denn bei einer globalen Festlegung von Obergrenzen für die Energieproduktion dürften die Energieanbieter- und Endverbraucherpreise ohnehin von selbst ansteigen und damit zum einen den Energieverbrauch auch ohne Besteuerung auf der Verbraucherseite reduzieren und zum anderen Einkommensverluste bei Energieanbietern verhindern.

Entropiesteuer

In seinem Buch *Sonnen-Strategie* stellt Hermann Scheer ein Konzept der *Entropiesteuer* vor, das sich substantiell von dem von E.U. von Weizsäcker vorgeschlagenen Modell nicht unterscheidet, dieses allerdings hinsichtlich der Entlastung von anderen Steuerformen modifiziert (Scheer 1993: 243ff.). Hinsichtlich der globalen Auswirkungen, der Nachteile für Entwicklungsländer und der im Weltmaßstab ausgelösten Gegenkräfte, wie sie oben dargestellt worden sind, besteht jedoch kein wahrnehmbarer Unterschied zwischen diesem Konzept und anderen Energiesteuerkonzepten, obgleich Scheer das Dilemma der sinkenden Rohstoffpreise und die daraus folgenden Nachteile für die Entwicklungsländer des Südens durchaus nicht übersieht. Dennoch übergeht er dieses für die Beurteilung der ökologischen Wirksamkeit und der ökonomischen Folgen der Besteuerung von Rohstoffen schwerwiegende Problem mit dem nicht weiter begründeten und wohl auch nicht durchdachten Hinweis, daß

> »mit hoher Wahrscheinlichkeit ... die Energiebilanz der Rohstoffförderung und -aufbereitung in den Entwicklungsländern großenteils negativ (ist) – d.h. die dortigen Volkswirtschaften ... durch die dafür notwendigen Energieimporte und die Waldvernichtung größeren wirtschaftlichen Schaden (erleiden), als sie Exportnutzen haben« (Scheer 1993: 250).

Die *vermutete* Negativbilanz bei den Rohstoffexporteuren des Südens ist für über 70 monostrukturelle Länder des Südens ein schwacher Trost. Im übrigen würde ein Verzicht der Entwicklungsländer auf den Export von Energie und Rohstoffen alle ökologischen Reformkonzepte überflüssig machen. Bei einer Verteuerung der Rohstoffpreise würde die dadurch verursachte Verknappung von Rohstoffen wesentlich radikaler, unbürokratischer und wirksamer zum ökologischen Strukturwandel führen, als alle bisher vorgestellten Besteuerungskonzepte. Die Berücksichtigung der ökonomischen und ökologischen Nachteile von ökologischen Reformkonzepten und die Erkenntnis, daß ökologische Reformen im Norden, wenn sie zu Lasten des Südens konzipiert sind, höchstens nur kurzfristig greifen und nicht von dauerhafter Natur sein werden, müßte dazu führen, Reformkonzepte zu entwickeln, die sowohl ökologisch wirksam wie im globalen Maßstab sozial ausgeglichen sind. Vor diesem Hintergrund dürfte ein Konezpt, daß sowohl zur erheblichen Reduzierung von Energie- und Rohstoffverbrauch führt, als auch den Rohstoffexporteuren des Südens Vorteile statt Nachteile bringt, dem Kriterium der *Nachhaltigkeit* konsequenter Rechnung tragen, als die bisher bekannten ökologischen Steuerkonzepte.

7.3 Die radikale Alternative: Naturangepaßte Marktsteuerung

Die bisherigen Erfahrungen belegen in der Tat die zweifache Wirkung der Reduzierung der produzierten Rohstoffmenge. Die sinkenden Produktionsmengen des OPEC-Öls Ende der siebziger Jahre und die darauf beruhenden drastischen Ölpreissteigerungen haben beispielsweise, wie Abb. 2.24 veranschaulicht, erheblich größere Einspareffekte hervorgerufen, als die jahrzehntelange Praxis der

Mineralölsteuer. Und sie haben gleichzeitig auch zur Steigerung der OPEC-Einnahmen geführt und zur Verringerung des Drucks auf die Ölexporteure, höhere Einnahmen durch höhere Ausbeutungsraten des Öls zu erreichen.

An dieser Stelle kann mit Recht gefragt werden, weshalb die OPEC nicht von sich aus eine Politik der Angebotsverknappung und Preissteigerung verfolgt, obgleich die Voraussetzungen für eine solche Politik heute so gut sind wie nie zuvor. Im Unterschied zu den siebziger und Anfang der achtziger Jahre, als jene sprunghafte Ölpreissteigerungen der OPEC in den Industrieländern als eine existentielle Bedrohung empfunden wurde, fordern heute starke Kräfte die Anhebung der Energiepreise, um so den Energieverbrauch einzuschränken. Deshalb dürfte eine Strategie der Angebotsverknappung und Preissteigerung durch die OPEC in den Industrieländern auf breite Zustimmung stoßen oder gar als der wichtigste Beitrag zum Schutz des Klimas begrüßt werden, zumal die hier verhandelten Energiesteuerkonzepte bereits im Vorfeld der UNCED in Rio am Widerstand der USA und der Industrielobby gescheitert sind. Die OPEC jedoch verzichtet darauf, ihre historische Chance wahrzunehmen, selbst ökonomisch viel zu gewinnen und gleichzeitig als der wirksamste Klimaschützer gefeiert zu werden – ganz im Gegenteil. Sie – genauer gesagt ihr wichtigstes Mitglied, nämlich Saudi Arabien, unterstützt durch Kuwait und die Vereinigten Arabischen Emirate – hat vor und während der UNCED gegen verbindliche Reglementierungen durch eine Klimakonvention eine genauso unrühmliche Rolle gespielt wie die USA.

Internationale Energiebehörde

Dieses Beispiel aus der jüngsten Vergangenheit belegt, daß auch ein Konzept der globalen Mengenregulierung und Produktionseinschränkung nicht unproblematisch ist. Es wird nur dann realistisch umsetzbar sein, wenn – wie bei einer globalen Energiesteuer – ein breiter internationaler Konsens unterstellt werden kann. Eine wirksame Klimaschutzkonvention und eine Konvention zum Schutz von fossilen Energieressourcen auch für künftige Generationen setzt allerdings einen breiten globalen Konsens und Interessenausgleich auch tatsächlich voraus. Dazu ist es erforderlich, eine *internationale*

Energiebehörde zu schaffen, die die Regulierung koordiniert, überwacht und durchsetzt. Es ist dem Autor bewußt, daß eine derartige, von ihm hier vorgeschlagene Einrichtung auf größte Kritik stoßen wird und daß ihm die schlechten Erfahrungen von multinationalen Bürokratien und Marktregulierungsinstanzen – wie die EG-Behörden im EG-Agrarmarkt – vorgehalten werden, die zur Verfälschung von Preisen und zu Fehlallokationen von Ressourcen geführt haben, etc. Diesen und ähnlichen Einwänden seien einige Gesichtspunkte zum Nachdenken vorausgeschickt: (a) Der internationale Energiemarkt, so wie er gegenwärtig konstituiert ist, ist alles andere als ein freier Markt, der den Kriterien der Marktökonomie Rechnung trägt. Er ist, wie in den Kapitalen 5 und 6 gezeigt worden ist, durch unzählige ökonomische Hebel und politische Eingriffe im *Dual-System* geprägt und bei näherem Hinsehen als ein freier Markt bis zur Unkenntlichkeit verfälscht. (b) *Dumpingpreise* für fossile Energien auf den Anbietermärkten, hohe Mineralölsteuern auf den Verbrauchermärkten, hohe Subventionen für die Aufrechterhaltung der heimischen fossilen und atomaren Energieerzeugung, Entkoppelung von regionalen Energiemärkten, ungleichmäßige Ausbeutung von fossilen Ressourcen in verschiedenen Regionen sind Ausdrucksformen des gegenwärtig bestehenden, durch und durch interventionistischen Marktsystems, das zwar zahlreichen Sonderinteressen dient, jedoch weder den sozialen noch den ökologischen Zielen Rechnung trägt. So gesehen ist der *gegenwärtige* Weltenergiemarkt mit allen seinen Facetten mit dem EG-Agrarmarkt zu vergleichen, der bisher weder sozialer und erst recht nicht ökologischer Begründung entsprungen, sondern ausschließlich durch die politische Intervention der EG-Bauern entstanden ist. (c) Die vorgeschlagene *internationale Energiebehörde* soll sich demnach zu einer globalen Institution entwickeln, die zuallererst gegen die bisherigen interventionistischen Verschiebungen, Verwerfungen und Verfälschungen die notwendigen Rahmenbedingungen herstellt, damit die positiven Funktionen des Marktes hinsichtlich der Preisbildung und Allokation von Ressourcen überhaupt erst einmal zur Wirkung kommen können. Solange die Behörde ihre Aufgabe auf die Einhaltung der festgelegten Obergrenzen für die Produktion von fossilen Energieträgern beschränkt, wird sie den Energieweltmarkt durchaus nicht ersetzen und die Allokationsfunktion von Energiepreisen nicht außer Kraft setzen, sondern umgekehrt einen Energieweltmarkt, der diesen Namen verdient, erst richtig herstellen. Zu einer Selbstregulation nach einer langen und verhängnisvollen Interventionsgeschichte ist der Markt von sich aus nicht in der Lage. (d) Der vermutlich wichtigste Einwand, der gegen dieses Konzept vorgebracht werden dürfte, daß die *internationale Energiebehörde* das für den Markt konstitutive Kriterium der *Freiheit*, uneingeschränkt fossile Energien zu produzieren und anzubieten, verletzt, trifft allerdings zu. Eine solche Einschränkung der Freiheit ist jedoch nicht nur deshalb erforderlich, weil hinsichtlich der Ausbeutung von fossilen Ressourcen jenseits der Marktgesetze ein *Freiheitsmißbrauch* betrieben wurde, sondern weil angesichts der drohenden Gefahren für das Klima und für die Gesundheit der Weltbevölkerung die Frage auf der globalen Agenda steht, *welcher Verzicht dem einzelnen abverlangt werden muß und darf, um Freiheit und materielle Grundlagen für heutige und künftige Generationen zu erhalten.*

Die globale Energiepolitik einer *internationalen Energiebehörde* muß den Prinzipien der *nachhaltigen Energieversorgung* Rechnung tragen. So muß sie gewährleisten, daß:

a) die an die Umwelt abgegebenen Energieschadstoffe im Interesse der nächsten Generationen erheblich reduziert werden,
b) der Verbrauch und die Produktion von erschöpfbaren Energieressourcen im Interesse der Generationen der nächsten Jahrtausende zugunsten umweltfreundlicher regenerativer Energien drastisch reduziert werden,
c) die ökonomisch und ökologisch vollkommenen Energiepreise im Interesse der Umwelt, der künftigen Generationen und auch im langfristigen Interesse der Öl- und Energieanbieter die gegenwärtigen Dumpingpreise ablösen,
d) die historisch durch Öldumpingpreise hervorgerufenen Ungleichgewichte überwunden werden,
e) die langfristigen Interessen der energiereichen wie der energiearmen Länder des Südens sozial ausgeglichen werden, da sonst ein globaler Konsens und eine von der Weltgemeinschaft getragene Klima- bzw. Energiekonvention nicht erreichbar sein dürfte,

f) die verschiedenen Regionen der Welt ihr Energiekonsumniveau weitestgehend an die langfristige Nutzung von regional verfügbaren Energieressourcen anpassen, so daß ein Umschlag von gigantischen Mengen an Energiestoffen zwischen den Kontinenten möglichst unterbleibt.

Im einzelnen werden folgende Maßnahmen vorgeschlagen, die im Rahmen einer *internationalen Energiekonvention* vereinbart und durch die internationale Behörde realisiert werden könnten:

1. Festlegung von globalen Obergrenzen für die Produktion und den Verbrauch von erschöpfbaren Energien mit jährlich sinkender Tendenz sowie für die bei der Energieerzeugung abfallenden Schadstoffmengen.[38] Die Obergrenzen für das Gesamtangebot müssen dann nach Maßgabe des noch zulässigen globalen CO_2-Budgets festgelegt werden. Die Produktions- und Verbrauchsquoten der einzelnen Länder könnten beispielsweis mit Hilfe der oben aufgeführten Kriterien ermittelt werden. Diese Maßnahme muß die »gerechte Verteilung« des zulässigen Energieverbrauchs und der zulässigen Emissionen zwischen Nord und Süd einschließen. Während vor allem der Norden Energieverbrauch und Emissionen zu reduzieren hat, muß dem Süden ein berechtigter Nachholbedarf zugestanden werden.

2. Festlegung von Obergrenzen auch für die einzelnen fossilen Energieträger und deren jährliche Extraktionsraten. Die Extraktionsraten für Öl und Gas sollen wegen der kürzeren statischen Lebensdauer stärker sinken als diejenigen für Kohle, mit dem Ziel, die statische Lebensdauer von erschöpfbaren Energien langfristig anzugleichen. Diese Maßnahme dient dazu, die durch *Öldumpingpreise* hervorgerufenen regionalen Ungleichgewichte der Energieausbeutung zu überwinden und einer mittel- und langfristig sich an-

38 Die nicht zu überschreitenden Grenzen von Schadstoffbelastungen der Erdatmosphäre durch die Verbrennung von fossilen Energiestoffen werden aller Wahrscheinlichkeit nach wesentlich früher erreicht sein als die physische Erschöpfung der Energieträger selbst. An Hand einer komplexen und differenzierten Modellberechnung wird unter der Annahme der Beibehaltung des fossilen Energieverbrauchs von 1985 im Jahre 2042 das *fossile Schadstoffbudget* vollkommen ausgeschöpft sein (Krause/Bach/Koomey, 1989: Chapter I.4). Ein darüber hinausgehender Verbrauch würde aller Wahrscheinlichkeit nach zu einem Klimakollaps führen.

bahnenden zusätzlichen Verschärfung des Nord-Süd-Konflikts vorzubeugen. Höherer Schadstoffausstoß bei Kohle ist kein hinreichender Grund, das hauptsächlich im Süden vorkommende Öl stärker als bisher auszubeuten. Die Umweltbelastungen des Kohleverbrauchs sowohl im Norden wie im Süden (insbesondere in China und Indien) müssen technologisch gelöst werden.

3. Angesichts des Umstandes, daß der Konzentrationsgrad erschöpfbarer Energieträger in der Natur höchst unterschiedlich ist, wird es unvermeidlich sein, Obergrenzen bzw. Produktionsquoten für einzelne Produzentenstaaten festzulegen, die wichtige Indikatoren, wie die Ressourcenmenge und die Bevölkerungszahl berücksichtigen. Diese Maßnahme soll verhindern, daß die außergewöhnliche und ausschließlich von der Natur vorgegebene Monopolmacht einiger weniger Staaten dazu führt, durch den künstlichen Überfluß die Erschöpfung von Energieressourcen zu Lasten von unzähligen Generationen in der Zukunft und auch zu Lasten der Umwelt in der Gegenwart zu beschleunigen. Diese Maßnahme soll insbesondere sicherstellen, daß die außergewöhnliche Definitionsmacht von nicht einmal demokratisch legitimierten Regierungen in *Saudi Arabien*, *Kuwait* und den *Vereinigten Arabischen Emiraten* über die Energieversorgung der Welt durch andere Staaten im Dienste kurzfristiger Eigeninteressen und zu Lasten der gesamten Menschheit mißbraucht werden kann.

4. Aufhebung aller Maßnahmen, die den künstlichen Energieüberfluß und die *Energiedumpingpreise* begünstigen. Hierzu gehören alle nationalen und multinationalen Kreditvergünstigungen, dic dic Produktion, den Transport und die Vermarktung von erschöpfbaren Energien verbilligen, ebenso wie die umfangreichen Subventionen, die die Preisgestaltung auf den Energiemärkten verfälschen.

Während die vorgeschlagenen ersten drei normativen Maßnahmenkomplexe sich aus den langfristigen Interessen der Menschheit ableiten lassen und zur Minimierung von bisher entstandenen Schäden unausweichlich sind, richtet sich der vierte Maßnahmenkomplex gegen die Mechanismen, die die Marktkräfte verfälschen. Gelingt es, eine *globale Energiekonvention* im Sinne der oben formulierten Ziele und vorgeschlagenen Maßnahmen zu verwirklichen, so könnte die Preisbildung für einzelne erschöpfbare Energien getrost dem Markt überlassen werden. *Ökonomisch und ökologisch voll-*

kommene Energiepreise dürften sich dann nach Maßgabe von real entstandenen *Grenz-* und *Ressourcenkapitalkosten* auf den internationalen Energiemärkten herausbilden. Eine auf Schadstoffmengen bezogene Energiesteuer würde dann die *ökonomisch vollkommenen Energiepreise* in ökologischer Hinsicht korrigieren.

Finanzquellen der ökologischen Modernisierung

Die Reduzierung des Verbrauchs von fossilen Energien durch globale Mengenregulierung ist eine entscheidende Voraussetzung für die Modernisierung der Energieversorgung. Denn sie ist die einzig wirksame Maßnahme, die geeignet ist, der Ära der *Dumpingpreise für fossile Energien* ein Ende zu setzen und zur drastischen Anhebung der konventionellen Energien zu führen. Diese ist wiederum notwendig, um Rahmenbedingungen für den Ausbau von regenerativen Energien zu gewährleisten. Eine nachhaltige Energieversorgung erfordert allerdings weitere Maßnahmen, die die Mengenregulierung komplementieren. Hierzu gehören vor allem der Technologietransfer von Nord nach Süd zur Reduzierung von Energieschadstoffen und zur umweltfreundlichen Energieversorgung der energiearmen Regionen. Zur Finanzierung dieser Maßnahmen können außer Einnahmen aus der auf die Schadstoffmengen bezogenen Energiesteuer (CO_2 Tax) auch Energieproduzenten besteuert werden, die dank besonders hoher natürlicher Produktivität von Energiequellen *Differentialrenten* bzw. *Windfall Profits* erwirtschaften. Ferner kann die Weltgesellschaft die zusätzlichen Einnahmen besteuern, die die Energieverbraucher unter den Bedingungen des komplexen Marktsystems für erschöpfbare Ressourcen als Gegenwert der Ressourcenkapital- bzw. Generationenvertragskosten und in Form eines Preisaufschlages an die Energieproduzenten entrichten. Die ökologische Modernisierung der globalen Energieversorgung soll also nicht nur durch Besteuerung der Energieverbraucher, insbesondere durch Besteuerung der CO_2-Emissionen, sondern vor allem durch gezielte Belastung der weltweiten Energieproduktion verwirklicht werden. Die Abb. 2.25 veranschaulicht die potentiellen Finanzquellen ökologischer Modernisierung, die teilweise oder insgesamt zu jedem beliebigen Zeitpunkt abgeschöpft werden könnten.

Abb. 2.25: Potentielle Quellen ökologischer Modernisierung der Energieversorgung

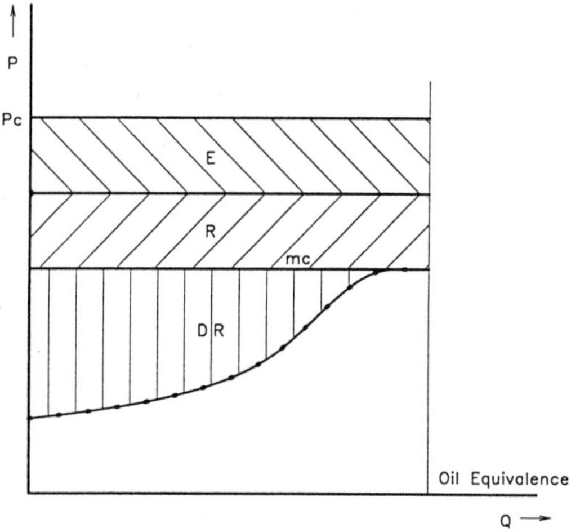

Pc	Vollkommener Marktpreis (Complete Market Price)
Q	Zu jedem Zeitpunkt in verschiedenen Weltregionen produzierte erschöpfbare Energie
•—•—•	Betriebswirtschaftliche Kosten in verschiedenen Weltregionen
DR	Differentialrente (Windfall Profits)
R	Ressourcenkapitalkosten
E	Ökologische Folgekosten (Environmental Costs)

Damit wird deutlich, daß die *radikale Alternative einer ökologischen Modernisierung der globalen Energieversorgung die Energiesteuer nicht prinzipiell ausschließt, sondern diese in ein Konzept der Mengenregulierung integriert.* Die entscheidenden Vorzüge dieses integrierten Konzepts sind zweierlei: (a) Die Produzenten von Öl und anderen fossilen Energien haben von sich aus keine Möglichkeit und wohl auch keinen Grund mehr, eine Dumpingpreispolitik zu verfolgen, da die Produktionseinschränkung gleichzeitig die Produzenteneinnahmen erhöht. (b) Und die Besteuerung der *Differentialrenten* und *Ressourcenkapitalkosten R* ist ferner auch sozial gerecht, da hier diejenigen Produzenten zur Finanzierung der ökologischen Modernisierung der Energieversorgung verpflichtet werden, die nicht durch eigene Leistung, sondern ausschließlich durch die hohe *Produktivität der Natur* hohe Gewinne erzielen. Da jedoch das Konzept den weltweiten Konsens auch mit solchen Energieproduzenten voraussetzt, muß die Höhe der Besteuerung selbstverständlich den notwendigen Verhandlungen vorbehalten werden.

Eine weitere Finanzquelle ist durch die Besteuerung des Transports von Energiestoffen gegeben. Auf diese Weise kann der Endverbraucherpreis auch im Hinblick auf die Folgekosten des Transports für die Umwelt korrigiert werden. Ferner wird so dem *Prinzip der nachhaltigen Wirtschaft* Rechnung getragen, wonach alle Regionen des Globus eine weitgehende Eigenversorgung mit natürlichen Ressourcen zu erreichen haben.

7.4 Die Rationalität des Unvermeidlichen

Die Wirksamkeit von ökologischen Reformkonzepten muß hinsichtlich ihrer langfristigen und globalen Folgen und dem Prinzip des *nachhaltigen Umgangs* mit Energieressourcen beurteilt werden. Gehen wir von diesen Kriterien aus, so scheiden *Umweltzertifikate für Rohstoffe des Südens* und die *nationale bzw. regionale Energiesteuer* als ökologische Konzepte aus folgenden Gründen aus: (a) Sie führen nur kurzfristig, jedoch nicht mittel- und langfristig, zur Energieverbrauchssenkung und CO_2-Reduzierung. (b) Diese Form der Energiebesteuerung und der Umweltzertifikate, die für Rohstoffe des Südens im Norden ausgegeben werden, verhindern einen Konsens zwischen allen Staaten der Welt, insbesondere zwischen den Hauptenergieverbrauchern (des Nordens) und den Hauptenergieanbietern (des Südens). (c) Sie verstärken die Einkommensumverteilung von Süd nach Nord und fungieren als moderne Instrumente eines ökologischen Imperialismus. (d) Und schließlich führen sie zu einer zeitlichen Verzögerung für weiterreichende Lösungen, weil die Gefahr besteht, daß die umweltpolitischen Anstrengungen sich für Jahre oder Jahrzehnte auf Scheinlösungen konzentrieren und auf diese Weise ergebnislos verpuffen.

Im Sinne der oben ausgeführten Kriterien heben sich die globalen Konzepte vom Konzept der nationalen bzw. regionalen Energiesteuer eindeutig positiv ab. Die *globale Energiesteuer* und die *glo-*

bale Energiemengenregulierung setzen allerdings einen Konsens zwischen allen Staaten der Welt voraus. Die globale Energiesteuer beeinflußt zwar das Verbraucherverhalten direkt, das Energieanbieterverhalten jedoch nur vermittelt und bleibt daher hinsichtlich der ökologischen Wirksamkeit und Tragfähigkeit ein Konzept mit einigen Unsicherheiten. Demgegenüber schließt die hier vorgestellte radikale Alternative ein kontraproduktives Anbieterverhalten aus. Diese Alternative besteht aus drei komplementären Komponenten: (1) Festlegung von Obergrenzen der insgesamt zu produzierenden fossilen Energieträger unter Berücksichtigung des langfristig verfügbaren CO_2-Budgets. Die Preisbildung für einzelne Energieträger (Öl, Kohle, Gas) wird dabei dem Markt überlassen; (2) Die Besteuerung des CO_2-Gehalts, um die Marktpreise unterschiedlicher fossiler Energieträger ökologisch zu korrigieren; (3) Besteuerung der natürlichen Produktivität (der Differentialrenten). Sie vermeidet die Probleme der bisher vorgelegten Energiesteuerkonzepte und hat gleichzeitig folgende, auf verschiedenen Ebenen greifende Wirkungen:

(a) Die globale Produktionseinschränkung führt zu Marktpreisen fossiler Energien, die sich auf einem hohen Niveau bewegen und die Rahmenbedingungen für den Ausbau von regenerativen Energien, insbesondere die Sonnenenergie, erheblich verbessern. Sie setzt so innovative Prozesse ungeahnten Ausmaßes in Gang, deren Wirkung sich nicht nur auf die Energieversorgung beschränkt, sondern auch ökologische Modernisierungsschritte im globalen Maßstab erfaßt. Der aus ökologischen Gründen notwendige Ausstieg aus der Atomenergie, deren ökonomische Rentabilität dann ebenfalls steigen würde, muß ohnehin politisch entschieden werden.

(b) Die CO_2-Steuer belastet nach dem Verursacherprinzip die Verbraucher und die Energieträger mit höheren Schadstoffanteilen, während die Besteuerung der Gewinne der Energieproduzenten im Unterschied zu einer allgemeinen Energiesteuer nicht Verbraucher, sondern Produzenten im Süden wie im Norden belastet, welche aus der natürlichen Produktivität, deren Früchte eigentlich der gesamten Menschheit zukommen sollten, resultieren. So gesehen ist diese Art der Besteuerung sowohl gegenüber den Verbrauchern, wie den Produzenten von fossilen Energien mit geringerer natürlicher Produktivität sozial gerecht.

Der Einwand gegen die *radikale Alternative*, daß die Herstellung eines umfassenden Konsenses für deren Durchsetzung gegenwärtig utopisch sei, ist leider richtig. Dieser Einwand richtet sich in gleicher Weise jedoch auch gegen die oben kritisierten Energiesteuerkonzepte. Die Bereitschaft zu einer einschneidenden Übereinkunft für globale Produktionseinschränkungen von fossilen Energieträgern könnte jedoch angesichts spürbarer Klimaveränderungen und der Zunahme von umweltbedingten Katastrophen schlagartig entstehen, allerdings zu einem Zeitpunkt, wenn es bereits zu spät und ein Stopp nicht mehr möglich ist. Vor diesem Hintergrund bleiben ohnehin nicht viele prinzipielle Alternativen: Entweder nimmt die Menschheit ihr Schicksal bewußt in die Hand und handelt nach Ratio und nach universalen Interessen, oder sie überläßt ihr eigenes Schicksal und das künftiger Generationen dem Prinzip *Versuch und Irrtum*, das nach Lage der Dinge aller Wahrscheinlichkeit nach eher zum *Chaos und zur Katastrophe* führen dürfte.

Ein globaler Konsens ist zwar für den langfristigen Erfolg des vorgeschlagenen Konzepts erforderlich. Einseitige nationale und regionale (EG-weite) Maßnahmen in dieser Richtung können allerdings auch unabhängig vom globalen Konsens positive Wirkung zeigen und müssen aus folgenden zwei Gründen vorangetrieben werden: (a) sie verteuern zwar zunächst die Produktion und beeinträchtigen die internationale Wettbewerbsfähigkeit der Wirtschaft, setzen jedoch innovative Prozesse mit mittel- und langfristigen Wettbewerbsvorteilen für innovative Produkte und Technologien (beispielsweise bei der Nutzung von regenerativen Energien) in Gang; (b) sie haben Pionierfunktion und sind besonders dazu geeignet, durch praktische Resultate in anderen Ländern und Regionen Nachahmungseffekte auszulösen und den energie- und umweltpolitischen Einigungsprozeß weltweit zu beschleunigen. Diese könnten ab sofort damit beginnen, ausgehend vom langfristig ihnen zustehenden Anteil des globalen CO_2-Budgets die jährlichen Verbrauchsobergrenzen nach Art der Energieträger festzulegen und im übrigen die Allokationsregulierung dem Markt überlassen. *Die Bundesrepublik Deutschland, die EG und andere Industriestaaten müssen also auf den globalen Konsens der Produktions- und Verbrauchsmengenbegrenzung von fossilen Energien nicht warten. Sie können durchaus in dem Prozeß des energetisch-ökologischen Umbaus der Weltwirtschaft eine Vorreiterrolle spielen.*

8. Kapitel

Anhang zu Teil II

Das Ergebnis der Berechnung des hypothetischen Ölpreises für den Zeitraum zwischen 1930-1988 ist in der Tabelle 2.8 des Anhanges zusammengetragen. Die Preisangaben in der Zeitreihe wurden entsprechend der Gleichung 6 ($P_{t+1} = R_t(1+r_t) + C_{t+1}$) ermittelt. Im folgenden werden die Grundlagen und Kriterien zur Ermittlung von Basisdaten sowie der einzelnen Zeitreihen für R (Rente), r (Marktzinsrate) und C (Marginale Produktionskosten) detailliert erläutert. Einfachheitshalber ist der Einfluß der Abwertung des US-Dollar nicht berücksichtigt:

1. Als Basisjahr wurde 1930 festgelegt. Zum einen stammen die verfügbaren Daten über marginale Ölproduktionskosten der Vereinigten Staaten aus dem Zeitraum 1930-1934. Und zum anderen befindet sich dieser Zeitraum in einer für die Analyse entscheidenden Übergangsperiode vom us-amerikanischen Ölmarkt zum internationalen Ölmarkt (1915-1945).

2. Der Ölpreis P im Basisjahr 1930 in Preisen von 1989 betrug nach Angaben von British Petroleum, London, 8,84 $/Barrel.

3. Die Ermittlung der marginalen Ölproduktionskosten der USA im Basisjahr beruht auf Daten folgender Tabelle 2.7. Sie enthält detaillierte Angaben zu Ölproduktionskosten verschiedener Kostengruppen im Zeitraum 1931-1934. Die Kategorie der teuersten Öllagerstätte (mit Produktionskosten von 280 Cents/Barrel in laufenden Preisen) scheidet bei einem Produktionsanteil von nur 15% wegen deren geringer Bedeutung als preisregulierende Kategorie aus. Tatsächlich liegen die Produktionskosten dieser Kategorie in Preisen

Tabelle 2.7: Produktionskosten. US-Rohöl 1931-1934

(cents per barrel)

				Most expensive output eliminated	
Range of cost	Midpoint	Percent of total output	(2) x (3)	Highest class	Two highest classes
(1)	(2)	(3)	(4)	(5)	(6)
Under 40	20	10	200	200	200
40-79	60	50	3,000	3,000	3,000
80-119	100	25	2,500	2,500	---
120-440[a]	280	15	4,200	---	---
		100	9,900	5,700	3,200
Average cost per barrel (cents)			80	53	43
Savings per barrel eliminated (cents)				280	136

[a]) Some higher

Source: U.S. Department of the Interior, Petroleum Administrative Board, *Report on the Cost of Producing Crude Petroleum* (1935).

Entnommen aus: Adelman, M.A., 1972, S. 291.

von 1989 mit 24,30 $/Barrel auch weit über dem mittleren Ölmarktpreis von 8,84 $/Barrel.

Dagegen scheinen die durchschnittlichen Produktionskosten von 80 Cents/Barrel (Spalte 4 der Tabelle) das Niveau der marginalen Produktionskosten der US-Ölquellen annähernd im angegebenen Zeitraum widerzuspiegeln, zumal 75% des Öls zu Kosten zwischen 60-100 Cents/Barrel produziert wurden (s. Tab. 1). Deshalb werden die marginalen Ölproduktionskosten von 80 Cents/Barrel, bzw. in Preisen von 1989 von 6,94 $/Barrel, für das Basisjahr 1930 zugrunde gelegt. Die Tatsache, daß dieser Wert geringfügig unter dem realen Ölmarktpreis von 8,84 $/Barrel für 1930 in Preisen von 1989 liegt, untermauert die errechneten *marginal costs*.

4. Zur Berechnung der jeweiligen marginalen Produktionskosten im Zeitraum von 1930-1988 wird angenommen, daß die marginalen

Tabelle 2.8: Geschätzte Entwicklung der historischen Ölpreise entsprechend der Hotelling-Regel (in US-$ 1989)

YEAR	US Nominal Rate (corporate Moody's)	US GNP Deflator	Real Rate of Return r	C	R	d	P
	%	%	%	$bbl	$bbl	%	$/bbl
1930	4.55	-1.3	5.9	6.94	1.90	0	8.84
1931	4.58	-0.5	5.0	7.10	2.01	0	9.11
1932	5.01	-4.6	9.6	7.25	2.11	0	9.37
1933	4.49	-0.9	5.4	7.41	2.32	0	9.72
1934	4	2.9	1.1	7.56	2.44	0	10.01
1935	3.6	0.4	3.2	7.72	2.47	0	10.19
1936	3.24	0.1	3.1	7.88	2.55	0	10.42
1937	3.26	1.8	1.5	8.03	2.63	0	10.66
1938	3.19	-0.6	3.8	8.19	2.66	0	10.85
1939	3.01	-0.7	3.7	8.35	2.77	0	11.11
1940	2.84	0.7	2.1	8.50	2.87	5	11.37
1941	2.77	3.3	-0.5	8.66	2.93	5	11.02
1942	2.83	5.8	-3.0	8.81	2.91	5	11.18
1943	2.73	3.8	-1.1	8.97	2.83	0	11.24
1944	2.72	1.4	1.3	9.13	2.80	0	11.92
1945	2.62	1.5	1.1	9.28	2.83	0	12.12
1946	2.53	6	-3.5	9.44	2.87	0	12.31
1947	2.61	7.9	-5.3	9.60	2.77	0	12.36
1948	2.82	5	-2.2	9.75	2.62	0	12.37
1949	2.66	-0.5	3.2	9.91	2.56	0	12.47
1950	2.62	1.1	1.5	10.06	2.64	5	12.71
1951	2.86	5.4	-2.5	10.22	2.68	5	12.27
1952	2.96	1.9	1.1	10.38	2.62	5	12.38
1953	3.2	0.8	2.4	10.53	2.64	0	12.56
1954	2.9	1.3	1.6	10.69	2.71	0	13.40
1955	3.06	1.3	1.8	10.85	2.75	0	13.60
1956	3.36	3.1	0.3	11.00	2.80	0	13.80
1957	3.89	3.5	0.4	11.16	2.81	0	13.96
1958	3.79	2.5	1.3	11.31	2.82	0	14.13
1959	4.38	1.6	2.8	11.47	2.85	0	14.32
1960	4.41	1.7	2.7	11.63	2.93	0	14.56
1961	4.35	1.3	3.1	11.78	3.01	0	14.79
1962	4.33	1.2	3.1	11.94	3.10	0	15.04
1963	4.26	1.4	2.9	12.09	3.20	0	15.30
1964	4.4	1.6	2.8	12.25	3.29	0	15.54
1965	4.49	2.1	2.4	12.41	3.39	5	15.79
1966	5.13	2	3.1	12.56	3.47	5	15.24
1967	5.51	3.7	1.8	12.72	3.57	5	15.53
1968	6.18	4.7	1.5	12.88	3.64	0	15.74
1969	7.03	5.9	1.1	13.03	3.69	0	16.73
1970	8.04	7	1.0	13.19	3.73	0	16.92
1971	7.94	5.7	2.2	13.34	3.77	0	17.12
1972	7.63	4.7	2.9	13.50	3.86	0	17.36
1973	7.8	6.5	1.3	13.66	3.97	0	17.63
1974	9.03	9.1	-0.1	13.81	4.02	0	17.84
1975	9.57	9.8	-0.2	13.97	4.02	0	17.99
1976	9.01	6.4	2.6	14.13	4.01	0	18.14
1977	8.43	6.7	1.7	14.28	4.12	0	18.40
1978	9.07	7.3	1.8	14.44	4.19	0	18.62
1979	10.12	8.9	1.2	14.59	4.26	0	18.85
1980	12.75	9	3.8	14.75	4.31	0	19.06
1981	15.06	9.7	5.4	14.91	4.47	0	19.38
1982	14.94	6.4	8.5	15.06	4.71	0	19.78
1983	12.78	3.9	8.9	15.22	5.12	0	20.34
1984	13.49	3.7	9.8	15.38	5.57	0	20.95
1985	12.05	3	9.1	15.53	6.12	0	21.65
1986	9.71	2.6	7.1	15.69	6.67	0	22.36
1987	9.91	3.2	6.7	15.84	7.14	0	22.99
1988	10.18	3.3	6.9	16.00	7.62	0	23.62

Quelle: Für US Nominal rate of corporate Moody's und US GNP Deflator vgl. Historical Statistics of United States. Colonial-time to 1970; und Statistical Abstract of the United States, 1975, 1980 und 1990. Für C, Initial R (1930) und d, vgl. die Ausführungen unter 1-7 des Anhangs.

Ölproduktionskosten in den Vereinigten Staaten gleichzeitig die marginalen Produktionskosten für den Ölweltmarkt darstellen. Sie betrugen für 1988 nach Angaben von John S. Herold, inc. (Greenwich CT/USA), ca. 16 $/Barrel. Es wurde unterstellt, daß diese *marginal costs* von 6,94 (1930) auf 16 $/Barrel (1988) linear wachsen.

5. Die *Rente R* wird definitionsgemäß als Differenz zwischen dem jeweiligen Preis und den marginalen Produktionskosten ermittelt. Für das Basisjahr beträgt sie 1,90 $/Barrel.

6. Als aktuelle Marktzinsraten werden die jeweils deflationierten *US corporate Moody's* zugrunde gelegt.

7. Um die preissenkende Wirkung von neuen Ölentdeckungen annähernd zu berücksichtigen, wird der Faktor d (*Discovery Oil Price Decreasing Rate*) eingeführt. Es wird angenommen, daß bei wichtigen Neuentdeckungsperioden im Zeitraum von jeweils 3 Jahren der Ölpreis um durchschnittlich 5% jährlich sinkt (d = 5%). Berücksichtigt wurden dabei die Ölentdeckungen im Iran (1940-1942), in Saudi Arabien (1950-1952), in Abu Dhabi, Libyen und Indonesien (1965-1967). Unberücksichtigt blieben dabei die Entdeckungen in Saudi Arabien, die ab 1945 zur rapiden Produktionssteigerung führten, da dem Angebot als Folge der Beendigung des 2. Weltkrieges ein beachtlicher Nachfrageüberhang gegenüberstand. Ebenso unberücksichtigt blieben wegen ihres vernachlässigbaren Umfangs die Ölentdeckungen in der Nordsee, in Mexiko und in Ägypten.

Teil III

Erneuerbare Rohstoffe zu Dumpingpreisen:

- Fallstudie Kaffee -

9. Kapitel

Kaffee: Ein Agrarprodukt des Südens für den Norden

Kaffee ist, gemessen am Exportwert, nach Rohöl der zweitwichtigste Rohstoff auf dem Weltmarkt. Dieser begehrte Rohstoff ist ein tropisches Agrarprodukt, kann also nur in den Tropen angebaut werden, gedeiht bei Temperaturen zwischen 15 und 25°C, braucht regelmäßige Niederschläge und wird auch im Hochland bis 2000 m Höhe angebaut. Die Böden müssen porös, tiefgründig, humus- und mineralreich sowie leicht sauer sein. Verwitterungsböden vulkanischer Gesteine bieten die optimalen Bedingungen (Meister, 1986: 69). Diese Voraussetzungen sind am besten auf beiden Seiten des Äquators und damit nahezu ausschließlich in den Entwicklungsländern des Südens erfüllt. Von den ca. 70 Kaffeesorten werden für den Export zwei Sorten angebaut: Robusta (25%) und Arabica (75%), wobei Arabica als hochwertigere Sorte gilt, die auf dem Weltmarkt auch deutlich höhere Preise erzielt.

Kaffee wird in 76 Ländern produziert, in 50 Ländern hat er ökonomische Relevanz und für 25 Länder ist dieses Agrarprodukt ein ökonomisch bedeutendes, für einige gar lebenswichtiges Exportgut. Hauptproduzenten sind gegenwärtig in Südamerika: Brasilien und Kolumbien; in Mittelamerika: Mexiko, El Salvador, Guatemala, Costa Rica und Nicaragua; in Afrika: Elfenbeinküste, Äthiopien, Kenia und Uganda; in Ozeanien: vor allem Indonesien. Die Ökonomien der meisten kaffeeexportierenden Länder sind monostrukturell. Besonders abhängig von Gedeih und Verderb der Kaffeepreise sind in Südamerika: Kolumbien, in Mittelamerika: El Salvador, Guatemala und Nicaragua und in Afrika: Uganda, Ruanda, Burundi und Äthiopien (vgl. Tab. 3.1). Die Zahl der weltweit mit Anbau,

Vertrieb und Verarbeitung Beschäftigten wird auf ca. 25 Millionen, mit ihren Familienangehörigen auf 100 Millionen, geschätzt.

Tabelle 3.1: Hauptkaffeeproduzenten und Exporteure der Welt 1987

Land	Produktion 1000 Säcke	Produktions-anteil %	Exportwert Mio US $	Anteil am nationalen Export, %	Auslands-schulden Mrd US $	Schulden-dienst Mio US $
Welt	96.171	100,0	9.432,5	–	–	–
Brasilien	31.822	33,1	2.145,5	8,3	123,9	7.660
Kolumbien	12.756	13,3	1.687,8	33,8	17,0	2.370
Indonesien	6.096	6,3	552,2	3,6	52,6	5.430
Mexiko	4.663	4,9	515,5	2,5	107,9	8.970
Elfenbein-küste	3.528	3,7	446,1	15,4	13,5	710
El Salvador	2.501	2,6	360,7	62,2	1,8	180
Guatemala	3.053	3,2	354,5	66,9	2,8	292
Costa Rica	2.203	2,3	332,4	29,4	4,7	182
Uganda	2.554	2,7	302,9	75,7	1,4	70
Kenia	2.113	2,2	233,6	26,0	5,9	502
Äthiopien	2.883	3,0	202,0	41,2	2,6	180
Nicaragua	649	0,7	126,2	40,7	7,3	34
Ruanda	702	0,7	105,0	55,3	0,6	20
Burundi	553	0,6	58,9	49,1	0,8	4,4
Rest (36 Länder)	20.095	20,9	2.020,6	–	–	–

Quelle: Eigene Berechnungen nach International Coffee Organization, 1989: Agreement No. 11/88, No. 13/88, London; Weltbank, 1989: Weltentwicklungsbericht, Washington; The Worldbank, 1988: World Debt. Tables, 1988-89, Washington.

Der Ursprung des Kaffees (Kaffa, bzw. Koffea-arabica) wird auf die äthiopischen Wildbestände zurückgeführt. Es wird angenommen, daß er sich von dort aus im Zeitraum 13. oder 14. Jahrhundert über den Jemen in die islamischen Länder des Orients ausgebreitet hat. Als Handelsware gelangte Kaffee ungefähr Anfang des 17. Jahrhunderts über das Osmanische Reich nach Italien und verbreitete sich von dort aus nach ganz Europa. Als Folge steigender Nachfrage, begannen europäische Händler den Kaffee direkt im Jemen einzukaufen und nach Europa zu verschiffen (Meister 1986: 21).

Fortan fügt sich die weltweite Ausbreitung der Produktion und des Handels von Kaffee in die europäische Kolonialgeschichte ein. Im Übergang zum 18. Jahrhundert begannen die Holländer in ihren Kolonien auf Java, Ceylon, später im niederländischen Guyana, Kaffeepflanzen zu kultivieren. Von hier aus wurden Kaffeepflanzen dann in die portugiesische Kolonie Brasilien und von Martinique in das spanisch beherrschte Zentralamerika gebracht. Im 19. Jahrhundert forcierten Frankreich, England und Portugal den Kaffeeanbau in ihren afrikanischen Kolonien. Somit war die Ausbreitung der Kaffeeökonomie von allen für den Kolonialismus typischen Erscheinungen, wie gewaltsame Aneigung der für den Kaffeeanbau fruchtbaren und »herrenlosen« Grund und Böden, systematische Einwanderung von Kolonisten, Vertreibung von Einheimischen und Zerstörung ihrer Lebensgrundlage, Schaffung von Plantagen und Einsatz von Sklaven etc. begleitet (näheres siehe Meister 1986: 22ff.). Heute bestimmen die Rahmenbedingungen und Mechanismen des *Dual-Systems* die Entwicklung der Produktionsmengen, die Weltmarktpreise und die Einnahmen der Kaffeeerzeuger.

9.1 Naturproduktivität, Grenzkosten, Rente und Exportpreise

Der Umstand, daß Kaffee nachwachsen kann, bedeutet keineswegs, daß der Ausweitung des Kaffeeanbaus keine Grenzen gesetzt sind. Die für die Kaffeeproduktion geeigneten globalen Anbauflächen sind beschränkt, die Naturbasis der Kaffeeproduktion ist somit erschöpfbar. Die natürlichen Erschöpfbarkeitsgrenzen der Kaffeeproduktion werden in der ökonomischen Praxis jedoch durch den Einsatz von Düngemitteln relativiert. Die Kaffeeanbaufläche erreichte bereits 1982 beispielsweise in Brasilien 4%, Kamerun 5%, Kenia 6%, in Kolumbien und Costa Rica 18% und an der Elfenbeinküste 23% der gesamten kultivierbaren agrarischen Anbaufläche (de Graaff 1986: 76). Würden Kaffeeerzeuger die (kapital-)intensiven Anbaumethoden aus ökologischen Gründen auf extensive Anbauweise wie den Wanderanbau umstellen, so würde dies eine erheblich größere Anbaufläche voraussetzen, die nur durch Rodung von Regenwäldern bzw. durch Verdrängung von für Grundnahrungsmittel wichtigen Ackerböden gewonnen werden können. Anbauflächen und die natürliche Produktivität bei der Kaffeeproduktion sind also wie bei erschöpfbaren mineralischen und fossilen Ressourcen im Prinzip nicht reproduzierbar. Hieraus folgt, daß sich in den Kaffeepreisen die Kosten der drei Produktionsfaktoren *Arbeit, Kapital und Natur* niederschlagen müssen. Es folgt ferner aus diesem Umstand, daß sich ökonomisch und ökologisch reale Kaffeepreise entsprechend den ökonomischen Gesetzen des *komplexen Marktsystems* (a) aus den drei Elementen MC (Grenzkosten), R (Ressourcenkapitalkosten bzw. Rente) und E (ökologische Folgekosten) zusammensetzen müssen (siehe Gleichung 1, Kapitel 1.2) und daß (b) Kaffeepreise langfristig steigen müssen (vgl. Kapitel 2.3).

In einer Reihe von kaffeeexportierenden Ländern werden betriebswirtschaftliche Daten überhaupt nicht erfaßt. Nur wenige von ihnen verfügen über brauchbare Statistiken. Die einzige bisher systematisch durch den holländischen Agrarökonomen de Graaff durchgeführte Untersuchung erlaubt für ausgewählte Länder einen internationalen Vergleich und einige wichtige und verallgemeinerbare Schlußfolgerungen.

Die stark divergierenden Produktionskosten verschiedener Kaffeeerzeuger (vgl. Tab. 3.2 und Abb. 3.1) sind auf unterschiedliche Lohnniveaus, unterschiedlichen Umfang von Kapitaleinsatz und wohl auch unterschiedliche natürliche Produktivität der Anbaugebiete zurückzuführen. Letztere schlägt sich sowohl in höheren Hektarerträgen bzw. geringeren Produktionskosten wie aber auch angesichts der Qualität der Kaffeesorte in höheren Kaffeepreisen nieder. In Kolumbien und Kenia werden beispielsweise die hochwertigen Arabica-Sorten, die höhere Exportpreise erzielen, produ-

Tabelle 3.2: Struktur der Kaffee-Exportpreise (fob)
($/kg Rohkaffee 1982 ausgewählter Länder)

	Lohn-kosten	Material + Ma-schinen	Produk-tions-kosten	Verarb. u. Transport-kosten	Grund-rente	Export-preis (fob)
Brasilien	0,366	0,834	1,20	0,15	1,20	2,55
Kolumbien	0,800	0,90	1,70	0,18	1,02	2,90
Costa Rica	0,300	0,80	1,10	0,40	1,14	2,64
Kenia	0,545	1,405	1,95	0,26	0,69	2,90
Ruanda	0,514	0,686	1,20	0,36	1,16	2,72
Kamerun	0,90	0,80	1,70	0,47	0,30	2,47
Elfenbein-küste	0,63	0,27	0,90	0,29	0,71	1,90
Indien	0,420	0,380	0,80	0,80	0,15	1,75

Quelle: Eigene Berechnung nach de Graaf, 1986, Tabellen 2.9 und 2.15.

ziert, während in Brasilien und Costa Rica die weniger hochwertige Arabica-Sorte und in Indonesien und der Elfenbeinküste hauptsächlich die Robusta-Sorte, die niedrigere Preise erzielt, produziert werden.

Die Daten zeigen, daß im Untersuchungsjahr 1982 für Arabica-Kaffee die kenianischen und für Robusta-Kaffee die indonesischen Erzeugerkosten (für Produktion, Verarbeitung und Transport) die Grenzkosten (MC) des jeweiligen internationalen Kaffeemarktes widerspiegeln.

Die Tatsache, daß im Untersuchungsjahr in allen Ländern ein Überschuß als Differenz zwischen Kosten und Exportpreisen (fob) erwirtschaftet worden ist, der teilweise von Kaffeefarmern, vor allem aber durch die Zentralregierungen als Exportsteuern angeeignet wurden, signalisiert, daß der Kaffeepreis des Jahres 1982 das Kostenelement R (Ressourcenkapitalkosten bzw. Rente) einschließt, allerdings aller Wahrscheinlichkeit nach nicht in voller Höhe.

Kaffeepreise weisen jedoch seit 1987 einen sinkenden Trend auf. In Abb. 3.1 sind den Kosten für das Jahr 1982 die IGO-Composit-Preise[39] für die Jahre 1982 und 1990 gegenübergestellt. Es zeigt sich, daß die Kaffeepreise gegenwärtig die Erwirtschaftung von *Ressourcenkapitalkosten R* nicht mehr zulassen und daß sie inzwischen unter das Kostenniveau gesunken sind.

Abb. 3.1: Struktur der Kaffee-Exportpreise (fob) ausgewählter Länder (in US-$/kg Rohkaffee 1982)

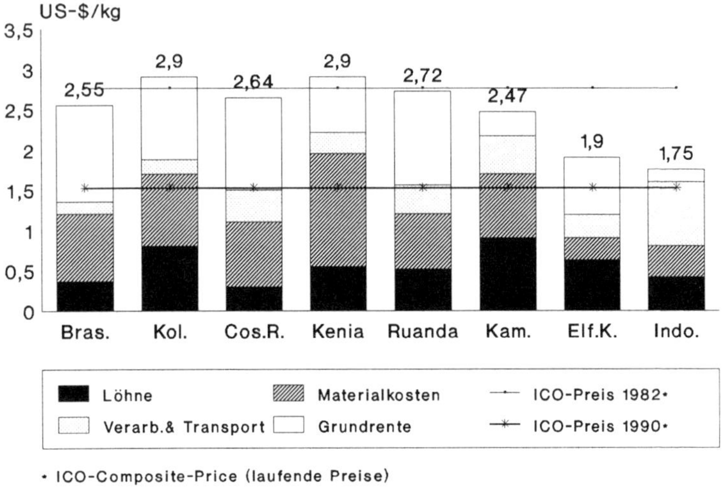

Quelle: Eigene Berechungen nach de Graaff 1986: Tabellen 2.9 und 2.15 und ICO.

Nach den Schätzungen der ICO haben 1991 nur noch die kolumbianischen Kaffee-Farmer kostendeckend produziert. Alle übrigen Kaffeeerzeuger haben zum Teil beträchtliche Verluste hinnehmen müssen (ICO, Coffee Review, Feb. 1992: 18).

39 Es handelt sich um gewichtete Durchschnittspreise aller Kaffeesorten, die jährlich durch das International Coffee Organization (ICO) ermittelt werden.

9.2 Kaffee zu Dumpingpreisen

Die gegenwärtigen Kaffeepreise sind ohne jeden Zweifel *Dumpingpreise*. Sie decken nicht die Grenzkosten (MC) und enthalten nicht die Ressourcenkapitalkosten (R), von den ökologischen Folgekosten (E) ganz zu schweigen. Vieles spricht dafür, daß sich die Kaffeepreise auch über lange Zeiträume unterhalb von ökonomisch und ökologisch richtigen Preisen, d.h. also unterhalb von *vollkommenen Marktpreisen* (vgl. Kapitel 1.2) bewegen. Die theoretische Grundlage der folgenden Überlegungen zur Preisbildung bei erneuerbaren Rohstoffen bildet die neoklassische Gleichgewichtstheorie. Dabei wird davon ausgegangen, daß zwischen der Werttheorie und der neoklassischen Gleichgewichtstheorie insofern eine Übereinstimmung besteht, als Gleichgewichtspreise den monetären Ausdruck von Werten darstellen. Es wird der Frage nachgegangen, ob auf dem Kaffeeweltmarkt die für die Herausbildung von Gleichgewichtspreisen konstitutiven Anpassungsprozesse in der ökonomischen Praxis tatsächlich so stattfinden, wie von Neoklassikern unterstellt wird (vgl. Menck 1992: 9 und Kapitel 1.1).

Die Analyse langfristiger Angebots- und Nachfrageentwicklung auf dem Kaffeeweltmarkt zeigt zunächst zweifelsfrei, daß Angebot und Nachfrage stets auseinanderklaffen (Abb. 3.2).

Das Schaubild (Abb. 3.2) zeigt, daß über 26 Jahre keine Anpassung der Kaffeeanbieter an die Weltkaffeenachfrage stattfindet. Vielmehr sind Mitte der sechziger, siebziger, Ende der achtziger und Anfang der neunziger Jahre sogar entgegengesetzte Tendenzen festzustellen. Während dieser Perioden steigt das Kaffeeangebot trotz der deutlich sinkenden Weltnachfrage. Der durchgehende Angebotsüberhang bzw. die latente Kaffeeüberproduktion werden noch ausgeprägter, wenn die weltweiten Lagerbestände mit berücksichtigt werden (vgl. Abb. 3.3). Die Angaben dieses Schaubildes lassen ferner den Schluß zu, daß Kaffeeüberproduktion und -preissenkung eindeutig korrelieren. Je höher die Überproduktion desto höher der Druck auf die Weltmarktkaffeepreise. Statt Mengenanpassung durch Angebotsreduzierung bei sinkenden Kaffeepreisen, wird das Angebot sogar erhöht. Damit ist nicht nur die Gleichgewichtsannahme, wie beispielsweise von Menck für Rohstoffmärkte unterstellt wird,

Abb. 3.2: Kaffeeweltmarkt

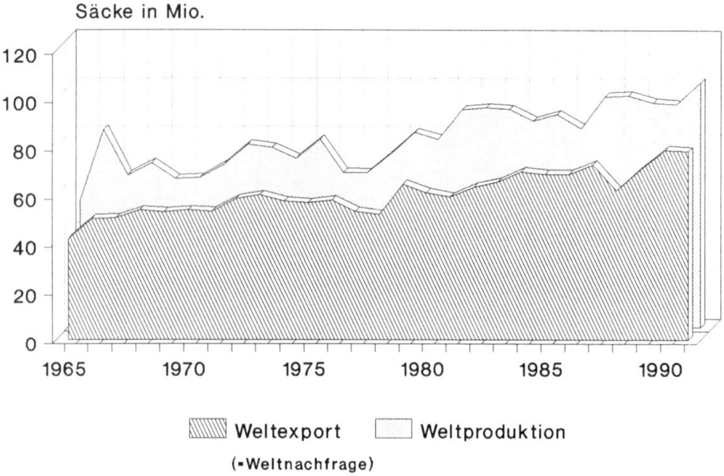

Quelle: Eigene Berechnungen nach ICO und USDA.

für den Kaffeeweltmarkt erschüttert, sondern folgerichtig auch die Schlußfolgerung, daß es sich bei den Kaffeeweltmarktpreisen um Gleichgewichtspreise handelt. Angesichts anhaltender Kaffeeüberproduktion muß geschlußfolgert werden, daß die Kaffeeweltmarktpreise sich in der Regel unterhalb der Gleichgewichtspreise bewegt haben.

Es kann davon ausgegangen werden, daß es sich bei den Kaffeepreisen um unterbewertete Weltmarktpreise, genau genommen um *Dumpingpreise* handelt. Kaffeemarktpreise können auch dann *Dumpingpreise* sein, wenn sie über den *Grenzkosten (MC)* liegen, vor allem, wenn die *Ressourcenkapitalkosten (R)* sich nur teilweise in den Marktpreisen niederschlagen. Mittel- und langfristig müssen Dumpingpreise jedoch unter marktwirtschaftlichen Bedingungen zum Ruin zahlreicher Anbieter führen und auf diese Weise den notwendigen Mengenanpassungsprozeß herbeiführen. Weshalb findet dieser Anpassungsprozeß jedoch nicht statt, welches sind die strukturellen Hindernisse, die dabei wirksam werden? Welches sind die Ursachen von anhaltender Kaffeeüberproduktion und wer sind schließlich die

Abb. 3.3: Kaffeeweltmarkt: Preise und Produktionsüberschüsse

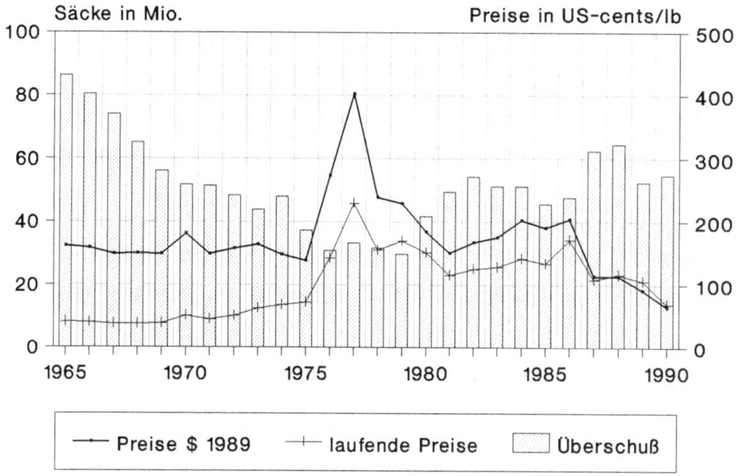

Quelle: Eigene Berechnungen nach ICO und USDA.

Leidtragenden der langfristig anhaltenden Einnahmenverluste durch Kaffee-Dumpingpreise?

Hoffmeyer und Schrader vom Kieler Institut für Weltwirtschaft führen die Kaffeeüberproduktion auf die durch das Kaffeeabkommen »bewirkte Preisstützung« zurück, die »weltweit falsche Signale gesetzt hat« (1989: 192). Wenn ganz im Sinne der Neoklassiker unterstellt wird, daß Kaffeeanbieter des Südens sich prinzipiell wie nach dem Modell des vollkommenen Marktes marktkonform verhalten und zu einem marktökonomischen Verhalten auch in der Lage sind, dann kann einzig das Kaffeeabkommen zur künstlichen Anhebung der Kaffeepreise geführt und die Kaffeeüberproduktion verursacht haben. Doch war diese nach dem Scheitern des Internationalen Kaffeeabkommens gefaßte Schlußfolgerung der Kieler voreilig und sie wurde inzwischen auch durch die Realität widerlegt. Der freie Fall der Kaffeepreise nach Juni 1989 hat nämlich nicht dazu geführt, daß die Überproduktion abgebaut wurde und das Angebot sich der Nachfrage angepaßt hat. Ganz im Gegenteil hat sich das Ungleichgewicht zwischen Angebot und Nachfrage sogar weiter verstärkt (siehe Abb. 3.2), obwohl eine sofortige Angebotsreduzierung beispielsweise dadurch möglich gewesen wäre, daß Kaffeesträucher nicht abgeerntet bzw. die Ernte nicht weiter verarbeitet worden wären. Die Kluft zwischen Angebot und Nachfrage und die Kaffeeüberproduktion wurde jedenfalls ohne Markteingriffe nicht kleiner, sondern größer. Viele Indizien sprechen dafür, daß das Kaffeeabkommen selbst unvermeidlich zum Opfer der Kaffeeüberproduktion geworden ist, anstatt, wie Hoffmeyer und Schrader unterstellen, letztere verursacht zu haben. Im Unterschied zu den Neoklassikern wird hier die These vertreten, daß bedeutende Anbietergruppen auf dem Kaffeeweltmarkt angesichts struktureller Zwänge nicht in der Lage sind, sich an die Marktbedingungen anzupassen, sich also nicht nach den Marktgesetzen und den Regeln der Gleichgewichtstheorie, sondern nach anderen Kriterien orientieren. Zum einen handelt es sich bei diesen Anbietern um (a) die Subsistenzbauern in Südamerika, Asien und vor allem in Afrika und (b) um die monostrukturellen Erzeugerstaaten:

(a) *Subsistenzbauern* der tropischen Regionen produzieren neben Nahrungsmitteln für den Eigenbedarf auch Kaffee (bzw. Kakao, Bananen, etc.), um mit den erwirtschafteten Einnahmen Gesundheitsdienste in Anspruch nehmen zu können, Schulgeld für die Ausbildung der Kinder zahlen und auch andere Konsumgüter erwerben zu können. Bei sinkenden Kaffeepreisen und Geldeinnahmen werden sie die Kaffeeproduktion nicht reduzieren, sondern umgekehrt versuchen, den Output zu erhöhen, um ihre Geldeinnahmen zu stabilisieren. Dies geschieht durch Intensivierung der Arbeit und den Einsatz von Familienmitgliedern (Frauen, Kindern und alten Angehörigen) und mittels höherer Pflanzendichte, intensiverer Baumpflege, sorgfältigerer Ernte und – wenn möglich – auch durch Ausdehnung der Anbaufläche. Im Unterschied zu den brasilianischen und kolumbianischen Großfarmen, die sich durchaus marktkonform verhalten und auch relativ flexibel auf andere Produkte umsteigen können, richtet sich das Verhalten der mangels Alternativen aus eigener Kraft kaum flexiblen Subsistenzbauern nicht nach *kapitalistischen Rentabilitätskriterien*, sondern nach den Kriterien der *Existenz- und Überlebenssicherung*. So und mit der Illusion der Einnahmenstabilisierung hält diese Gruppe bei sinkenden Preisen den Teufelskreis der Überproduktion, weiterer Preissenkungen und Einnahmeverluste in Gang, dem nicht nur sie, sondern auch alle übrigen Kaffeeanbieter nicht entrinnen können. Die Subsistenzbauern produzieren auch ohne Gewinn, ja sie produzieren im extremsten Fall sogar zu Preisen weiter, die unterhalb der Produktionskosten liegen. Ihre durch Monostruktur geprägte Lage ist durchaus mit der Situation von Gefangenen vergleichbar, die, um ihr Taschengeld zu erhöhen, bereit sind, für jeden Lohn auch weit unterhalb des marktmäßigen Lohnniveaus zu arbeiten. Für die eigene Arbeitskraft und die der Familienmitglieder berechnen die Subsistenzbauern so gut wie keine Löhne. Und genau dies ist die Kehrseite von *Kaffeedumpingpreisen*. Betriebe und ganze Produktionssektoren können in der Marktwirtschaft mit *Dumpingpreisen* nicht bestehen, sie verschwinden über kurz oder lang zwangsläufig vom Markt. In der nach Überlebenskriterien arbeitenden traditionellen Wirtschaft können offensichtlich die Produzenten trotz *Dumpingpreisen* weiterbestehen, allerdings auf Kosten des Substanzverzehrs der eigenen Arbeitskraft und um den Preis einer dauerhaften Unterentwicklung.[40]

Das dualistische Nebeneinander von qualitativ unterschiedlichen Produktionsweisen – hier die Marktwirtschaft, dort die traditionelle Produktionsweise – entspricht grundsätzlich den Kriterien des *Dual-Systems*, wie sie in Teil I dargestellt worden sind.

(b) *Monostrukturelle Kaffeeerzeugerstaaten* verhalten sich ähnlich, da diese Staaten im Prinzip denselben Zwängen unterworfen sind. Da die Finanzierung des Staatshaushaltes von Kaffeeexporteinnahmen abhängt, heizen die Erzeugerstaaten die Überproduktion durch staatliche Anreize an. In einzelnen Fällen wird das Abholzen von Kaffeesträuchern, das der Angebotssenkung dienen soll, sogar unter Strafe gestellt, so beispielsweise in Kenia (Willenborg, 1992). Sinken die Kaffeepreise, versuchen die Regierungen der Erzeugerstaaten, um ihre Einnahmen aus Exportsteuern aufrechtzuerhalten, die

40 Genaue Statistiken über den Anteil der Subsistenzbauern an der Weltkaffeeerzeugung gibt es nicht. Ihr Anteil dürfte jedoch in südamerikanischen Erzeugerländern mit überdurchschnittlichen Kaffeebetriebsgrößen von 10,7 ha in Brasilien, 3,4 ha in Kolumbien, 2,7 ha in Costa Rica, erheblich niedriger sein als in den afrikanischen Ländern mit deutlich geringeren Betriebsgrößen von 1,1 ha in Kamerun, 0,4 ha in Kenia, 0,1 ha in Uganda und Ruanda (de Graaff 1986: 76).

Preisdifferenz durch Herabsenkung der Farmererzeugerpreise, wie in Uganda, an die Farmer weiterzugeben (Rolf 1993). Ferner sind die Regierungen aus denselben Erwägungen bestrebt, die Anreize zur Ausweitung der Kaffeeproduktion zu verstärken und die Überproduktion abermals zu erhöhen. Eine fatale Fehlkalkulation, die die Preise weiter in den Keller treibt. Sind die Erzeugerstaaten gleichzeitig verschuldet, so wird der ohnehin aussichtslose Teufelskreis der monostrukturellen Abhängigkeit von Kaffeedeviseneinnahmen, Überproduktion, Preissenkung und Einnahmeverlusten noch zusätzlich durch den Schuldendienst verstärkt. Tatsächlich sind eine Reihe von Kaffeeerzeugerstaaten, wie Kolumbien, Elfenbeinküste, El Salvador, Guatemala, Costa Rica, Kenia, Uganda und Kamerun gezwungen, ihren Schuldendienst durch Kaffeedeviseneinnahmen zu begleichen. Diese Staaten müssen einen größeren Anteil der Deviseneinnahmen ihres Hauptexportgutes Kaffee für die Zahlung des Schuldendienstes verwenden. Kolumbiens sinkende Kaffeedeviseneinnahmen reichen längst nicht mehr aus, um den jährlich steigenden Schuldendienst zu begleichen (vgl. auch Tab. 3.1).

Daß gerade nach dem Zusammenbruch des Kaffeeabkommens und dem freien Fall der Kaffeepreise im Juni 1989 die Produktion drastisch angestiegen ist, anstatt entsprechend dem Gleichgewichtsmodell bei vollkommenen Märkten zu sinken (mittlerweile hat die Produktionsmenge die 100 Mio.-Sack-Marke überschritten), dürfte auf das verstärkte Zusammenwirken des gleichgeschalteten und durch Kriterien der Überlebensstrategie determinierten Verhaltens von *monostrukturellen Subsistenzbauern und Erzeugerstaaten* zurückzuführen sein. Der *Dual-System-Effekt*, wie im Kapitel 3.4 dargestellt worden ist, wirkt sich mit dramatischen Folgen insbesondere für die Subsistenzbauern wie auch für den Norden produzierender Agrarsektoren des Südens aus.

10. Kapitel

Süd-Nord-Einkommenstransfer

Die Neoklassiker bestreiten einen Süd-Nord-Einkommenstransfer durch Rohstoffpreise. Vielmehr sind sie bemüht, mit erheblichem Aufwand zu belegen, daß beispielsweise das Kaffeeabkommen umgekehrt zu einem Nord-Süd-Einkommenstransfer geführt hat (Schrader 1988: 214f.; Herrmann 1988: 279ff.). Solche Schlußfolgerungen als Folge von Marktsteuerung durch Festlegung von Kaffee-Exportquoten (Kaffeeabkommen) verwundern kaum, wenn in allen zugrundeliegenden Berechnungsmodellen *nicht von der Realität des Kaffeeweltmarktes, sondern von der Konstruktion eines vollkommenen Marktes* ausgegangen wird. Betrachten wir jedoch die Realität eines ungleichgewichtigen Kaffeeweltmarktes mit Überproduktion und anhaltenden Dumpingpreisen, so können wir feststellen, daß das Kaffeeabkommen günstigstenfalls dazu beigetragen hat, die Kaffeedumpingpreise in Grenzen zu halten und dramatischere Einkommensverluste der Kaffee-Exporteure zu verhindern. Der Vergleich von Exportmengen und Exportwerten zeigt (Abb. 3.4), daß das Kaffeeabkommen im Zeitraum zwischen 1975 und 1986 am wirksamsten funktioniert hat, allerdings weil im gleichen Zeitraum die Überproduktion einen relativ geringeren Umfang erreichte (vgl. Abb. 3.3).

Die genaue Quantifizierung der Einkommensverluste der Kaffee-Exporteure setzt die Kenntnis über die Differenz zwischen dem jeweiligen *realen Kaffeepreis* und dem *hypothetischen Kaffee-Gleichgewichtspreis*, voraus. Denn nur so kann das Beliebigkeitsproblem des Basisjahres, das dem *Terms of Trade-Ansatz* zugrunde liegt (vgl. Kapitel 1.), überwunden werden. Die Gleichgewichtstheorie auf die ökonomische Praxis angewandt, läßt jedoch durchaus zu, einen dem Kaffeewert entsprechenden hypothetischen *Kaffee-Gleichgewichtspreis* mit Hilfe von objektivierbaren Kriterien annähernd zu definieren.

Abb. 3.4: Kaffeeweltmarkt: Exportmenge und -wert

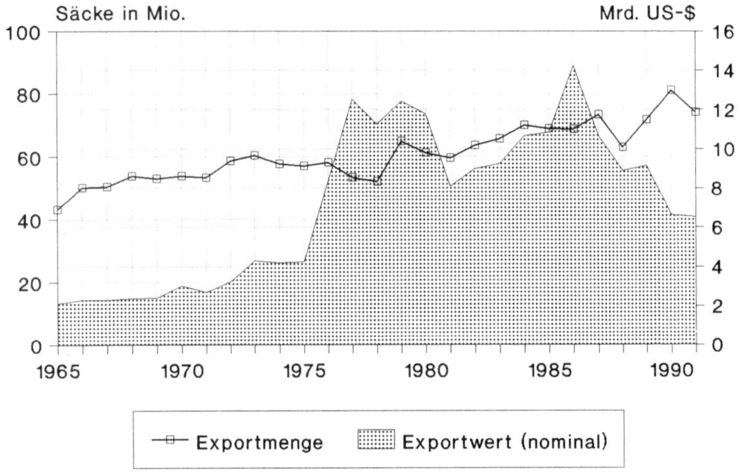

Quelle: Eigene Berechnungen nach ICO.

Demnach liegt der Kaffeemarktpreis dem Gleichgewichtspreis näher, je geringer dabei die Kaffeeüberproduktion ist. Für Kaffee ist die Überproduktion in den Jahren 1975-1979 am geringsten, so daß der Kaffee-Durchschnittspreis dieses Zeitraumes, der inflationsbereinigt und umgerechnet auf das Basisjahr 1989 (allerdings ohne Berücksichtigung der auf die brasilianischen Dürreperioden zurückzuführenden Höchstpreisjahre 1976 und 1977) ca. 230 US-cents/lb beträgt, dem Gleichgewichtspreis am nächsten liegen dürfte. Betrachten wir diesen hypothetischen *Kaffee-Gleichgewichtspreis* als den höchstmöglichen Preis, der unter klimatischen Bedingungen erzielt werden kann (Alternative A: 230 US-cents/lb), so dürfte ein Kaffeepreis unter sonst gleichen klimatischen Bedingungen als niedrigster Preis angesehen werden, der erlaubt, daß auch in Grenzkosten-Regionen Grundrente entsteht. Dies gilt beispielsweise für das Jahr 1982 (vgl. Abb. 3.1). Daher könnte der reale Kaffee-Durchschnittspreis der Jahre 1980-1984, der 175 US-cents/lb beträgt, als Preisuntergrenze (Alternative B) eines Kaffeeweltmarktes definiert werden, der sowohl auf der Nachfrage- wie auf der Anbieterseite voll funktioniert. Legen wir die hier diskutierten hypothetischen Preisober- und -untergrenzen für Kaffee zugrunde, die den Spielraum für *ökonomisch richtige Kaffee-Marktpreise* angeben, so lassen sich die langfristig entstandenen realen Einnahmeverluste der Kaffee-Exporteure für einzelne Länder und Regionen ermitteln (Tab. 3.3).

Tabelle 3.3: Geschätzte Einnahmeverluste von kaffeeexportierenden Regionen seit 1966 (in Mio. US-$)

Länder	1966-70	1971-75	1976-79	1980-84	1985-89	1990-91	Gesamt
A. Welt	-3.813	-6.427	0	-11.203	-19.106	-9.575	-50.124
B. Welt	-2.899	-4.885	4.037	0	-14.521	-7.277	-25.540
A. Afrika	-1.061	-1.953	0	-2.872	-4.345	-1.907	-12.138
B. Afrika	-806	-1.484	1.206	0	-3.302	-1.449	-5.835
A. Asien	-140	-309	0	-1.003	-2.116	-982	-4.550
B. Asien	-106	-135	310	0	-1.608	-746	-2.385
A. Lateinamerika	-2.612	-4.165	0	-7.328	-12.645	-6.686	-33.436
B. Latein amerika	-1.985	-3.165	2.521	0	-9.610	-5.081	-17.320

A. – Einkommensverluste bei Zugrundelegung des ϕ Kaffeepreises der Jahre 1975/76, 1977/78, 1978/79 und 1979/80 von 230 US-cents/lb zu konstanten (inflationsbereinigten) Preisen von 1989 (April-Juni).
B. – Einkommensverluste bei Zugrundelegung des ϕ Kaffeepreises der Jahre 1980-84 von 175 US-cents/lb.

Quelle: Eigene Berechnungen nach: ICO 1988: Agreement No. 13/88 und ICO 1992: Coffee Review – February 1992.

Das Ergebnis der Auswertung zeigt, daß alle kaffeeexportierenden Regionen bei beiden hypothetischen Preisalternativen über den gesamten Zeitraum erhebliche Einnahmeverluste verbuchen. Nur bei der angenommenen Preisuntergrenze (Preisalternative B) erzielen die Kaffeeexporteure in den Kaffeehöchstpreisjahren 1976-79 zusätzliche Einnahmegewinne. Die langfristige Bilanz für diese ist jedoch eindeutig negativ. Die Einnahmeverluste von Kaffeeexporteuren des Südens in den Jahren 1990-1991 von über 9 Mrd. US Dollar (A) bzw. über 7 Mrd. US Dollar (B) machen, um ihre tatsächliche Dimension zu demonstrieren, beinahe 20% bzw. 14% der 1989 von allen OECD-Staaten *an alle Entwicklungsländer geleisteten öffentlichen Entwicklungshilfe von ca. 51 Mrd. US-Dollar aus.* Die Einnahmeverluste der Kaffeeexporteure bei beiden Alternativen sind höher als die gesamte von der Europäischen Gemeinschaft an *alle 65 AKP-Staaten im Zeitraum 1975-1990 gezahlten Leistungen von ca. 23 Mrd. US Dollar.* Um wieviel höher würde der Netto-Transfer der AKP-Staaten an die EG und den Norden sein, würden wir nicht nur die Einnahmeverluste durch Kaffee, sondern durch den Export von allen Rohstoffen dieser Staaten insgesamt berücksichtigen. Die realen Verluste der AKP-Staaten dürfte jedenfalls weit über zu den spärlichen Leistungen der EG liegen, die diese nach langwierigen Verhandlungen und bei Durchsetzung von politischen Konditionen im Rahmen der Lomé-Abkommen I + II + III erbracht hat.

Der Mythos Freihandel

Um die zentralen Gedanken der obigen Analyse zusammenzufassen, besteht das fundamentale Problem der Kaffeeerzeuger des Südens in der *strukturellen Überproduktion und den daraus folgenden Kaffeedumpingpreisen.* Damit werden hier weder globale Markteingriffe durch Exportquotenregulierung (Kaffeeabkommen) als »Königsweg« zur Lösung des Problems angesehen, noch wird prinzipiell gegen den Freihandel argumentiert:

Das Kaffeeabkommen in der bisherigen Form kann das Problem der Überproduktion nicht lösen, sondern bestenfalls zeitlich verlagern. Vielmehr droht es permanent selbst unter dem Druck der Überproduktion zu scheitern. Andererseits resultiert die Kaffeeüberproduktion keineswegs aus dem Freihandel, sondern vielmehr daraus, daß ein wirklicher Freihandel auf einem ungleichgewichtigen Kaffeeweltmarkt nicht stattfindet, oder richtiger, praktisch unmöglich wird. *Die oben vorgetragene Kritik an den Neoklassikern richtet sich nicht gegen ihr Plädoyer für den Freihandel, sondern dagegen, daß sie in der Theorie dem Mythos Freihandel das Wort reden, in der Praxis aber mit einem Freihandelsbegriff operieren, der reduktionistisch nur die Freiheit von Preisnotierungen an den Kaffeebörsen des Nordens im Blick hat, der jedoch gänzlich unberücksichtigt läßt, daß Millionen von Kleinbauern des Südens nicht die Freiheit besitzen, sich aus eigener Kraft an die Marktbedingungen anzupassen.* Die Dumpingpreismisere der rohstoffproduzierenden Länder des Südens und die protektionistische Handelspolitik des Nordens (beispielsweise die EG-Agrarpolitik) sind die verschiedenen Seiten eines und desselben Strukturproblems, nämlich des Fehlens von Freihandel und der Verhinderung von Strukturanpassungen, wobei der Süden zweimal zum Verlierer wird: einmal dadurch, daß er stärker in die Monostrukturblockade eingezwängt und ein anderes Mal dadurch, daß er durch protektionistische Handelsdämme des Nordens zurückgeworfen wird.

Entwicklungspolitische Konsequenzen

Die Lösung des fundamentalen Problems der strukturellen Kaffeeüberproduktion besteht darin diese abzubauen. Dies wäre teilweise durch einen einvernehmlichen Verzicht der Erzeugerstaaten auf künstliche Ertragssteigerungsmethoden (Einsatz von Kunstdüngern, Pestiziden, Insektiziden und Einsatz von Hybriden) im Rahmen eines neuen Kaffeeabkommens zu erreichen. Auch Kredite, die de facto die Überproduktion subventionieren, sowie finanzpolitische Rahmenbedingungen, beispielsweise die IWF-Exportförderungskonditionen, die die Kaffeeüberproduktion zusätzlich anheizen, müßten prinzipiell wegfallen. Nach wie vor wird jedoch offensichtlich die gegenteilige (»Entwicklungs«-)Politik verfolgt. Die Weltbank gewährte beispielsweise Kenia einen Kredit im Umfang von 160 Mio. DM zum Ausbau der Kaffeeproduktion, und die EG unterstützt seit 1981 den Ausbau der Kaffeeproduktion in Uganda. Auch die durch den Internationalen Währungsfonds (IWF) verfolgte Politik der vermeintlichen »Strukturanpassung« zwingt die Kaffeeerzeugerstaaten anachronistischerweise zu Exportsteigerungen, d.h. also zur Verstärkung der Überproduktion, anstatt zur marktgerechten Anpassung des Rohstoffangebots an die Weltnachfrage (vgl. dazu Willenborg 1992; Rolf 1993).

Selbst der Fortfall von solchen kontraproduktiven Rahmenbedingungen dürfte kaum reichen, die dauerhafte Kaffeeüberproduktion zu überwinden. Die monostrukturellen Subsistenzbauern und Erzeugerstaaten sind außerstande, aus eigener Kraft den *Teufelskreis der Einnahmeverluste durch Dumpingpreise* zu durchbrechen und sich der monostrukturellen »Gefangenschaft« zu entledigen. Die Entwicklungspolitik der Industrieländer und der internationalen Institutionen müßte, insbesondere für die monostrukturellen Erzeugerstaaten, die Kaffee bzw. vergleichbare Produkte produzieren, reformuliert werden. Sie muß eine konsequente *Politik der Strukturanpassung durch Diversifizierung* verfolgen. Eine solche Politik besteht – sehr allgemein formuliert – darin, durch umfassende und gezielte Maßnahmen die Diversifizierung und Umstellung all jener Erzeugergruppen und -staaten auf ökonomisch sinnvolle, ökologisch verträgliche Alternativen im Produktions- bzw. Dienstleistungsbereich zu fördern, die mittel- und langfristig aller Wahrscheinlichkeit nach den Wettbewerb ohne Substanzverzehr bzw. Subventionierung nicht bestehen werden. Derartige Unterstützungen für die Anpassung von strukturschwachen Branchen und Regionen in den Industrieländern des Nordens (Landwirtschaft, Stahlproduktion, Schiffbau etc.) sind gang und gäbe, obgleich den betroffenen Bauern und Unternehmern der Industrieländer durchaus zuzutrauen ist, die Strukturanpassung auch aus eigener Kraft zu vollbringen. Um so notwendiger und wirkungsvoller dürften entwicklungspolitische Maßnahmen zu dieser Art Strukturanpassung bei Produzentengruppen und Staaten des Südens sein, die dazu aus eigener Kraft definitiv nicht in der Lage sind. Eine solche Politik setzt allerdings voraus, daß umfassende und systematisch aufgearbeitete Informationen auf globaler, regionaler und lokaler Ebene über einzelne Weltmarktprodukte und Erzeugerstaaten vorliegen, was gegenwärtig keineswegs der Fall ist.

Literatur

Adelman, M.A., 1972: The World Petroleum Market, Baltimore/London.

Adelman, Morris A., 1982: OPEC as a Cartel, in: Griffin, J.M./Teece, D.J. (eds.): OPEC Behaviour and World Oil Prices, London.

Altvater, Elmar, 1991: Die Zukunft des Marktes: Ein Essay über die Regulation von Geld und Natur nach dem Scheitern des »real existierenden Sozialismus«, Münster.

Altvater, Elmar, 1992a: Zur Ökonomie und Ökologie der Nord-Süd-Beziehungen, in: Nohlen, Dieter/Nuschler, Franz (Hrsg.): Handbuch der Dritten Welt, S. 398-419, Bonn.

Altvater, Elmar, 1992b: Der Preis des Wohlstandes, Münster.

Barbier, E.B., 1987: The Concept of Sustainable Economic Development, in: Environmental Conservation, Vol. 14, No. 2.

Barthold, Thomas A./Boyd, Roy, 1988: A note on resource value and marketability, in: Energy Economics, Vol. 10, Number 1, p. 79-83.

Benkert, Wolfgang/Bunde, Jürgen/Hansjürgens, Bernd, 1990: Umweltpolitik mit Öko-Steuern, Marburg.

Biedenkopf, Kurt, 1990: Die ökologische Dimension der Wirtschaftsordnung, in: Politische Ökologie, Sonderheft 1: Die Zukunft der Ökonomie: Nachhaltiges Wirtschaften, S. 19-25.

Bossel, Hartmut, 1990: Umweltwissen, Daten, Fakten, Zusammenhänge, Berlin/Heidelberg.

Busch-Lüty, Christiane, 1992: Nachhaltigkeit als Leitbild des Wirtschaftens, in: Politische Ökologie, Sonderheft 4: Ökologisch nachhaltige Entwicklung von Regionen, S. 6-12, München.

Chomsky, Noam, 1991: Die Tageszeitung v. 9.2.1991.

Chomsky, Noam/Beinin, Joel u.a., 1992: Die neue Weltordnung und der Golfkrieg, Grafenau.

Coase, R. 1960: The Problem of Social Cost, in: The Journal of Law and Economics, S. 1-44.

Dasgupta, Partha/Heal, Geoffrey M., 1979: Economic Theory and Exhaustible Resources, Cambridge University Press, Cambridge UK.

Denny, Ludwell, 1930: Ölquellen, Kriegsquellen, Zürich und Leipzig.

Dürr, Hans-Peter, 1990: Die Ökonomie überlebensfähiger Ordnungen, in: Politische Ökologie, Sonderheft 1, S. 10-15, München.

Entescharat-e, Mossadegh (Hrsg.), 1969: Notghhaye Dr. Mossadegh dàr Madjless-Persisch – (Die Parlamentsreden Dr. Mossadeghs), I. Band, Heft 2 (k. A. z. Erscheinungsort).

Fisher, Anthony C., 1987: Whither Oil Price: The Evidence From Theory, in: Natural Resource Modeling, Vol. 2, Number 1, p. 5-22.

Friedman, Milton, 1977: Die Theorie der Preise, München.

Friedrich-Ebert-Stiftung (Hrsg.), 1992: Kaffee. Armut – Macht – Märkte, Bonn.

Gantzel, Klaus-Jürgen/Schwinghammer, Torsten/Siegelberg, Jens, 1992: Kriege der Welt. Ein systematisches Register der kriegerischen Konflikte 1985 bis 1992, in: Interdependenz Nr. 13. Materialien und Studien der Stiftung Entwicklung und Frieden, Bonn.

Georgescu-Roegen, Nicholas, 1986: The Entropy Law and the Economic Process in Retrospect, in: Eastern Economic Journal, January-March, Vol. XII, Nr. 1.

Ghaffari, Amir, 1989: OPEC-Entwicklung und Perspektive, Münster.

Glismann/Horn/Nehring/Vaubel, 1987: Weltwirtschaftslehre II, Göttingen.

Global 2000, Der Bericht an den Präsidenten: 1980, Frankfurt/M.

Graaff, J. de, 1986: The Economics of Coffee, Wageningen/The Netherlands.

Griffin, James M., 1985: OPEC Behaviour: A Test of Alternative Hypotheses, in: The American Economic Review, Vol. 75, Number 5, p. 954-963.

Griffin, James M./Teece, David J. (eds.), 1982: OPEC Behaviour and World Oil Prices, London/Boston/Sydney.

Haber, Wolfgang, 1992: »Nachhaltige Regionalentwicklung« aus der Sicht eines Ökologen. Ansätze einer Umorientierung, in: Politische Ökologie, Sonderheft 4: Ökologisch nachhaltige Entwicklung von Regionen, München, S. 13-20.

Hampicke, Ulrich, 1991: Neoklassik und Zeitpräferenz – der Diskontierungsnebel, in: Beckenbach, Frank (Hrsg.): Die ökologische Herausforderung für die ökonomische Theorie, Marburg, S. 127-150.

Herrmann, Roland, 1988: Internationale Agrarabkommen. Analyse ihrer Wirkungen auf den Märkten für Kaffee und Kakao. Reihe Kieler Studien, Nr. 215, Tübingen.

Hetmeier, Heinz-Werner, 1990: Verfall der Rohstoffpreise – Entwicklungshilfe für die Bundesrepublik, in: Frankfurter Rundschau v. 28. Februar 1990.

Hobbensiefken, Günter, 1991: Ökologieorientierte Volkswirtschaftslehre, Wien/München.

Hoffmeyer, M./Schrader, J.-V., 1988: Auswirkungen der internationalen Kaffeeabkommen, in: Hoffmeyer/Schrader: Internationale Rohstoffabkommen: Ziele, Ansatzpunkte, Wirkungen. Institut für Weltwirtschaft (Kieler Sonderpublikationen), Kiel.

Hotelling, Harold, 1931: The Economics of Exhaustible Resources, in: The Journal of Political Economy. Vol. 39, Number 2, p. 137-175.

Hurtienne, Thomas, 1986: Fordismus, Entwicklungstheorie und Dritte Welt, in: Peripherie, Nr. 22/23, S. 60-110.

Immler, Hans, 1985: Natur in der ökonomischen Theorie, Opladen.

Immler, Hans, 1989: Vom Wert der Natur, Opladen.

International Coffee Organization (ICO), 1992: Coffee Review, EB 3338/92.

Johany, A.D., 1978: OPEC is not a Cartel: A Property Rights Explanation of the Rise in Crude Oil Prices, University of California, Santa Barbara.

Kaiser, Karl/Lord, Winston/de Montbrial, Thierry/Watt, David, 1981: Die Sicherheit des Westens: Neue Dimensionen und Aufgaben, Bonn (Die engl. Fassung des Berichts lautet: »WESTERN SECURITY: What has changed? What should be done?« und wurde gleichzeitig durch Council of Foreign Relations/New York veröffentlicht).

Kemp, Murray C./van Long, Ngo (eds.), 1980: Exhaustible Resources, Optimality and Trade, Amsterdam.

Kende, István, 1982: Kriege nach 1945. Eine empirische Untersuchung. Heft 27 der Militärpolitik-Dokumentation, Frankfurt/M.

King, Hubbert M., 1969: Energy Resources and Man, San Francisco.

Kommission der Europäischen Gemeinschaft, 1992: Vorschläge für eine Richtlinie des Rates zur Einführung einer Steuer auf Kohlendioxidemissionen und Energie (KOM -92-226 END6).

Krause, Florentin/Bach, Wilfried/Koomey, Jon, 1989: Energy Policy in the Greenhouse. International Project for Sustainable Energy Paths (IPSEP), El Cerrito, CA 94530.

Láng, L., 1982: Bourgeois and Marxist theories on oil prices: A survey and critique, Hungarian scientific council for world economy, Budapest.

Lock, Peter, 1990: Waffen für den Irak, in: Nirumand, Bahrman (Hrsg.): Sturm im Golf, Reinbek bei Hamburg, S. 69-87.

Maier-Rigaud, Gerhard, 1991: Die Herausbildung der Umweltökonomie: Zwischen axiomatischem Modell und normativer Theorie, in:

Beckenbach, Frank (Hrsg.): Die ökologische Herausforderung für die ökonomische Theorie, Marburg, S. 27-44.

Marx, Karl, 1969: Das Kapital – Dritter Band, Berlin.

Marx, Karl, 1972: Theorien über den Mehrwert, MEW, Bd. 26.2, Berlin.

Massarrat, Mohssen, 1974: Die Energiekrise oder die Krise des Kapitalismus, in: Prokla Nr. 11/12, S. 219-252.

Massarrat, Mohssen, 1976: Hauptentwicklungsstadien der kapitalistischen Weltwirtschaft, Lollar/Lahn.

Massarrat, Mohssen, 1978: Die Theorie des Ungleichen Tausches in der Sackgasse. Versuch einer Erklärung der Terms of Trade, in: Die Dritte Welt, Nr. 1978.

Massarrat, Mohssen, 1979: Ist die Erde endlich? Kritik der Thesen des Club of Rome, in: Das Argument Nr. 118, S. 819-830.

Massarrat, Mohssen, 1980: Kampf um die Aufteilung der Weltmeere, in: Friedensanalysen Nr. 11, S. 31-56.

Massarrat, Mohssen, 1980a: The Energy Crisis: The Struggle for the Redistribution of Surplus Profit from Oil, in: Nore, Petter/Turner, Terisa (eds.): Oil and Class Struggle, S. 26-68.

Massarrat, Mohssen, 1980b: Weltenergieproduktion und Neuordnung der Weltwirtschaft, Frankfurt/New York.

Massarrat, Mohssen, 1988a: Der Gottesstaat auf dem Kriegsschauplatz, in: Peripherie Nr. 29, S. 45-84.

Massarrat, Mohssen, 1988b: Rohstoffpreise und monostrukturelle Ökonomien, in: Nord-Süd aktuell, Nr. 4/1988, S. 463-477.

Massarrat, Mohssen, 1990: Krise der Kaffeeökonomie, in: Entwicklung und Zusammenarbeit, 31. 1990, Nr. 9.

Massarrat, Mohssen, 1992: Überfluß trotz Erschöpfbarkeit, Arbeitsmaterialien Nr. 08 der Arbeitsgruppe Sozialökonomie und Kultur der Dritten Welt an der Universität Osnabrück.

Massarrat, Mohssen, 1993: The Ideological Context of the Iran-Iraq War: Pan-Islamism versus Pan-Arabism, in: Amirahmadi, Hooshang/Entessar, Nader (eds.): Iran and the Arab World, New York, S. 28-41.

Mead, W.J., 1979: An Economic Analysis of Crude Oil Price Behaviour in the 1970s, in: The Journal of Energy and Development, Spring, p. 212-228.

Meadows, Dennis/Meadows, Donella/Zahn, Erich/Milling, Peter, 1972: Die Grenzen des Wachstums. Bericht des Club of Rome zur Lage der Menschheit, Stuttgart.

Meister, Elmar, 1986: »Profit-Bohnen«. Der Weltmarkt des Kaffees am Beispiel der BRD und ihrer wichtigsten Lieferländer Brasielien, Kolumbien, El Salvador, Brasilienkunde-Verlag, Mettingen.

Mejcher, Helmut, 1980: Die Politik des Öls im Nahen Osten, Bd. I, Stuttgart.

Mejcher, Helmut, 1990: Die Politik des Öls im Nahen Osten, Bd. II, Stuttgart.

Menck, Karl Wolfgang, 1992: Wie bilden sich Rohstoffpreise?, in: Entwicklung und Zusammenarbeit, 33. 1992, 6.

Mesarovi¢ Michailo/Pestel, Eduard, 1974: Menschheit am Wendepunkt. 2. Bericht an den Club of Rome zur Weltlage, Stuttgart.

Nirumand, Bahman (Hrsg.), 1991: Sturm im Golf, Reinbek bei Hamburg.

Oxford Institute For Energy Studies, 1991: Petroleum Products Taxation in OECD and Developing Countries and OPECs Oil Revenues, Oxford.

Oxford Institute For Energy Studies, 1991: Petroleum Products Taxation in OECD and Developing Countries and OPEC's Oil Revenues, Oxford.

Pigou, Arthur Cecil, 1920: The Economic of Welfare, London.

Pindyck, Robert S., 1978: Gains to Producers from the Cartelization of Exhaustible Resources, in: Review of Economics and Statistics, 60 (May 1978), p. 238-251.

Pindyck, Robert S., 1980: Uncertainty and Exhaustible Resource Markets, in: Journal of Political Economy, Vol. 88, Number 6, p. 1203-1225.

Prebisch, Paul, 1959: Commercial Policy in the Underdeveloped Countries, American Economic Review, Papers and Proceedings, Vol. XLIX, May 1959, No. 2.

Rolf, Uwe, 1993: Süd-Nord-Einkommenstransfer am Beispiel Uganda, in: Massarrat/Sommer/Széll/Wenzel (Hrsg.): Die Dritte Welt und Wir, Freiburg, S. 30-33.

Roumasset, J./Isaak, D./Fesharaki, F., 1983: Oil prices without OPEC. A walk on the supply-side, in: Energy Economics, July 1983, p. 164-170.

Ruf, Werner (Hrsg.), 1991: Vom kalten Krieg zur heißen Ordnung? Der Golfkrieg – Hintergründe und Perspektiven, Münster.

Salinger Pierre/Laurent, Eric, 1991: Krieg am Golf. Das Geheimdossier, München/Wien.

Samuelson, Paul A., 1981: Volkswirtschaftslehre 2, Köln.

Sarkis, Nicolas, 1993: L'inquiétante baisse des revenus du pétrole, in: le monde diplomatique, No. 467, Feb. 1993, Paris.

Scheer, Hermann, 1993: Sonnen-Strategie. Politik ohne Alternative, München/Zürich.

Schmähling, Elmar, 1991: Moralische und rechtliche Aspekte des Golfkrieges und Konsequenzen für die Bundesrepublik Deutschland, in: Stein, Georg: Nachgedanken zum Golfkrieg, Heidelberg, S. 73-96.

Schmidt, Ronald H., 1988: Hotelling's Rule Repealed? An Examination of Exhaustible Resource Pricing; in: Economic Review, Fall 1988.

Schmidt-Bleek, Friedrich, 1992: Ein universelles ökologisches Maß? Wissenschaftszentrum Nordrhein-Westfalen, Wuppertal Papers, Nr. 1/1992.

Schönberger, Klaus/Koestler, Claus, 1992: Der »freie« Westen, der »vernünftige« Krieg, seine »linken« Liebhaber und ihr okzidentaler Rassismus, Marbach.

Schrader, Jörg-Volker, 1988: Auswirkungen der internationalen Kaffeeabkommen, in: Hoffmeyer/Schrader: Internationale Rohstoffabkommen: Ziele, Ansatzpunkte, Wirkungen. Institut für Weltwirtschaft (Kieler Sonderpublikationen), Kiel.

Senghaas, Dieter, 1987: Internationale Regime, in: von Beyme, K. u.a. (Hrsg.): Politikwissenschaft, Bd. III: Außenpolitik und Internationale Politik, Stuttgart.

Sieber, Hans, 1968: Die realen Austauschverhältnisse zwischen Entwicklungsländern und Industrieländern, Tübingen/Zürich.

Siebert, Horst, 1986: Ricardo- und Hotelling-Paradigmen für die Preisbildung natürlicher Ressourcen, in: Siebert, Horst (Hrsg.), 1986: Angebotsentwicklung und Preisbildung natürlicher Ressourcen, München, S. 1-17.

Siebert, Horst, 1987: Neue Nutzungsrechte und internationale Rohstoffversorgung, in: IFO-Studien. Zeitschrift für empirische Wirtschaftsforschung, Berlin-München, S. 71-99.

Siebert, Horst, 1990: Natürliche Ressourcen und Weltwirtschaft, in: Weltwirtschaftliches Archiv, Bd. 126, Heft 1, S. 1-24.

Simonis, Udo Ernst, 1991: Nairobi-Protokoll – Zur Verteilung der CO_2-Reduzierungspflichten zwischen Nord und Süd. Wissenschaftszentrum für Sozialforschung in Berlin.

Slade, Margaret E., 1982: Trends in Natural-Resource Commodity Prices: An Analysis of the Time Domain, in: Journal of Environmental Economics and Management, 9, p. 122-137.

Solow, Robert M., 1974: The Economics of Resources or the Resources of Economics, in: The American Economic Review, vol. LXIV, Number 2, p. 1-14.

Stein, Georg, 1991: Nachgedanken zum Golfkrieg, Heidelberg.

Stork, Joe/Lesch, Ann M., 1990: Background to the Crisis. Why War?, in: Middle East Report, November/December, S. 11-18.

Teufel, Dieter, 1988: Ökosteuern als marktwirtschaftliches Instrument im Umweltschutz, Umwelt- und Prognose-Institut Heidelberg e.V., UPI-Bericht Nr. 9.

Vajed-Samii, Masood, 1986: Optimum price and production of an exhaustible resource in an imperfectly competitive market, in: OPEC Review, Vol. X, Number 1, p. 87-101.

Wegehenkel, L., 1983: Umweltprobleme, Marktsystem und technisches Wissen. In: Wegehenkel, L: Symposium Umwelt als Herausforderung der Marktwirtschaft – Neue Ideen jenseits des Dirigismus, Stuttgart, S. 203-223.

Weizsäcker, Ernst Ulrich von, 1990: Erdpolitik – Ökologische Realpolitik an der Schwelle zum Jahrhundert der Umwelt, Darmstadt.

Willenborg, Hubert, 1992: Süd-Nord-Einkommenstransfer am Beispiel Kenia, in: Massarrat/Sommer/Széll/Wenzel (Hrsg.): Die Dritte Welt und wir, Freiburg, S. 34-37.

Wirl, Franz, 1990: The future of world oil prices, in: Energy Policy, October 1990, p. 756-763.

Yergin, Daniel, 1991: Der Preis. Die Jagd nach Öl, Geld und Macht, Frankfurt/M.

Statistische Quellen

- Basic Petroleum Data Book, 1989, Washington D.C.
- Basis Petroleum Data Book, 1989, Washington D.C.
- British Petroleum Statistical Review of World Energy, verschiedene Jahrgänge
- eurostat: Energy Prices, Luxemburg
- Historical Statistics of United States, Colonial-time to 1970, Washington
- International Coffee Organization (ICO)
- International Energy Agency, 1990: Energy Prices and Taxes, Paris
- International Financial Statistics 1985
- Oil & Gas Journal, 1990: Energy Statistics Sourcebook (Fifth Edition)
- OPEC Annual Statistical Bulletin, verschiedene Jahrgänge
- Shell Briefing Service, World Energy, data and facts, Nov. 1985
- SIPRI 1990: Yearbook, Oxford (University Press)
- Statistical Abstract of the United States

- The Worldbank, World Debt Tables
- UNCTAD, Handbook of International Trade and Development Statistics, 1985, 1991
- United States, Department of Agriculture (USDA)
- World Bank 1986: Price Prospects for Major Primary Commodities, Washington D.C.

Abbildungsverzeichnis

Tabellenverzeichnis

Sachregister

Personenregister

Über den Autor

Mohssen Massarrat, geb. 1942 in Teheran, Professor für Politikwissenschaft am Fachbereich Sozialwissenschaften der Universität Osnabrück mit dem Schwerpunkt politische Ökonomie und internationale Wirtschaftsbeziehungen. Zahlreiche Bücher und Zeitschriftenveröffentlichungen zu Fragen der Weltökonomie, Energieökonomie, Entwicklungstheorie, Krieg und Frieden, Mittlerer Osten/Iran, Monostruktur, Naturressourcen, Beziehung Ökonomie und Ökologie: Hauptentwicklungsstadien der kapitalistischen Weltwirtschaft 1976; Studien über die Dritte Welt (Iran) 1977; Ökonomische Krise – Soziale Revolution (Iran) 1979; Weltenergieproduktion und Neuordnung der Weltwirtschaft 1980; Kriegsgefahr und Friedensbewegung 1984; Rohstoffpreise und monostrukturelle Ökonomien 1988; Überfluß trotz Erschöpfbarkeit 1992.

Frank Beckenbach, Hans Diefenbacher (Hrsg.)

Zwischen Entropie und Selbstorganisation

Perspektiven einer ökologischen Ökonomie

ca. 300 S., 36,80 DM,
ISBN 3-926570-84-9
(Ökologie und Wirtschaftsforschung 9)
Erscheint ca. August 1993

Dieser Band versammelt Beiträge, die die Anwendbarkeit von ursprünglich aus einem naturwissenschaftlichen Kontext stammenden Konzepten (wie Entropie, Evolution, Chaos und Selbstorganisation) auf sozialwissenschaftliche Fragestellungen diskutieren. Gefragt wird darüber hinaus, inwieweit derartige Konzepte speziell für die Begründung einer ökologisch erweiterten Ökonomie nutzbar gemacht werden können. Auf diese Weise sollen zwei bislang getrennt verlaufende kritische Diskurse verknüpft werden: die nichtlineare Systemmodellierung im gesellschaftstheoretischen Kontext und die Debatte um eine »ökologische Ökonomie«.